U0057716

家長教育學

「順性揚才」一路發

鄭崇趁　著

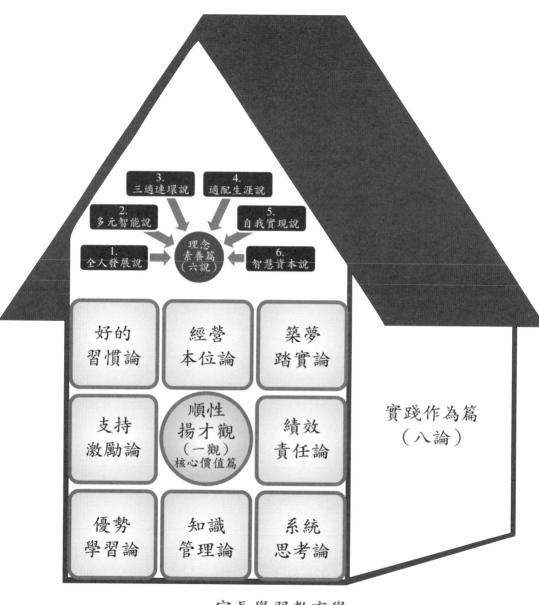

家長學習教育學
順性揚才開潛能
適配教育築優勢
全人發展現專長

作者簡介

鄭崇趁　1953 年生　臺灣省雲林縣人

- **學歷**

  國立政治大學教育學博士（1999）

  國立高雄師範大學教育學碩士（1989）

  國立臺灣師範大學教育學學士（1986）

  省立臺北師範專科學校畢業（1974）

- **經歷**

  國民小學教師五年（1976～1981）

  教育部行政職務十九年（1982～2000），

  經任幹事、秘書、組主任、專門委員

  國立臺北教育大學專任教師（2000～），經任主任秘書、教育政策與

  管理研究所所長、教育經營與管理學系系主任、研發長

- **現職**

  國立臺北教育大學教育經營與管理學系教授（2006～）

- **榮譽**

  高等考試教育行政人員（1981）

  教育部 1991 年及 2000 年優秀公務員

- **專長**

  教育經營學、校長學、教師學、教育計畫、教育評鑑、家長教育學

  知識教育學、智慧創客教育、KTAV 教學模式、教育 4.0

- **著作**

  教育 4.0：新五倫・智慧創客學校（2018）

  知識教育學：智慧人・做創客（2017）

  教育經營學個論：創新、創客、創意（2016）

  家長教育學：「順性揚才」一路發（2015）

  教師學：鐸聲五曲（2014）

  校長學：成人旺校九論（2013）

教育經營學：六說、七略、八要（2012）
教育經營學導論：理念、策略、實踐（2011）
教育的著力點（2006）
國民中小學校務評鑑指標及實施方式研究（2006）
教育計畫與評鑑（增訂本）（1998）
教育與輔導的軌跡（增訂本）（1998）
教育與輔導的發展取向（1991）

序

「大學問」簡單唸

　　這本書，是「經營教育之學」的第四本書。經營教育之學的第一本書是《教育經營學：六說、七略、八要》，2012 年出版，是寫給教育行政官員參考的，係探討經營教育的「原理學說」（六說）、「經營策略」（七略）及「實踐要領」（八要）；第二本書是《校長學：成人旺校九論》，2013 年出版，是寫給各級學校校長參考的，係闡述校長當學「成就人、旺學校」的九大創新招數，才能「己立立人，己達達人」，才能「暢旺學校，帶好每一位學生」；第三本書是《教師學：鐸聲五曲》，2014 年出版，是寫給所有的教師及教授們參考的，係用鐸聲五曲（二十章）歌頌教師，激勵教師不忘教育初心，學習成為「責任良師」的系統知識，永續傳唱教育，造就新時代「責任公民」。鐸聲五曲的篇名是：首部曲「鐘鳴大地・人師」、二部曲「朝陽東昇・使命」、三部曲「春風化雨・動能」、四部曲「明月長空・品質」及五部曲「繁星爭輝・風格」。

　　這本書，是接受「學弟長官」潘文忠先生之建議而加寫的。潘先生擔任過臺北縣教育局局長、教育部國民教育司司長、教育部主任秘書、國立編譯館館長、國家教育研究院副院長、臺中市副市長及教育部長。他知道我陸續在研發「經營教育三學」時，就建議我再加寫一本「家長學」，提供給家長教育自己孩子時參考。他說教育要辦好，不能漏了「家長」這一塊，教育是極其專業的「大學問」，所有的「家長」都很關心自己孩子的教育，他們最需要類似「經營教育三學」這樣的「家長學」。我當時答應他，待「經營教育三學」順利出版後，行有餘力再予以考慮。現在本書正式出版了，我非常感恩潘文忠先生的知遇與激勵。書名有兩次的轉變，第一次使用「家長教育學」，在近兩、三年對學校「家長志工」們試講，聽取回饋意見後，曾經思考使用「家長・志工教育學」，而在多次與教育人員諮詢會議後，又改回來為「家長教育學」。副標題則使用「『順性揚才』一路發」，意謂著「大學

問」也可以簡單唸，只要大家都能實踐「順性揚才」，孩子通常都能「一路發」。

本書主要內容分為三篇十五章：三篇是「核心價值篇」、「理念素養篇」及「實踐作為篇」。第一篇「核心價值篇」只有一章：「順性揚才觀」，強調全書最重要的教育主張——「順性揚才」。我認為在孩子的教育現場（「家庭」及「學校」），父母、教師、教育人員都能彼此「順性揚才」，並且對孩子（學生）也都能夠「順性揚才」，順孩子之性，揚其優勢專長之才，孩子就能一路發，成為一個充分自我實現的人，成為一個「家庭、學校、職場」有效智慧資本的人，也會成為國家社會有動能貢獻的「責任公民」。第二篇「理念素養篇」（六說），包括六章（第二章至第七章），闡述家長及學校志工最應具備的六大教育理念：「全人發展說」、「多元智能說」、「三適連環說」、「適配生涯說」、「自我實現說」及「智慧資本說」。第三篇「實踐作為篇」（八論），包括八章（第八章至第十五章），逐一說明家長養育及教育孩子的有效作為：「好的習慣論」、「支持激勵論」、「優勢學習論」、「經營本位論」、「知識管理論」、「築夢踏實論」、「績效責任論」及「系統思考論」。

本書與「經營教育三學」的關係是：《教育經營學：六說、七略、八要》是經營教育的「經緯」，是把教育辦好的基本招式（共二十一式）；《校長學：成人旺校九論》是經營教育的「軸心」，軸心就是方向盤，成就人、旺學校的「九新招」就是轉動教育的方向盤；《教師學：鐸聲五曲》則是經營教育的「基點」，五部曲帶動人師、使命、動能、品質及風格的發揮，實踐「責任公民新教育」；《家長教育學：「順性揚才」一路發》（一觀、六說、八論）就是經營教育的「沃土與養分」，家長及學校志工若都能對著孩子（學生）「順性揚才」一路發，就能永續提供經營教育所需的資源與溫情。

「大學問」可以簡單唸，任何的「知識」都要化約成為可以操作的「技術」，就會變成帶得走的「能力」。教師教育學生就是「知識→技術→能力」的化約歷程，家長及志工們也可遵循此一模式，將本書各章節的標題文字唸一唸，唸一唸這些可以具體操作的技術，有感覺、有興趣時再看內文，

或許就可以幫助到自己的孩子及他人的孩子，而成為經營教育的沃土，成為經營教育的養分，例如：書名頁背面的四句話：「家長學習教育學，順性揚才開潛能，適配教育築優勢，全人發展現專長」，就像「心經」一樣，多唸幾遍，效果自會逐漸彰顯。

　　敬請　方家
共賞斧正

鄭崇趁　序於崇玉園
2015 年 9 月 28 日

目　次

導讀：家長教育學的「知識、技術、能力」脈絡分析

壹、教育：教人的知識、技術、能力，三位一體

我們都期待自己的孩子「知識」豐富，博古通今，什麼都知道，學問淵博。我們也期待自己的孩子擁有生活及職能的「技術」，專業技術，愈精愈好，有專業技術才能夠從事專門行業，支領比較高的薪津待遇。我們更期待自己的孩子「能力」卓越，什麼都會做，有生活能力、有運動能力、有做事能力、有人際能力，有能力找到好的工作，有能力成家立業，有能力創價，養活一家大小，「知識、技術、能力」三者，都是每一位父母對自己孩子的共同願景。

事實上，「知識」、「技術」、「能力」三位一體，知識中有技術，學會操作（運用）知識中的技術，這些知識（技術）就會成為一個人帶得走的能力。「知識→技術→能力」是最重要的「教育經營」化約模式，我們要先了解這三者的關係，並學會運用此一化約模式，才能有效界定本書的「鉅觀知識」與「微觀技術」間之定位及系統結構之關係，找到「養育‧教育」孩子的著力點，真正的幫助孩子。

「知識」與「知識」之間，都以「相屬」的系統結構存在於宇宙的不同時空之中。就以人的本身來看，人是由頭、手、腳、軀幹、眼、耳、鼻、口等，各種內外端器官系統共同組成的；人本身是一種知識系統，這些器官就是次級系統，次級系統也是知識系統，所以人的呼吸系統、消化系統、血液循環系統、排泄系統等都有各自的系統知識。再往人的上級系統來看，人活在「家庭」、「學校」、「社區」、「縣市」、「國家」、「地球」

及「宇宙」之中，他們本身都是相屬的上位系統，每一個系統也都有各自的系統知識。知識無所不在，知識及各種錯綜複雜的系統結構關係，存在這世界上、宇宙之中。我們可以這麼說：「知識」就是萬物、萬事、所有的人，以及時空的「本體」，這個世界的萬物、萬事、文化及文明，都是知識建構而成的。

「知識系統」與「知識系統」之間的定位關係，在上級系統的知識，稱之為「鉅觀的知識」，在次級系統的知識稱之為「微觀的知識」。凡是微觀的知識可以「排序」或「分析」或「操作」或「應用」的部分，稱之為「技術」，或者「微觀的技術」。鉅觀的知識或微觀的技術都是「知識」，我們要看它的彼此關係與相對地位，來界定它在某一個知識系統中是「鉅觀的知識」還是「微觀的技術」。所以，任何的知識本身都含有可操作的技術，凡是人學會操作（應用）知識中的技術，這些知識技術就會變成這個人帶得走的能力，知識、技術、能力是一體三面。以下舉三個本書中的實例來分析，這三個實例由具體到抽象：第一個是「智慧型手機」，第二個是「系統思考」，第三個是「新五倫及其核心價值」。

一、「智慧型手機」的知識、技術及能力分析

知識經濟時代，創新知識的三大代表是：比爾蓋茲（Bill Gates）的「微軟世界」、賈伯斯（Steven P. Jobs）的「蘋果天下」，以及羅琳（J. K. Rowling）的「哈利波特」，他們都用創新的知識改變了世界，形成了當前人類的數位文化。以下以「智慧型手機」為例來說明「知識→技術→能力」三者之間的關係。智慧型手機是由諸多「數位零組件」銜接串聯而成的，由於各項零組件的研發日新月異，銜接串聯的技術水準也持續提升，是以當代的智慧型手機，功能愈來愈強大，在提供人類食、衣、住、行、育、樂的「方便性」及知識管理的「科學化」上，都具有劃時代的進步，人類已

經離不開智慧型手機，人類也因為智慧型手機的推波助瀾，讓人類的文明與文化進入了數位雲端新世代。智慧型手機的知識、技術及能力，可化約成表1來呈現。

表1　智慧型手機的知識、技術及能力分析表

知識 ➝	技術 ➝	能力
智慧型手機	1. 數位零組件 2. 組裝連結技術 3. 結構系統技術 4. 功能介面技術	1. 訊息傳輸能力 2. 資訊搜尋能力 3. 育樂休閒能力 4. 知識管理能力

　　智慧型手機是「物」，它代表超強多元的訊息傳遞功能，知識的層面就是「智慧型手機」；或者分兩段：「智慧型」的「手機」，手機是知識，「智慧型」的手機也是知識，是「物理現象的知識」。手機的知識裡面有技術，手機技術的重要者有四：(1)數位零組件：這些零組件組成整個手機，零組件是構成手機的技術；(2)組裝連結技術：各種廠牌的手機表現在不同的組裝連結技術，所以天底下的手機都有共同的樣貌，也有各廠牌不太一樣的特色；(3)結構系統技術：智慧型手機都比以前的非智慧型手機，有超強的結構系統技術，增加了革命性的貢獻，讓人覺得用它與用人十分接近，所以稱它為智慧型手機；(4)功能介面技術：智慧型手機都有多元超強的功能，可以為人服務，但各種功能如何有順序地出現在銀幕上來幫助人，稱為功能介面，它也是高水準的技術；有些貴的手機不太好用，就是功能介面的技術還要再同步成長。

　　從「能力」的層面來看智慧型手機，手機的主要功能就是它的能力，這些功能（能力）不是靠自己運轉，要人用了它之後，它才會展現它的功能、表現它的能力。智慧型手機最主要的功能（能力），摘介以下四個：

(1)訊息傳輸的能力：如接電話、打電話、Line的對話、簡訊、留言等；(2)資訊搜尋能力：如找地圖、找文獻資料、找新聞、線上閱讀、交通導航等；(3)育樂休閒能力：如聽音樂、看影片、玩電動等；(4)知識管理能力：如記事簿、系統知識庫、和新網站知識系統串聯、自己的教育產品等。

　　目前，全世界的「手機市場」競爭十分激烈，但也不代表所有的公司都有「能力」產製手機，能夠產製手機的公司，他們的員工要能擁有智慧型手機的核心知識及其關鍵技術（如前面所述的數位零組件、組裝連結技術、結構系統技術及功能介面技術），才有能力產製手機，且要接受使用者比較（市場競爭）的考驗。因此可以這麼說，擁有手機核心知識及其內在的關鍵技術者，才有能力產製具有競爭力的智慧型手機，「知識」、「技術」、「能力」三位一體。掌握知識裡頭的技術，這些知識（含技術）才會變成人帶得走的能力。

二、「系統思考」的知識、技術及能力分析

　　「系統思考」自從被彼得聖吉（Peter M. Senge）列為「學習型組織理論」的「第五項修煉」之後（Senge, 1990），盛極一時，大家都在談系統思考，但也好像大家對它真正的意涵是什麼，都不太明確。我們可以用「知識→技術→能力」的化約模式來解析「系統思考」，只要學會操作「系統思考」這知識裡面的技術，系統思考就會變成人帶得走的能力。表2就是系統思考的化約模式。

表2　系統思考的知識、技術及能力分析表

知識 ——→	技術 ——→	能力
系統思考	1.觀照全面 2.掌握關鍵 3.形優輔弱 4.實踐目標	·擬訂計畫 ·讀書求學 ·考試應答 ·做人處世　}都會呈現系統思考的能力

　　作者於 2009 年發表「系統思考」的要領，藉以回答校長培育班學員的提問。作者將系統思考的四大流程步驟，化約成「觀照全面」→「掌握關鍵」→「形優輔弱」→「實踐目標」的四大步驟，這四大步驟也可以說是操作系統思考的「技術」，並以「擬訂計畫」及「考試應答」為例加以說明。我們要擬定一個學校的重要主題計畫，例如：閱讀計畫、增進師生體適能計畫，或者是「教育 111 標竿學校」認證計畫等，第一個步驟要先「觀照全面」：我們學校的背景、師生條件、資源性質、家長及學生期望等，該想到的都要面面俱到的想到。但是一個計畫不可能什麼事都做，應該要「掌握關鍵」，將這個主題最重要的核心事項找出來，列為主要策略及執行項目。計畫就是要實施對大家最有價值的工作事項，例如：臺灣在民國六、七十年間，蔣經國總統為什麼要實施十項建設，因為臺灣最需要那十項。計畫的項目確定了，推動計畫的過程要「形優輔弱」，好的、有優勢的部分要先做，要讓大家能很快看到績效，看到正面的效果，讓更多的人認同跟進，進而「實踐目標」。優質計畫的系統思考，都是「觀照全面→掌握關鍵→形優輔弱→實踐目標」的行為表現歷程，它是四個核心技術的匯流串聯，而這四個核心技術也串聯成「系統思考」的知識。

　　再以參加「校長甄試」為例，筆試與口試的考題均十分有限（筆試一科約四至五題，口試十至十五分鐘約二至四題），參加考試學員的應答更需要系統思考，必須先要「觀照全面」，確定題目的旨趣定位及要回答的廣度和深度，其次再「掌握關鍵」，尤其是主考官想要的答案關鍵字「愈早出現」愈好，讓閱卷者或口試委員知道自己是會的、懂得的（會的、懂得的一定能夠很快用關鍵術語回應），然後再依據關鍵術語「鋪陳發揮」，在鋪陳的過程中就要「形優輔弱」，自己知道的、明確的重點就多發揮，讓閱卷者或口試委員知道自己有深厚內涵，有亮點；反過來，自己沒把握的部分就避開不談，避免談得不好或談得不正確就會被扣分。如果每位考

生的考試應答都能「觀照全面→掌握關鍵→形優輔弱」，必能獲得高分，進而「實踐目標」，高分錄取就是參加甄試的目標。

因此，「系統思考」這個名詞是「知識」，我們把這個知識分解成「觀照全面」→「掌握關鍵」→「形優輔弱」及「實踐目標」四個次級系統的技術，學會操作這些技術，就逐漸會有「系統思考」的能力，系統思考就成為每個人身上的能力，就可以用它來擬定好的（優質）計畫，用它來讀書求學，用它來考試應答，用它在做人處世，都會有更好的「效能」及「效率」。系統思考是知識、是技術，同時也是一種能力，知識、技術、能力三位一體，只要我們找到了知識裡面的技術，學會操作（運用）知識裡面的核心技術，系統思考的知識就會變成我們帶得走的能力。

三、新五倫及其核心價值

在「德、智、體、群、美」五育的知識中，德育知識的教學最困難，因為德育的知識非常抽象，又要教師、父母帶著學生（孩子）實踐，他們才會知道「為什麼要這樣」，不但要知道什麼是「德」，還要知道如何實踐（操作）具體的行為表現，是以學校的「品德教育」、「情意教學」及「全人格教育」都是德育教育的核心知識。作者從 2014 年起倡議「新五倫及其核心價值、行為規準的研發」，以作為品德教育的次級系統知識及技術，期待它可以方便教師及學生操作（應用）技術的學習，而成為帶得走的能力。以下也用「知識→技術→能力」的化約模式來呈現三者的關係，如表 3 所示。

表3 新五倫及其核心價值「知識→技術→能力」的化約模式

知識	技術（次級系統的知識）		能力
	新五倫	核心價值	
品德教育	第一倫　家人關係	親密、觀照、支持、依存	好習慣的能力
情意教學	第二倫　同儕關係	認同、合作、互助、共榮	勤服務的能力
全人格教育	第三倫　師生關係	責任、創新、永續、智慧	樂助人的能力
人際關係教育	第四倫　主雇關係	專業、傳承、擴能、創價	有貢獻的能力
學生輔導工作	第五倫　群己關係	包容、尊重、公義、博愛	享幸福的能力

　　上位系統的知識都稱為鉅觀知識，例如：品德教育、情意教學、全人格教育、人際關係教育、學生輔導工作等，都是一系列「鉅觀的」、「系統的」知識，我們就用廣義的「知識」來稱它。大系統知識之內，次級系統的知識稱之為「微觀的知識」，有時候也直接稱它為「微觀的技術」，「新五倫」及其「核心價值」都是品德教育及情意教學「系統知識」之內的「微觀知識」，也可以稱為「微觀技術」，此微觀的技術有兩大層面：一個是新五倫的分類技術，另一個是五倫類別（五種人際關係）的核心價值技術。作者的「新五倫」：第一倫是「家人關係」，第二倫是「同儕關係」，第三倫是「師生關係」，第四倫是「主雇關係」，第五倫是「群己關係」，這五個新的「人際關係」類別之劃分是知識、也是技術，這樣的呈現可以彌補「五倫之教」的時代價值，所以稱它為新五倫。針對「核心價值」的內容而言，「家人關係」的核心價值是：親密、觀照、支持、依存；「同儕關係」的核心價值是：認同、合作、互助、共榮；「師生關係」

的核心價值是：責任、創新、永續、智慧；「主雇關係」的核心價值是：專業、傳承、擴能、創價；「群己關係」的核心價值是：包容、尊重、公義、博愛。

這些「核心價值」如果選為學校的「中心德目」，各年級導師就可以依據中心德目的意涵，研發學生該年級或年段的實踐「行為規準」（通常行為規準可包括三條：第一條提示生活學習的「好習慣」；第二條提示重要的「服務助人」行為；第三條摘述可相符應的古典詩詞名句或偉人的話），這樣的「核心價值」及「行為規準」就會由「知識」轉變成可以操作的「技術」；學生確實實踐這些行為規準之後，就會具備好習慣的能力、勤服務的能力、樂助人的能力、有貢獻的能力及享幸福的能力。「知識」、「技術」、「能力」三位一體，學會操作知識裡面的核心技術，這些知識才有可能成為人帶得走的能力。

貳、經營教育之學：經緯、軸心、基點、沃土及養分

經營教育之學來自於「教育學」與「管理學」長期對話交織的成果，也是作者「知識基模系統重組」的心得。從鉅觀視角（組織主體）來看，經營教育之學就是「教育經營學」；從微觀視角（個人主體）來看，經營教育之學應包括「校長學」、「教師學」及「家長教育學」。因此，「教育經營學」是經營教育的經緯，「校長學」是經營教育的軸心，「教師學」是經營教育的基點，而「家長教育學」則是經營教育的沃土及養分。四者合稱為「經營教育四學」，其系統結構如圖1所示。

經營教育四學，開展「知識→技術→能力」知識遞移的化約模式，與當前教育最夯的議題──「智慧教育」及「創客教育」不謀而合，作者已繼續研發《知識教育學：智慧人・做創客》一書（鄭崇趁，2017），作為

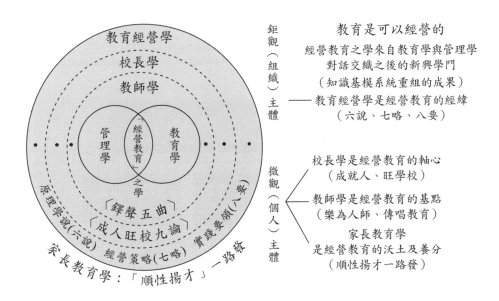

圖1 「經營教育四學」的系統結構圖

資料來源：修改自鄭崇趁（2014，頁2）

縣市及學校「智慧教育」及「創客教育」系列工作坊的主要教材，並將「知識→技術→能力」三位一體的化約模式，進升為「知識→技術→能力→價值」四位一體的 KTAV 教學模式。（作者 2019 年補註）

一、教育經營學：六說、七略、八要

作者於 2012 年出版《教育經營學：六說、七略、八要》一書，主張「經營教育」要從「原理學說」（六說）、「經營策略」（七略）及「實踐要領」（八要）著力。六大原理學說包括：價值說、能力說、理論說、實踐說、發展說及品質說，尋根探源，立知識之真；七大經營策略包括：願景領導策略、組織學習策略、計畫管理策略、實踐篤行策略、資源統整策略、創新經營策略及價值行銷策略，行動鋪軌，達育才之善；八大實踐要領包括：系統思考、本位經營、賦權增能、知識管理、優勢學習、順性

揚才、績效責任及圓融有度，著力焦點，臻教育之美。《教育經營學：六說、七略、八要》一書的系統結構圖，如圖 2 所示。

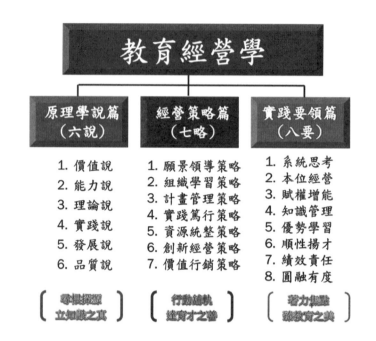

圖 2　《教育經營學：六說、七略、八要》一書的系統結構圖

　　「教育經營學」是經營教育的經緯：原理學說（六說）・立真；經營策略（七略）・達善；實踐要領（八要）・臻美。「六說、七略、八要」共二十一章，將經營教育的「核心知識」解析成可以操作的「核心技術」（智慧創客二十一式），經營者若能勤加修煉，就可以成為經營者的「核心能力」，領導其學校（組織）教育邁向真、善、美的境界。

二、校長學：成人旺校九論

　　之後，作者於 2013 年接續出版《校長學：成人旺校九論》一書，主張

校長當學「成就人」與「旺學校」。「成就人」是「立己達人」的功夫，校長要從自我實現論、智慧資本論、角色責任論及專業風格論來「己立立人，己達達人」：「自我實現論」，成就人的尊嚴價值；「智慧資本論」，激發人的動能貢獻；「角色責任論」，實踐人的時代使命；「專業風格論」，領航人的品味文化。「旺學校」則要從經營學校的五大核心歷程「計畫、組織、領導、溝通、評鑑」著力，賦予五大歷程核心價值，永續深耕，包括：「計畫經營論」，帶動學校精緻發展；「組織創新論」，活化組織運作型態；「領導服務論」，創化專業示範模式；「溝通價值論」，深化多元參與脈絡；「評鑑品質論」，優化歷程績效品質。「成人旺校九論」猶如「智慧創客九新招」，其理念系統如圖 3 所示。

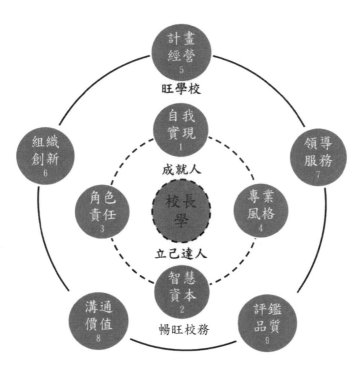

圖3　《校長學：成人旺校九論》一書的理念系統圖

資料來源：鄭崇趁（2013，頁9）

在圖 3 中，內圈是「成就人」的功夫，外圈則是「旺學校」的作為，整體遠觀，有如「小巨人」的意象。校長學是經營教育的軸心，「軸心」是運用「經緯」元素來轉動「基點」的方向盤。

三、教師學：鐸聲五曲

教師也是需要學習的，學習成為「責任良師」的系統知識，稱為「教師學」。作者於 2014 年出版《教師學：鐸聲五曲》一書，用「鐸聲五曲」（智慧創客五部曲）來歌頌教師，期能喚醒教育初心，樂為人師、傳唱教育，並成為符合新世紀、新教育、新承諾時代的教師。其主要內容包含：首部曲「鐘鳴大地・人師」，敘述教師的生命願景與教育志業；二部曲「朝陽東昇・使命」，分析教師的核心價值與專業示範；三部曲「春風化雨・動能」，闡明教師的核心能力與智慧資本；四部曲「明月長空・品質」，探討教師的教育品質與績效責任；五部曲「繁星爭輝・風格」，詮釋教師的系統思考與順性揚才。

教師是經營教育的基點，「基點」必須學習「經緯」的元素要領，接受「軸心」的領航，才能轉動教育。《教師學：鐸聲五曲》一書的內涵及其與《教育經營學：六說、七略、八要》一書的關係，如圖 4 所示。

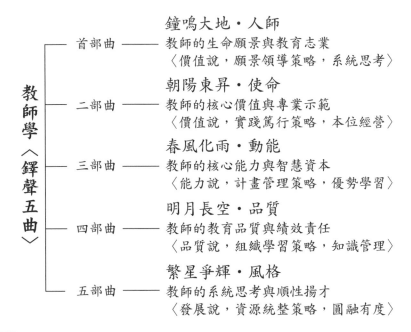

圖4　《教師學：鐸聲五曲》一書與《教育經營學：六說、七略、八要》

一書的關係

資料來源：修改自鄭崇趁（2014，頁6）

四、家長教育學：「順性揚才」一路發

家長及學校志工是經營教育的沃土及養分，家長及志工也需要學習教育的系統知識。本書是繼「經營教育三學」之後，以家長及志工本位的立場，闡明「基本的」、「關鍵的」、「可操作的」教育知識系統，稱之為「家長教育學」。本書主要內容包括三篇十五章：第一篇「核心價值篇」（一觀），第二篇「理念素養篇」（六說），第三篇「實踐作為篇」（八論），全書的系統結構，以家為意象，如圖5所示。因為「一觀、六說、八論」圍繞著「順性揚才」的論述說明，是以書的副標題，就定為：「順性揚才」一路發（「一六八」意謂「一路發」）。

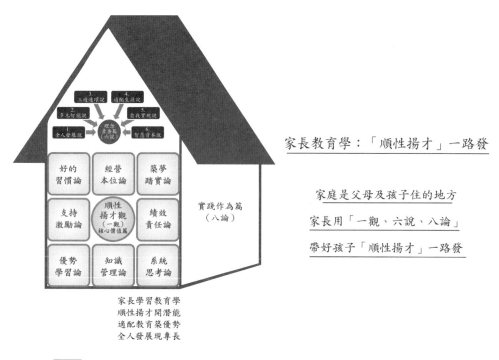

圖5　《家長教育學：「順性揚才」一路發》一書的系統結構

參、核心價值篇（一觀）：順性揚才開潛能

核心價值篇是本書的特色之一，本書強調「教育核心價值」的重要，強烈建議所有的家長，要教育好自己的孩子，一定要「順性揚才」，不但要「順孩子之性」，揚其優勢亮點之才；更要「順自己之性」，揚自己最大貢獻之才；也要「順家人之性」，揚其適配幸福之才；「順教師之性」，揚專業創新之才；「順學校之性」，揚教育特色之才。大人們要彼此「順性揚才」，才能共同教育自己的孩子及他人的孩子，孩子就能「順性揚才」一路發。「順性揚才」是全書最重要的核心價值觀，是以本篇只有獨立的一章：「順性揚才觀」，期待家長都能開展孩子的優勢潛能。

◤ 第一章　順性揚才觀〈激發孩子優勢潛能〉

本章分五節闡述「順性揚才觀」的核心知識及其操作技術：(1)家長順「自己」之性的操作技術在「優化本業多創價」、「穩定家庭有成長」、「開展專長愛服務」及「計畫奉獻新達人」，就能揚最大貢獻之才；(2)家長順「家人」之性的操作要領（技術）在：「創價平衡最優先」、「能量經營要適力」、「食、衣、住、行好習慣」及「親密關照相依存」，就能揚適配幸福之才；(3)家長順「孩子」之性最重要，家長要順孩子學習之性，開其群組動能之才；要順孩子知識之性，展其優勢智能之才；要順孩子藝能之性，揚其運動技能之才；要順孩子品格之性，長其情感毅能之才；(4)家長也要順「教師」之性，揚專業創新之才，其具體的作為在：「回應聯絡簿及班級網頁」、「加入班親會及經營方案」、「參與志工團及教育服務」及「支持後援會及資源統整」；(5)家長也要順「學校」之性，揚學校教育特色之才，其具體的作為在：「協助在地資源課程化」、「幫忙校本課程特色化」、「促進教育活動品牌化」及「維護學校教育永續化」。

順性揚才開潛能，順性揚才一路發。順性揚才對孩子有最大價值，順性揚才對家人有最大價值，順性揚才對自己也有最大價值，順性揚才也對國家社會有最大價值。順性揚才是教育事業最重要的核心價值，「順性揚才觀」是本書最重要的軸心，「理念素養篇」（六說）在詮釋順性揚才的深層意涵，「實踐作為篇」（八論）則在分析順性揚才的可行作法。一觀、六說、八論，順性揚才一路發。

肆、理念素養篇（六說）：適配教育築優勢

理念素養篇介紹家長最需要了解的六大教育原理學說，每說一章，共六章，包括：第二章「全人發展說」、第三章「多元智能說」、第四章「三

適連環說」、第五章「適配生涯說」、第六章「自我實現說」及第七章「智慧資本說」。作者期待：家長經由六大原理學說的學習，能夠為自己的孩子實施「適配的教育」，構築孩子的優勢智能明朗化。

📖 第二章 全人發展說〈實現人的角色責任〉

「全人發展說」旨在實現人的角色責任，有以下五大重點：(1)孩子的六大角色責任（成熟人、知識人、社會人、獨特人、價值人及永續人）需要均衡發展，且「個人的」與「組織的」全人發展同樣重要；(2)了解孩子發展的「關鍵指標」，才能協助孩子充分發展；(3)「成熟人」及「知識人」的養育要領有兩點最重要：一為關注孩子身高、體重、體適能的常態標準，並養成生活及學習的好習慣；二為掌握關鍵期，及時學習，避免揠苗助長；(4)家長要平衡示範「社會人」及「獨特人」給孩子觀摩學習，家長應認同主流文化與政經機制，家長應定位群己關係與角色責任，例如：新五倫及其核心價值；(5)家長要激勵孩子創發生命價值、創發志業價值，做一個「價值人」；家長也要帶著孩子實踐永續生活節奏、實踐永續智慧傳承，做一個「永續人」。

📖 第三章 多元智能說〈培育人的優勢專長〉

「多元智能說」旨在培育人的優勢專長，有下列四大重點知識及技術：(1)多元智能說強調學生本位的教育、優勢學習的教育、適性發展的教育及順性揚才的教育；(2)多元智能說的學校教育，要「建構五育均衡的教育環境」、要「開發多元展能的才藝社團」、要「肯定專長亮點的學習評量」，也要「經營校本課程的學校特色」；(3)多元智能說的家庭教育，要「了解孩子喜歡的學習傾向與方法」、要「提供孩子需要的教育資源與環境」、要「支持孩子參與的團隊活動與展演」，也要「協助孩子管理知識技能與

亮點」；(4)多元智能說的終身學習，家長要示範經常性的「學習」與「服務」、要示範生活中的「創新」與「品質」、要示範在地化的「數位」與「文明」，也要示範適配度的「能量」與「貢獻」。

第四章　三適連環說〈均衡人的適性學習〉

「三適連環說」旨在均衡人的適性學習。依據何福田教授（2009，2010）三適連環教育的主要內容，說明「適性」、「適量」、「適時」及「三適連環」教育的重要性。三適連環教育的操作事項如下：(1)三適連環教育的要義：適合個體性向的教育稱為適性教育，如果「適性教育」做得好，則天下沒有可以丟棄的學生，所以「丟不得」；適合個別能量的教育稱為適量教育，如果「適量教育」做得好，則教育不該實施沒有意義的比較，所以「比不得」；適合學習時機的教育稱為適時教育，如果「適時教育」做得好，則教育不可為求速效而揠苗助長，所以「急不得」；(2)適性、適量與適時環環相扣，形影不離，單獨適用，比一個也不用好得多；雙適兼用，效果大增；三適連用，威力無窮；(3)三適連環教育的實踐原則在：「多試探、少考試」、「多互動、少作業」、「多關懷、少責備」、「多瞻前、少顧後」及「多實質、少形式」；(4)本書作者對三適連環教育的註解是：「適性‧育才有軌道，是人盡其才的教育」、「適量‧達善多標準，是才盡其用的教育」及「適時‧臻美合律則，是時中其機的教育」。三適連環可以超越「丟不得」、「比不得」及「急不得」，是「好教育」。

第五章　適配生涯說〈詮釋人的幸福意涵〉

「適配生涯說」旨在詮釋人的幸福意涵。繼「三適連環說」，在「適性、適量、適時」三適連環之後，強調「適配」，並且將「適配」的觀念與適用的對象擴展到人的生命與生涯的整體（而不只是教育本位）。「適

配生涯說」有以下五大重點知識及技術：(1)「適配」（用臺語唸較傳神），具有「登對」之意，人生有四大適配：伴侶的適配、職涯與性向的適配、職位與能力的適配、教育與秉性的適配；(2)「適配的教育」是另外三大適配的基礎，作者建議：要布建「多元智能」的教育環境、要依循「優勢學習」的教學歷程、要選讀「專長專業」的大學系所，也要接續「志業深耕」的終身學習；(3)每一個人都有責任找到自己最適合的工作，將職業（工作）經營成為自己的「事業」與「志業」，用適配的事業經營，謀求幸福的家庭與人生；(4)「適配的伴侶」除了「長相」、「學歷」及「背景」要「登對」之外，尚須關照下列「內在適配」的感受：「相互吸引、品味一致」，「互尊互敬、幸福永續」；(5)「適配的職位」是能夠「人盡其才」的職位、是能夠「才盡其用」的職位、是能夠「自我實現」的職位，也是有效「智慧資本」的職位。

第六章　自我實現說〈成就人的價值尊嚴〉

「自我實現說」旨在成就人的價值尊嚴。「心願理想」與「現實成就」吻合適配就是「自我實現」。本章有下列四大核心知識及技術：(1)自我實現是「人之所以為人」的價值需求、人與組織都需要自我實現、「教育」及「教養」都在協助孩子自我實現，因此，教師及父母都要示範自己的自我實現，供孩子（學生）學習；(2)父母示範自我實現的重點在：示範專長工作事業、示範承擔家庭責任、示範經營適配家庭及示範優質人倫綱常；(3)學校教師要示範經營學校組織的自我實現，例如：有特色品牌的學校、有卓越領導的校長、有傑出專業的教師，也有專長亮點的學生；(4)從「孩子」為本位的自我實現，其經營要領在：「有秩序、好習慣」的生活、「分階段、定目標」的學習、「愛家人、幫同學」的服務及「擔責任、能實踐」的性格。

第七章　智慧資本說〈開展人的動能貢獻〉

「智慧資本說」旨在開展人的動能貢獻。每一個人都是它隸屬組織的智慧資本，能夠對自己所隸屬的組織（例如：家庭、學校、任務小組、國家、社會）產生真正的動能貢獻者，稱之為「有效的智慧資本」，對組織沒有動能貢獻者，稱之為「靜態的智慧資本」，我們都希望孩子及家人都是有效的智慧資本。本章有下列四大知識技術脈絡：(1)智慧資本說的操作型意涵是：教育「有能力」的人、教育「願意做」的人、教育「擔責任」的人及教育「多創價」的人；(2)有效能的家庭需要四大關鍵力：親密力、創價力、經營力及實踐力，這四大關鍵力需要父母的八大核心能力來經營實踐；父母的八大核心能力是：彼此關照的能力、相互依存的能力、專長工作的能力、適配發揮的能力、溫暖認真的能力、和諧擴能的能力、健康生活的能力及創客有品的能力；(3)凝聚家人對學校的「教育認同」是運作智慧資本說的要務，是以家人要認同教育機制與政策價值、要認同學校措施與特色價值、要認同教師教育理念與教學價值，也要認同孩子專長亮點與表現價值；(4)智慧資本的經營要領在：經營「適配的」核心能力、認同「價值的」家人關係、努力「可欲的」事業目標及實踐「智慧的」幸福生活。

伍、實踐作為篇（八論）：全人發展現專長

實踐作為篇（八論）闡述家長及志工得以運用操作的八個實用教育行為，也是每論一章，共八章，包括：第八章「好的習慣論」、第九章「支持激勵論」、第十章「優勢學習論」、第十一章「經營本位論」、第十二章「知識管理論」、第十三章「築夢踏實論」、第十四章「績效責任論」

及第十五章「系統思考論」。每一章皆以四節約八千字至一萬字的篇幅，討論教育學理在日常生活中的應用，提供家長教育孩子時得以參照的作為，幫助孩子全人發展，並具有相對專長的知識、技術、能力。概要分析說明如下。

■ 第八章　好的習慣論〈簡約生活有效率〉

「好的習慣論」旨在幫助孩子簡約生活有效率。本章介紹柯永河教授「好的習慣多於不好的習慣就是健康的人」之主張與實踐方法，包括：(1)生活的好習慣，要重視：「遵時序、有規律」的好習慣、「能定時、講適量」的好習慣、「具動能、訂目標」的好習慣及「求簡約、得品質」的好習慣；(2)學習的好習慣，要關注：「專注學習」的好習慣、「探索式（創客）學習」的好習慣、「優勢學習」的好習慣及「適配學習」的好習慣；(3)人際的好習慣，要實踐：說好話‧激勵共鳴、做好事‧服務助人、存好心‧積極正向、日行一善‧實踐力行；(4)處事的好習慣，要做好：「今日事今日畢」的好習慣、「做完一件再一件」的好習慣、用「要領」完成每一件事的好習慣及設定核心事務「標準作業程序」（S.O.P.）的好習慣。

■ 第九章　支持激勵論〈活絡人脈多益友〉

「支持激勵論」旨在幫助孩子活絡人脈多益友。父母從資源的支持、親情的支持、人際的支持及方法的支持，四大層面支持激勵孩子，幫助孩子健康成長路上有溫情。具體的作為包括：(1)父母要提供孩子穩定的基本生活資源、適量的自主學習資源、統合的家庭本位資源及連貫的社區教育資源；(2)父母要提供下列的親情支持：「對話解惑‧了解共鳴」、「共同休閒‧彼此關照」、「認同現況‧交互激勵」及「一起挑戰‧溫暖慰藉」；(3)父母也要幫助孩子開展下列的人際支持資源：父母與教師的鷹架作用、

家人與同學的團隊動能、親戚與朋友的溫情支持及社會與大眾的倫理克責；(4)父母也要設法幫助孩子找學習方法的支持，例如：物理知識找元素、事理要領重結構、人倫綱常分等差及時空律則譜旋律。

第十章　優勢學習論〈努力好學定方向〉

「優勢學習論」旨在幫助孩子努力好學定方向。優勢就是學習的方向，優勢學習是指符合性向興趣的學習、順應相對專長的學習、發展特色風格的學習、善用環境配備的學習及統整資源系統的學習。本章有下列四大知識及技術脈絡：(1)父母了解孩子優勢的指標在：孩子喜歡什麼？孩子要學什麼？孩子什麼較行？孩子什麼最棒？(2)父母要協助孩子找到學習力的優勢、找到知識力的優勢、找到藝能力的優勢及找到品格力的優勢；(3)孩子人際情意的優勢學習，可以從新五倫及其核心價值的解析著力經營；(4)做事要領也有優勢學習，父母可以從孩子好習慣的優勢、好方法的優勢、好效率的優勢及好系統的優勢來協助孩子。

第十一章　經營本位論〈善盡本分講系統〉

「經營本位論」旨在幫助孩子善盡本分講系統。自己的相屬系統稱為本位，經營本位論係指經營好自己，經營好自己的家庭，經營好自己的課業與事業，經營好自己的班級、學校、土地、家園之謂。本位含有「本分」、「本業」、「在地」、「系統」四個層次的意涵，本章提供家長教育孩子的四大知識及技術：(1)孩子主體的本位經營要領在：「珍愛生命，創新生活價值」、「勤奮學習，豐厚知識技能」、「服務助人，涵養品格情操」及「承擔工作，扮演責任公民」；(2)家庭主體的本位經營要從「恪守本業」、「親密溫暖」、「計畫經營」及「簡約實踐」著力；(3)學校主體的本位經營，要激勵孩子：「認同教育機制，順勢系統學習」、「配合

教育特色，表現教育品牌」、「實踐校本課程，統整本土文化」及「參與藝能社團，培育創客專長」；(4)教育主體的本位經營，要協助孩子就讀適配的學校、選擇適配的系所、開展適配的專長及永續適配的學習。

第十二章　知識管理論〈傳承教育新希望〉

「知識管理論」旨在傳承教育新希望。因為教育的希望在於人透過教育之後，能夠將學到的知識（含技能、情意）管理在自己身上，成為自己帶得走的能力。知識管理得愈好的人，就有能力做更多、更困難的事，成為人間龍鳳。本章有下列四大知識及技術脈絡：(1)知識管理與「知識遞移」攸關，知識遞移是指教師將自己的知識及教材上的知識遞送轉移到學生身上，成為學生帶得走的能力；(2)孩子應管理「生活習慣與方法」的知識、應管理「學習策略與技術」的知識、應管理「教育成果與表現」的知識，也要管理「人倫綱常與人際」的知識；(3)父母應管理「本行專業」、「個人專長」、「經營家庭」及「教養子女」的知識；(4)家庭也要知識管理，家庭要管理「家業的核心技術」、「家產的資源配置」、「家人的人際脈絡」及「家史的榮耀典範」的知識。

第十三章　築夢踏實論〈形優適配新文化〉

「築夢踏實論」旨在形優適配新文化。孩子要有夢想，有夢最美，父母要教育孩子解夢尋根，築夢有梯，築適配之夢。本章有下列四大知識及技術脈絡：(1)人生有四大夢：生命之夢（健康、色彩、光亮及希望之夢）、能力之夢（敏銳的學習力、厚實的知識力、個殊的藝能力及優秀的表現力）、事業之夢（專門的行業、專業的技術、專長的優勢及專利的產品）及功名之夢（高官、高名、高價及高峰之夢）；(2)「有夢」→「解夢」→「築夢」→「適配之夢」，是避免「有夢」而成為「空笑夢」的重要方法；

解夢尋根的要領在：尋遺傳秉性之根、尋學習效能之根、尋文化傳承之根及尋知識通達之根；(3)築夢有梯的要領在：築生活安定之梯、築專長技術之梯、築專門學能之梯及築人脈鷹架之梯；(4)「適配之夢」是指「做夢也要適配」，主要內涵包括：適配經營的夢、適配幸福的夢、適配貢獻的夢及適配人生的夢。

第十四章　績效責任論〈精緻克責新風格〉

「績效責任論」旨在精緻克責新風格。人是群組生活的動物，群組生活都有共同的生活任務或組織目標，群組的成員或大型組織的單位，都負有「承擔任務，完成目標」的參與經營責任，此稱為績效責任。家庭中的成員，不是父母就是子女，在家庭中的經營績效責任個殊化特別強烈，很難客觀論斷與評述。本章有下列四大知識及技術脈絡：(1)父母的績效責任主要有：「經營本業與創價平衡」的責任、「關照家人與溫暖幸福」的責任、「繁衍生命與養兒育女」的責任及「自我實現與智慧資本」的責任；(2)孩子的績效責任主要有：「規律生活與專注學習」的責任、「遵守秩序與乾淨整潔」的責任、「分擔家務與服務同學」的責任及「善盡本分與發展專長」的責任；(3)家庭的績效責任主要有：安定每位家人的責任、提供生活資源的責任、支持教育需求的責任及暢旺家庭功能的責任；(4)學校的績效責任主要在：帶好每位學生的責任、發展校本課程的責任、經營學校特色的責任及彰顯教育價值的責任。

第十五章　系統思考論〈交互整合新人生〉

「系統思考論」旨在交互整合新人生。系統思考是一種習慣、一種方法、一種能力，也是一種態度；系統思考是一種「觀照全面」→「掌握關鍵」→「形優輔弱」→「實踐目標」的歷程。本章分析人的生命、學習、

知識及人際四大系統的新思考，有下列四大知識及技術脈絡：(1)人的生命系統新思考，要成為「全人發展」的生命、要成為「順性揚才」的生命、要成為「自我實現」的生命，也要成為「責任公民」的生命；(2)人的學習系統新思考，要關注「珍愛生命」的學習、要關注「生活習慣」的學習、要關注「做事要領」的學習，也要關注「人倫綱常」的學習；(3)人的知識系統新思考，要有札根的「學習力」知識、要有核心的「知識力」知識、要有個殊的「藝能力」知識，也要有自主的「品格力」知識；(4)人的人際系統新思考，要有新五倫及核心價值的研發與實踐，家人有親相依靠、同儕認同能共榮、師生盡責傳智慧、主雇專業多創價及群己包容展博愛。

陸、「知識教育學」初建構：創客、經營、新教育；知識、實踐、優人才

教育在教給人知識，廣義的知識包括「知識」、「技術」及「能力」，並且三位一體。「知識→技術→能力」是知識遞移的化約模式，知識遞移是指，教育者能夠將自己的知識及教材上的知識有效地「遞送轉移」到受教者身上，教師及父母是主要的教育者，學生及孩子就是受教者。「知識遞移」成功，具有績效價值，學生及孩子才能具備厚實的「物理現象的知識」、「事理要領的知識」、「人倫綱常的知識」及「時空律則的知識」。讓學生（孩子）擁有知識、技術及能力，是教師及父母共同的「績效責任」。學生（孩子）要學會「知道、了解」這些知識，並且要會「操作、運用」知識裡面的「技術」，師生都是有教育產品的人，父母要督導自己的孩子「動手做」、「完成各種教育產品」、「精緻教育產品的品質」（如習作、作文、實物作品、展演活動等）。

「知識→技術→能力」知識遞移的化約模式，與當代教育最夯的議題：

「智慧教育」及「創客教育」之精神與本質完全吻合，我們可以進一步這麼說：「教育即智慧創客，教師父母帶頭做」，是以行政領導人要學習「教育經營學：六說、七略、八要」（學會智慧創客領導二十一式）；校長們要學習「校長學：成人旺校九論」（學會操作運用智慧創客九新招）；教師們要學習「教師學：鐸聲五曲」（學會知識遞移智慧創客五部曲）；家長及志工要學習「家長教育學：『順性揚才』一路發」（學會一觀、六說、八論的智慧創客一六八）。經營教育四學，是經營教育的「基點」、「軸心」、「經緯」、「沃土」及「養分」。

「知識遞移」的績效價值，才是教育的真實成果，知識遞移的核心技術亟待研發，這需要結合 makers movement（自造者運動）的理念，持續研發一本「知識教育學」的專書，以做為創客、經營、實踐的依據。作者期待，這本書也能夠在 2016 年內出版，作者也相信：唯有教師及父母都率先扮演「智慧人・做創客」的角色，專業示範「操作」各種知識中的技術，常有教育（學習）的產品，開展「真實、體驗、生新、創價」的智慧創客教育精神（核心價值），實施「創客・經營・新教育；知識・實踐・優人才」的智慧創客教育：教師及家長都有教育產品，是大創客；學生（孩子）學會操作知識、實踐知識，是小創客，他們也都會有豐富多彩的教育產品，伴隨其過自己的教育人生，過適配幸福的一生。（作者 2019 年補註：《知識教育學：智慧人・做創客》一書已於 2017 年出版，用「KTAV 教學模式」來實踐智慧創客教育，讀者可自行參考）

核心價值篇
（一觀）

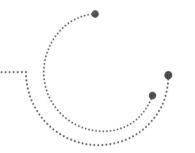

　　《道德經》上說：「上善若水」，因為「水可就下，因材器使」，所以水之善性可以「成就萬物」。我們也可以說：「教育若水」，因為教育能夠「激發潛能，順性揚才」，教育也能夠「玉成眾生」。「順性揚才觀」是本書的核心價值觀，作者期待家長及志工們，都能：順自己之性，揚最大貢獻之才；順家人之性，揚適配幸福之才；順孩子之性，揚優勢智能之才；順教師之性，揚專業創新之才；順學校之性，揚教育特色之才。「教育若水，順性揚才」，結合六種父母應備的「理念素養」（六說），以及八個父母在家即可運用的「實踐作為」（八論），家長及志工們都可以藉由「一觀、六說、八論」，帶領著自己的孩子（學生），健康成長、出人頭地，一路發。

・第一章　順性揚才觀〈激發孩子優勢潛能〉

第一章　順性揚才觀

〈激發孩子優勢潛能〉

　　「核心價值」或「核心價值觀」是當前教育經營中最夯的議題，在「教育行政學」、「教育管理學」、「教育計畫」、「教育評鑑」、「教育品質管理」及「企業經營」等學科，都將之列為正式課程的教學主題。「核心價值」指的是，組織單位人員為實現組織的「任務目標」，並關照彼此之「心願及需求」的共同價值取向。它是群體組織共同的價值觀，也是組織成員的潛意識，更是組織單位具有「價值」意涵的目標任務，例如：教育部（2011）在《中華民國教育報告書：黃金十年，百年樹人》中，揭示我國的教育核心價值是：「精緻、創新、公義、永續」；教育部（2012）在《中華民國師資培育白皮書：發揚師道、百年樹人》中，揭示我國師資培育的核心價值是：「專業、責任、精緻、永續」；新北市政府頒布中小學品德教育的核心價值是：「尊重、責任、公德、誠信、感恩、合作、關懷、助人、正義、反省、自主、孝悌」。

　　「核心價值觀」會隨著「時代」、「組織任務」階層，以及個人的「生命哲學」而轉變，它是人類「群組系統」的共同價值取向，例如：以時代而言，中古歐洲有段「黑暗時期」，因為政教合一，當時強調的核心價值是「來生‧苦修」，人民這一輩子沒有價值意義，要為死後升天預作準備，所以男人要努力傳播福音，女人要勤奮抄經，大家苦修今世，修身自持，才能死後升天，創造最大的幸福。迄至文藝復興運動之後，人類的核心價值才由「天上」回到人間，強調人的「當下價值」，此時，「人文生活」才是人的意義、價值及尊嚴。

　　同一群人如果在國防部做事，他們做事的核心價值就會被期待是：忠

誠、安全（軍人要效忠領袖，保衛國家安全）；同一群人如果在外交部做事，他們做事的核心價值就會被期待是：平等、互惠（結合平等待我的國家，結盟共享雙邊優勢資源）；同一群人如果在社會福利部工作，他們做事的核心價值就會被期待是：公平正義、博愛互助。因此，任何做事的組織單位及群組中的個人，都會有組織單位的核心價值及個人的核心價值。大家公認的核心價值會不一樣，但如果自己參與的組織單位之核心價值與個人的核心價值一致，是最理想的「適配生涯」，組織中的每一個人都可以自我實現，同時也都是有效智慧資本。

許多企業單位或學校處室，會將組織的核心價值（Core Value）及任務目標（Mission）同時揭示，並以圖示來呈現其系統結構，以作為「願景領導策略」之用。作者曾擔任國立臺北教育大學首任「研發長」，為學校的「研究發展處」擬定四大任務：「計畫發展」、「研究創新」、「產學合作」及「國際視野」，建構其核心價值：「精緻」、「實用」、「擴能」及「前瞻」，並結合學校願景成為系統結構（鄭崇趁，2014），如圖 1-1 所示。

研究發展處是學校中的一級研發單位，是以「學校的願景」作為處室的願景，期能大方向一致。「精緻」是計畫發展的核心價值；「實用」是研究創新的核心價值；「擴能」是產學合作的核心價值；「前瞻」則為國際視野的核心價值。

在個人的核心價值方面，作者在《教師學：鐸聲五曲》（鄭崇趁，2014）一書中，曾以教師的生命願景及教育志業為基礎，試擬了一個範例，如表 1-1 所示，提供給所有教師們參照。

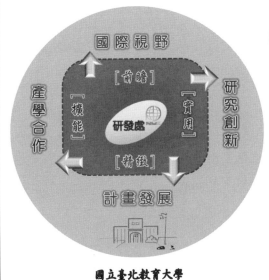

Vision：敦愛篤行，傳承創新，精緻大學

Mission：計畫發展
研究創新
產學合作
國際視野

Core Value：
精緻、實用、擴能、前瞻

圖 1-1　國立臺北教育大學研究發展處的願景、任務目標及核心價值

表 1-1　教師的願景、任務及核心價值

願景（Vision）：自我實現、責任良師。
任務（Mission）：教學：導引學生成功學習； 　　　　　　　　研究：創發學生本位知能； 　　　　　　　　輔導：扮演學生支持鷹架； 　　　　　　　　服務：拓展教育服務能量。
核心價值（Core Value）：專業、精緻、責任、價值。

　　教師一生的願景有二個：「自我實現」，為自己負責，讓自己的「理想抱負」與「現實成就」吻合適配；「責任良師」，為學校及國家社會負責，教師要成為家庭、學校、社會、國家具有動能貢獻的智慧資本。在教

師的四大任務中，教學的核心價值是專業（專業自主的教師）；研究的核心價值是精緻（精緻研發的教師）；輔導的核心價值是責任（責任楷模的教師）；服務的核心價值是價值（價值創新的教師）。

　　本書是為了所有關心孩子的家長，以及參與學校教育工作的志工而寫的，作者希望家長及志工們既然關切孩子的教育，並且以行動投入教育服務性工作，就是「準教師」；準教師宜了解國家教育的核心價值、學校的教育願景與核心價值、自己隸屬的服務組織（如交通導護志工組、圖書服務志工組、故事媽媽志工組、認輔志工組）之任務目標及核心價值，也要為自己的「志工生涯」思考一下願景（Vision）、任務（Mission）及核心價值（Core Value），彩繪生命的意義、價值及尊嚴。

　　本書為家長及志工們揭示一個大家可以共同遵循與實踐的核心價值觀——「順性揚才」，因此第一章的章名訂為「順性揚才觀〈激發孩子優勢潛能〉」。「教育若水，順性揚才」，是作者從《道德經》中的「上善若水」體悟而來：《道德經》上說，天地間至高無上的善，就像水的性質一樣，水是向下流的，流到需要它的地方，不管器皿的形狀如何，水在流滿它以後，就流到別的地方去；水也從來不計較東西需要它的多寡，要多就給多，要少就給少，是以「因材器使，成就萬物」，天地間的東西、人、萬物都需要水，沒有水就不能生存，上善若水。我們做的是「教育工作」，教育若水，教育工作要像水的善性一樣，激發孩子潛能，順性揚才，我們的教育，也可以像水一樣，玉成眾生。

　　本章分五節敘述「順性揚才」核心價值的意涵及實踐作為。第一節「順自己之性，揚最大貢獻之才」，從己身的順性揚才出發，說明追求自我實現，發揮動能貢獻的實踐要領；第二節「順家人之性，揚適配幸福之才」，從家庭的順性揚才出發，闡明經營創價平衡與適配幸福的具體要領；第三節「順孩子之性，揚優勢智能之才」，從孩子主體的順性揚才出發，開展

其優勢智能明朗化的有效途徑；第四節「順教師之性，揚專業創新之才」，從孩子與教師立場的順性揚才出發，說明如何幫助孩子統整教師教給的專業創新知識及技術，而成為帶得走的能力；第五節「順學校之性，揚教育特色之才」，從孩子就讀「學校本位」的順性揚才出發，闡述如何幫助孩子配合學校的「校本課程」及「特色課程」，開展自己的專長亮點。

第一節　順自己之性，揚最大貢獻之才

　　本書的主要旨趣在寫給家長及志工們參考，家長有心幫助自己的孩子接受好的教育，很多學校志工們也期待奉獻更多的力量，幫助學校教師把教育辦得更好，讓自己的孩子接受好的教育，健康成長，也盼望大家的孩子都有個快樂的童年。也就是說，小學、國中、高中的學習生活是滿意的，是有效能效率的，是成功的學習，孩子的學習力、知識力、藝能力及品格力都得致充分的開展，每一個孩子都獲致帶得走的能力，絕大多數的學生都通過一至十二年級基本能力檢測，國家十二年國民基本教育是成功的，教育的機制與內涵是可以輸出的。

　　「順性揚才辦教育」是本書最重要的「核心價值觀」，作者主張教育要辦得好，所有的教育參與人員都要「順性揚才」，大家不但要「順學生、孩子之性」，「揚其可揚之才」，教師、幹部、校長、家長及志工們大家彼此之間也要「順性揚才」，「順彼此條件亮點之性，揚優勢專長之才」，才能共同為學校教育及國家教育產生最有價值的成果績效，幫助自己的孩子得到最好的教育，也才能夠全面提升教育的競爭力。

　　從家長及志工的立場而言，要先「順自己之性」，才能「揚做得到的真實貢獻之才」。每一位家長的背景條件、性向能力、專長優勢及時間投入都不相同，唯有「順自己之性」，「揚做得到的真實貢獻之才」，對每

一個個人而言，就成為「揚最大貢獻之才」。本書從家長的「本位職能」思考，提供「順自己之性」的四個經營要領供大家參考，包括：「優化本業多創價」、「穩定家庭有成長」、「開展專長愛服務」及「計畫奉獻新達人」。簡要說明如次。

一、優化本業多創價

　　家長是家庭的核心人物，志工是家庭無後顧之憂、行有餘力、到學校幫助教育工作的家長，所有的家長在尚未到學校擔任志工前，都有成就非凡的「本業工作」。每一個人都要「經營本業」、「優化本業」，以「本業創價」的成果養活自己和家人，讓家人生活穩定，才能幫助自己的孩子安心地接受學校教育，再有多出來的時間精力，才能撥出部分時間，參與學校志工隊，用自己的專長幫助更多的孩子。優化本業多創價，才能勝任家長的本分角色，參與學校志工，也才有資源能量奉獻給學校。

　　從家長志工的發展歷史觀察，其來源已由「單一」的來源，走向「多元」的來源。約在三十年前，家長志工的來源多為家庭主婦，她們的「本業工作」就是「家庭管理」，這些媽媽們生小孩之後，留在家裡「養育小孩」、「照顧家庭」，小孩長大後就要接受學校教育，媽媽為了協助孩子有效銜接家庭教育與學校教育，就撥出部分時間直接進入學校擔任志工，親師生合作，共同經營未來主人翁的教育事業；學校教師由於有家長志工們協助處理「半專業」的服務性質工作，也就相對地能更集中時間和心力，把班級的學生教得更好，大家一起創發更大的教育績效價值。

　　近代的家長志工來源已「多元化」，除了原本的家庭主婦之外，很多「現職」的爸爸媽媽及退休軍公教人員，都踴躍地參與中小學志工隊，或是學校家長會及班親會。就都會區學校而言，每一個學校的家長志工都十分活絡，小型學校的家長志工平均有三十至六十人，中型學校平均有五十

至一百人，大型學校約有一百五十至三百人之間，每一個別學校雖有落差，但就整體規模而言，當前的中小學學校教育，家長志工的力量已成為教育的重要資源，學校領導幹部必須進行「教育資源統整」，系統重組家長志工的資源，讓他們為學校創發更大的教育價值。

「優化本業多創價」是家長志工順自己之性的第一個經營要領，主要的意涵有三：(1)「家長」與「志工」都是一種「積極奉獻」的使命責任，唯有「顧好本業」才能真正關照自己的孩子、幫忙他人的孩子接受教育；(2)家庭主婦也有「本業」，她們的本業是「操持家務」、「伴孩子成長」，是孩子及先生回家的「依靠」，因此要優先照顧好家務（多創價），行有餘力，才能到學校當志工；(3)家長志工的「學校服務工作」，也可以連結到自己本業工作的發揮，將專長亮點貢獻到學校，例如：開水電工程的家長，可以定期（一個月一天）到學校義務檢修水電系統一次（水電志工）；有圖書管理專長的家長，也可以定期到學校幫忙培訓圖書館志工，持續提升學校圖書室的服務品質。

二、穩定家庭有成長

「家庭」是孩子成長發展的基地，孩子每天都要回家，家庭安全、和諧、溫暖、關愛，足以提供其食、衣、住、行、育、樂及教育所需，是每一個孩子滿足基本需求與最大保障的地方。家長順自己之性的第二個經營要領在「穩定家庭有成長」。每一個人的家庭背景與遺傳條件落差極大，成功的家長會優先順著原先傳承下來的背景與條件，讓家庭在穩定中有成長，通常穩定中有成長的家庭，才能壯大自己的服務量能。

「穩定中有成長」的家庭是廣義的，具有多元意涵，包括以下五種：(1)家庭有定量的收入，足供家庭支出，且愈來愈寬裕；(2)家庭的人口有成長，除了夫婦之外，有二、三個孩子；(3)家庭的食、衣、住、行、育、樂

之品質有成長，能逐漸養成健康的運動休閒習慣；(4)家庭的親子關係有成長，父母能夠經營和樂的家庭氣氛，幫助孩子在快樂中學習；(5)家庭及孩子的人際關係有成長，雙親更幸福，在各自的工作崗位上有較知心的同事；孩子之間更和睦，也都有較常一起學習或玩樂的同學。

三、開展專長愛服務

家長順自己之性的第三個經營要領是開展自己本業上的亮點，讓自己的本業工作有專長亮點，用專長亮點為自己的本業加分，為自己的本業創價，也用自己的專長亮點來服務他人，幫助工作上的同仁，也幫助同業公會的同業，讓行業更為興旺，使這一行業的同仁在社會上更受尊重、更有地位，使自己服務的公司更為興旺、產品更好、營業額增加，自己也賺更多的錢。用專長亮點投入家長志工的工作，更是順自己之性，開展專長愛服務的具體實踐。

現在學校的家長志工都要經過陪訓（志工培訓），然後劃分成各種「半專業」的服務群組，來協助學校半專業的教育服務工作，例如：交通導護組、健康保健組、圖書志工組、童軍服務組、故事媽媽組、晨光時間組、EQ教育組、認輔志工組、各種才藝社團學習組、競賽活動後援會、接待服務組、接送服務組及志工進修組等。家長志工熱心參與學校教育工作，要順自己之性，開展專長愛服務，宜參加與自己本性本業專長亮點攸關的組別，接受進修培訓，接受小組長的領導，實踐小組的年度工作計畫，為自己的奉獻創價。

四、計畫奉獻新達人

學校家長志工的數量愈來愈多，個別學校的家長志工人數也都出現普遍成長的趨勢，就整體而言，社會經濟愈進步，學校的志工教育資源也會

愈豐沛。然而，個別學校家長志工的「貢獻」與「創價」程度也落差極大，志工與志工之間的縝密度及參與服務工作的滿意度之落差顯著。作者多年來擔任臺北市優質學校「資源統整」項目的認證教授，常對學校的家長志工勉勵，唯有「順自己之性」並且「計畫奉獻」，才能讓自己成為「學校家長志工達人」。

　　家長志工計畫奉獻的經營要領，可遵循下列幾個步驟：(1)計畫可到校擔任志工的固定時間，例如：每週的哪一天，共多少時間；(2)計畫每個月及整年度可奉獻的總時數；(3)依據每週、每月及年度的可用參與時間，計畫服務任務及總目標；(4)依據學校的家長志工分組，擬定年度工作實施計畫，每一分組都訂有「目標」、「策略」及明確的「執行項目」，並有預期成效之設定；(5)將每一家長志工分組，並設有小組長及總志工隊隊長，由總隊長及分組小組長討論設定「志工培訓計畫」及「年度成果展」。順自己之性，計畫性參與、計畫性服務、計畫性實踐、計畫性執行，創發預期的績效價值，每一個人都可以成為家長志工達人。

第二節　順家人之性，揚適配幸福之才

　　家長志工為學校奉獻服務，通常是「為家庭服務」圓滿之後的延伸；如果自己的家庭都搞不定，想要再站出來為學校大眾服務，會有實際的困難，就是勉強而行，更非長久之計，有違「安定自己，照顧外人」的志工本質。作者將「順性揚才」作為「家長教育學」之核心價值觀，每位家長必須「順性」的第二大對象是自己的家人，尤其是身為孩子「父母親」的「夫婦」家人：丈夫要順「妻子」之性，妻子也要順「丈夫」之性，夫婦兩人彼此「順性」，才可揚「適配幸福」之才。

　　作者曾經主張，每一個人的生涯要講究三大適配，才能經營幸福的一

生。這三大適配是「伴侶」之間的適配、「性向」與「行業」的適配，以及「能力」與「職位」的適配（鄭崇趁，2014）。夫婦兩人的背景條件、能力、長相彼此欣賞喜歡，才有適配的親密幸福。個人的性向興趣與實際工作行業的性質吻合，才能發揮專長，人盡其才、才盡其用，有適配價值的人生。在各行各業中，每一個人的「能力」與「條件」都不太一樣，可以勝任的「位子」（職務）要與自己的「能力」吻合，才會有適配的表現與真正的幸福。每一個人的一生，都要講究經營這三大適配，為自己打造幸福的生涯。

家長都已經有明確固定的「伴侶」、也有「小孩」，要先養好「家庭」，才會有能力再擔任家長志工的角色責任。家中的兩大主角更要彼此「順性揚才」，「順家人之性，揚適配幸福之才」。夫婦之間如何「順彼此之性」呢？以下提供四個經營要領給大家參照，期待大家都能「揚適配幸福之才」。

一、創價平衡最優先

一個家庭能否在穩定中成長，「創價平衡」是最重要的基石。所謂「創價平衡」，用白話的講法是：家裡的總收入與總支出能夠平衡，並且稍有盈餘。總收入與總支出平衡，量入為出，生活才能永續經營，食、衣、住、行、育、樂的品質，才能有「常態」的標準；與人互動，在他人面前的形象與表現，也才有好習慣與恰如其分的尊嚴。生命、生活、生涯的意義與價值在「平衡」的狀態中「永續」增加，家庭的創價平衡，往往是「人之所以為人」的起始點。

「創價平衡最優先」是夫婦兩個人「共同的事」，先生要順「太太之性」，經營家的「創價平衡」；太太也要順「先生之性」，為家經營「創價平衡」。若兩個人都有工作，同時賺錢創價，通常總收入會大於總支出，

夫婦兩人就要商量確認，家裡的經常性支出及養育孩子的費用如何支付，個人及家庭的「經費」如何有效管理，才能為家庭持續創價，並有更多的盈餘。在夫婦兩人中，如果只有一人有正職工作，另一個人是家庭主婦或家庭主夫，則家用支出更要量入為出，計畫性使用與管理，先生（或太太）能賺多少錢，才能有相對平衡的支出規劃，不寅吃卯糧，最好稍有存糧，家庭的日常運作有「常軌標準」，才能永續經營。

二、能量經營要適力

「創價平衡最優先」，強調的是「量入為出」最妥當；「能量經營要適力」，強調的是「不做能力做不到的事」、「不做過於勉強的事」及「做事講求要領重於盲目苦幹」，適力經營自己的本業，用專長專業「有要領地」創造最大的能量與績效價值，「適力投入」與「適當休息」才能讓自己的身心靈處在最佳（巔峰）狀態，既可以為老闆產製定量的產品，也可以為自己賺進應得的待遇。生命的長河近百年，本業工作往往五、六十年，適力經營、永續價值，才可以營造家庭的最大幸福。

「能量經營要適力」，有更為寬廣的面向。個人本業的經營要適力，夫婦對彼此工作的經營期望更要適力，夫婦兩人親密行為也要能適力經營（常態關係、不太黏也不疏遠），關注家庭的時間能量也要適力經營（有固定時間的親情互動、刻意在一起的活動），對於孩子的學習習慣與學業表現更要適力經營（陪伴學習，養成生活、學習、人際的好習慣，對於成績表現順性發展，不苛求）。對於家庭的大事，例如：買車、出國旅遊、買房子、轉行、開業、買股票或投資基金等，更要適力經營，不應冒太大風險及勉強決定，違背了「創價平衡」之本質。

■ 三、食、衣、住、行好習慣

「順家人之性，揚適配幸福之才」的第三個要領，在經營家庭的日常生活逐漸成為「常態性習慣」，也就是促使原本各自自由的人，由於「家庭的形成」，在食、衣、住、行、育、樂上逐漸形成大家彼此認同、可以共同遵循的好習慣，此一歷程，如果彼此具有「順性揚才」的觀念與「尊重對方」的行為表現，愈能夠在短時間內建立，尤其夫婦兩個人，在孩子出生之後，大家為了養育孩子、教育孩子，有時難免有不同觀點與堅持，但如果能以「孩子本位」為考量，彼此對他「順性揚才」，全家人的階段性「食、衣、住、行好習慣」就比較容易建立。

食、衣、住、行好習慣的具體內涵，在於：(1)固定時間的食：家長及孩子的三餐一定要固定時間吃飯，三餐定時是最好的習慣；(2)整潔典雅的衣：穿衣的品質受到家庭的總收入影響，差異較大，但整齊清潔及典雅美觀是共同的基本需求，也是好習慣；(3)可以回家的住：家庭的房舍貴賤差別極大，然而有家可回，家人都想回家住在一起，才是「住」的真諦，「想回家、有家可回」就是住的好習慣；(4)順暢移動的行：出入便捷，男女主人上下班方便，孩子上下學不麻煩，只要能夠順暢移動的行，上下班及上下學的時間愈經濟，愈是好習慣；(5)計畫方案的休閒娛樂：育、樂是食、衣、住、行的延伸，全家人在一起，有計畫方案，務實執行才是好習慣。

■ 四、親密關照相依存

作者在《教師學：鐸聲五曲》（鄭崇趁，2014）一書中開始倡導「新五倫及其核心價值」，以做為品德教育與情意教學的發展趨勢。新五倫是：家人關係（第一倫，住在一起的人）、同儕關係（第二倫，同學及同事）、師生關係（第三倫，教師與學生）、主雇關係（第四倫，老闆及員工）及

群己關係（第五倫，人與他人）。第一倫家人關係的核心價值是親密、尊重及依存。住在一起的家人，就是有親情的人，都要回家一起休息，共享親密行為，彼此給予溫暖關照，相互依存的基地，「順家人之性，揚適配幸福之才」，第四個經營要領就是實踐「家人關係」的核心價值：「親密」、「關照」、相「依存」。

「親密」行為是家人之所以「成家」的最基本需求。男女結婚成家，從生理的需求來看，就是宣布「合法的性關係」，性關係就是家人最原始的親密行為，性關係表達彼此的愛意、欣賞與行動，彼此的性滿足才能營造安定的家庭，接著有愛的結晶，生小孩，夫婦共同養育小孩、教育小孩，給予家人親情及溫暖，陪伴、拉拔、協助其學習，養成生活、學習、人際之好習慣，健康成長，實踐「家人關係」的核心價值：親密、關照、相依存。

第三節　順孩子之性，揚優勢智能之才

一般來說，擔任學校的家長志工，其主要的目的有三：(1)關照自己的孩子，配合學校教育，陪伴其健康成長；(2)關照左右鄰居的孩子，協助扶持同伴，大家一起健康成長，為將來培養能力、貢獻所學；(3)對教育服務工作有興趣，符合家長志工們的專長亮點，並且在本業創價上表現卓越，行有餘力，是以參與學校家長志工團，擴展自己奉獻人類社會能量。這三大目的主要的實施對象都是「自己的孩子」及「他人的孩子」，並且都集中在孩子們的教育工作。我們要對孩子「順性揚才」，家長志工們都要「順孩子之性，揚優勢智能之才」。

作者的《教育經營學：六說、七略、八要》（鄭崇趁，2012）一書，是一本給教育行政領導人參考的「經營教育」專書，首次將「順性揚才」

列為經營教育的八大「實踐要領」之一（第十九章），該章是以「學生」為主要對象，寫明教育人員要如何對學生順性揚才。當時認為「順性揚才」的教育意涵是：學生本位的教育、多元智能的教育、形優輔弱的教育及永不放棄的教育。順性揚才的主要介面是：要順應學生的背景習性、喜好興趣、潛在性向、優勢專長及理想抱負。在教育上的經營要領需要：「了解環境，順勢推移」、「掌握專長，提供舞台」、「經營亮點，匯聚能量」及「順勢而為，日有所進」，此可參考《教育經營學：六說、七略、八要》一書第十九章（第 317 至 333 頁）。

　　本書寫給「家長及志工」們參考，主要對象是「家長」及「志工」，要如何對「孩子」順性揚才？家長及志工依據前述三大目的之敘述，主要職能在陪伴協助孩子們健康快樂成長，由未成熟邁向成熟，接受學校教育為主軸，具有「學習力」、「知識力」、「藝能力」及「品格力」，家長志工扮演「準教師」或「半教師」的角色功能，是以要順孩子「學習」之性，開其群組動能之才；要順孩子「知識」之性，展其優勢智能之才；要順孩子「藝能」之性，揚其運動技能之才；要順孩子「品格」之性，長其情感毅能之才。簡要說明如次。

◤ 一、順「學習」之性，開其群組動能之才

　　孩子的優勢智能若能夠明朗化，以其相對專長找到工作，用優勢專長服務社會、奉獻國家，即是「順性揚才」最神聖的價值。孩子的「學習力」，指的是「聽、說、讀、寫、算」的基本能力；讀為閱讀，說是說話，聽是聽講，寫是寫作，算是算數，作者將「閱讀、寫作、算數、資訊」列為建構「學習力」的基本元素，也就是孩子讀、寫、算及運用數位工具的能力。

　　孩子的學習是陪伴其一生的，每一位孩子的學習力，都要設法達到下

列四大指標：(1)熟悉並能運用各階層教育（國小、國中、高中、大學）的基本識字量；(2)能夠通過一至十二年級國語文（閱讀、寫作）基本能力檢測；(3)能夠通過一至十二年級數學及資訊基本能力檢測；(4)大學畢業生能夠取得一種以上的外語能力認證，具有國際移動學習力。

　　順孩子的學習之性，其焦點在「學習方法」的順性。教師應順學生學習之性，並非給予學生學習力的彈性標準，或順著學生四大指標的優勢擇一發展即可。基本學習力的順性揚才，其焦點在「學習方法」的順性，教師應觀察學生最喜歡的、最有效的、最能產生團隊動能的學習方式，來決定教學方法，決定數位輔具教材之運用，決定群組學習編配，決定如何帶動群組學習的任務及運作型態，決定學習落後學生的補救教學，決定如何調撥同儕資源，協助「帶好每一位學生」。順學生學習方法之性，讓班級課堂群組學習的動能充分發揮，有學習亮點。

　　家長志工可以幫助下列事項，方可揚孩子群組動能之才：(1)協助秩序管理：在學生分組共學時，常有脫序紛亂行為，有時影響學習、動能偏移，家長志工參與秩序管理，可維護常態動能；(2)輔助弱勢族群學生專注互動：在分組共學的情境中，部分弱勢族群學生較容易成為團體中的「客人」，難以完全融入群組學習，優秀同學也相對較不主動與其互動，家長志工若能在旁提醒、關注、輔助，這些學生較有可能同步學習；(3)幫忙教師檢核各組學習操作成果：分組共學的階段學習成果，教師逐一檢核結束，才可進入下一階段（單元）的學習，每個班級均有六個組左右，教師逐一檢核，要花費較長時間，有時會影響教學進度；如果教學現場有一、兩位家長志工協助，幫忙檢核各組學生的學習操作成果，協助教師管控教學進程，對學生的學習會有幫助；(4)擔任教師的助手，協助指導管理部分學生群組操作流程，產出團體動能。

二、順「知識」之性，展其優勢智能之才

孩子的「知識力」來自持續不斷的學習，知識力的傾向與發展，就是孩子優勢智能明朗化的基礎與實踐。我們教育孩子要避免「全人訴求」之偏失，揠苗助長，反而易造成學生的挫折與傷害。作者認為，教師對學生的順性揚才要領有四：(1)觀察學生喜歡的知識；(2)觀察學生喜歡閱讀的書籍類別；(3)觀察學生閱讀心得；(4)觀察學生電腦、手機電玩及搜尋網站之脈絡（鄭崇趁，2014，頁319），這四個途徑可以分析了解學生知識力的潛在優勢傾向。

從家長的立場而言，順孩子知識之性，可以從下列事項經營：(1)觀察孩子喜歡與家人分享的知識心得（學到什麼）：孩子喜歡分享的知識或偉人的生命故事，往往是孩子潛在智能的優勢傾向；(2)觀察孩子交往朋友的談話主題：孩子與同學或朋友間共同的話題，也是潛在知識的反映；(3)觀察孩子向父母提出的購書訴求：孩子想要擁有的書籍，反映某一程度的知識發展脈絡；(4)觀察孩子對各種家庭作業（習作）的關注程度與表現情形：尤其是父母親常要幫孩子簽聯絡簿及檢查作業，同時可以看出孩子相對喜歡作業的領域學科，或者較為專注在意、表現較優的習作，這些都是孩子潛在知識的發展傾向。家長志工亦可從上述四大途徑，配合學校教師的觀察，共同順孩子「知識」之性，揚其優勢智能之才。

三、順「藝能」之性，揚其運動技能之才

孩子的「藝能力」建立在兩大核心能力之上：「時空美感」及「個殊才能」。以音樂才能為例，孩子對於「時間」特別敏銳，節奏、旋律的掌握與表達優於常人（節奏、旋律都是時間短長的藝術）。以繪畫藝術為例，孩子的「空間布局」特別靈活到位，具有個殊「格局」；大學美術系入學

的術科考試，有的學校要考「書法」，就是在觀察考生「空間布局」的潛能。家長志工也要結合學校教師的觀察與建議，順孩子「藝能」之性，揚其運動技能之才。

家長志工的經營要領，下列幾項作法可以參照：(1)配合「教育 111 標竿學校」認證政策，鼓勵孩子至少取得一項以上的專長認證，讓自己的孩子在同儕中至少有一、二個才藝上的相對優勢亮點；(2)提供孩子喜歡學習的運動、才藝項目的教育資源，讓孩子參加喜歡的學校社團，必要時參加才藝班補習；(3)鼓勵孩子參加各種運動競賽或才藝表演，以參加競賽展演增進個殊才藝學習與優勢智能明朗化；(4)提供孩子喜歡的才藝運動類書籍、用具及影音數位媒材，幫助孩子觀摩世界級、全國級的傑出表現人才學習歷程，激發潛能發展及心向流動。

四、順「品格」之性，長其情感毅能之才

「品格力」係指孩子的品德素養及實踐能力。孩子的品格力建立在兩大因素上：「好習慣」及「服務心」，只要我們能夠協助孩子，教導孩子養成好的生活習慣、學習習慣及人際習慣，從小到大都帶著一顆服務他人的心，在家服務父母親、服務兄弟姊妹，在學校服務同學、服務師長，出了社會也盡己之力服務同事、服務老闆、服務有緣碰在一起的人，就會有品德素養及實踐能力。

宋朝理學大師朱熹創立白鹿洞書院，他曾在書院的大門，刻寫了五教之目、為學之序、修身之要、處事之要及接物之要，史稱「白鹿洞書院學規」。大要如次：

五教之目：父子有親、君臣有義、夫婦有別、長幼有序、朋友有信。

為學之序：博學之、審問之、慎思之、明辨之、篤行之。

修身之要：言忠信、行篤敬、懲忿窒欲、遷善改過。

處事之要：正其誼不謀其利，明其道不計其功。

接物之要：己所不欲，勿施於人，行有不得，反求諸己。

用現代的語言來註解「白鹿洞書院學規」的內涵：五教之目就是孩子人際的好習慣與服務心；為學之序就是孩子學習的好習慣及對知識應有的態度（也是一種服務心）；修身之要是要求自己（克己）的好習慣；處事之要及接物之要則為待人接物的修養，是一種以服務心為主軸，所發展出來的好習慣。

由於「五倫之教」的五倫分類與現代「人際關係」的群組分類落差太大，不容易著力實施「品德教育」及「情意教學」，故作者於 2014 年出版《教師學：鐸聲五曲》一書時，提倡「新五倫及其核心價值」的研發與實踐，以做為品德教育及情意教學的發展趨勢。繼於 2015 年發表專文，將新五倫及其核心價值的系統結構整理如圖 1-2 所示（鄭崇趁，2015）。

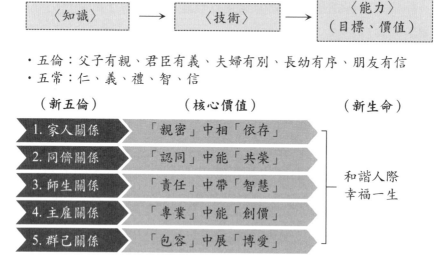

圖 1-2　新五倫及其核心價值的系統結構

‧新五倫及其核心價值是品德教育及情意教學的發展趨勢。

‧新五倫及其核心價值是：

第一倫「家人關係」：親密、關照、依存。

第二倫「同儕關係」：認同、合作、共榮。

第三倫「師生關係」：責任、創新、智慧。

第四倫「主雇關係」：專業、傳承、創價。

第五倫「群己關係」：包容、尊重、博愛。

‧核心價值由學校列為各週的中心德目，並依年級發展學生之「實踐行為規準」，實踐行為規準至少兩條：一條好習慣、一條服務心。

　　從家長志工的角色立場而言，經營孩子品格力的著力點，可參照下列四項作為：(1)為孩子說明「中心德目」（核心價值）的意涵，及其在新五倫之間的歸類；(2)以家庭為本位，為孩子增訂一條實踐行為規準，協助其在週內實踐，這一條行為規準也是好習慣及服務心的交織行為表現；(3)運用「日行一善」的分享，引導孩子實踐核心價值的行為規準；(4)定期檢核孩子「情緒處理」→「情感表達」→「情操培育」的發展狀態，適時給予孩子溫暖、關照、支持及激勵。順孩子「品格」之性，長其情感毅能之才。

第四節　順教師之性，揚專業創新之才

　　教育事業是國家最大的國營企業，國家必須從政府的總體預算中，提撥相當高的比率（目前約為22.5%），設學校、請教師、買設備、排課程、教學生。從幼兒園→小學→國中→高中→大學→研究所，以及終身學習、專業社群、在職進修等，孩子的一生必須接受數十位教師，甚至上百位教師的直接教學，現代的「師生關係」已成為新五倫的第三倫，其核心價值有三：責任、創新、智慧。責任是指，教師有責任把學生教會學習單元的

知識與技能，學生也有責任善盡「學會」的責任；創新是指，師生關係每天都在探討「新知識」，對教師而言，每天每次的「教學呈現」都是「新的系統知識」，學生每次的知識學習更是「新知識系統」的探索；智慧是指，教師扮演「智慧領航」的角色責任，對學生作「人師、使命、動能、品質、風格」的領航實踐，帶著學生彩繪適配幸福生涯。教師是孩子接受教育、教導學習的領航人，家長有心協助孩子接受好的教育、健康成長，累增學習力、知識力、藝能力及品格力，就要「順教師之性，揚其專業創新之才」，才能成為教育的合夥人，為自己的孩子創發最大的績效價值。

從教師本位而言，教師的專業創新表現在下列四方面：有「知識」專長，是教育達人；有「教學」專長，是經師楷模；有「研究」專長，是領域大師；有「績效」專長，是人師標竿（鄭崇趁，2014，頁314-317）。家長「順教師之性」的經營要領，可參照下列方法選擇實踐。

一、回應聯絡簿及班級網頁

聯絡簿及班級網頁是教師、學生、家長三方溝通的媒介與橋梁，教師將學生的作業、學習情形及期待家長協助的事項公告在聯絡簿或班級網頁，家長每天要簽聯絡簿，幫忙督導孩子按時完成家庭作業，也配合回應教師期待的溝通事項，共同為孩子的教育盡力，合作導引孩子有效學習、健康成長。

級任教師及科任教師，為了班級學生的班級經營及學門知識豐富化，常設有班級網頁或領域學門網頁。班級網頁由級任教師或授課教師建置維護，班級網頁放有班級（學科、領域）經營計畫、教與學活動實施方案、單元教學教案，以及與課本教材有關的主題單元知識補充資料，並可連結學校的教學資源資料庫，是學生及家庭預習、自主學習、補教學習，以及與教師互動、向同學請教「專業學習」的最佳平臺。回應聯絡簿可以「順

教師之性」，一起帶好自己的孩子，從事有秩序的即時學習，趕上進度、避免落後。也可順勢觀察自己的孩子，哪些作業孩子較有興趣，成果績效較佳；哪些作業孩子都勉強完成，辛苦而價值不明顯，以做為「順孩子之性，揚其可揚之才」的參照。參與班級網頁平臺的討論及提供「教」與「學」的觀點或意見，討論孩子的學習問題與處理方式，更是要「順教師之性」，參與教師的專業創新領航，與孩子共同學習成長，親師生三贏。

二、加入班親會及經營方案

　　學校通常設有家長會，由全校家長選出家長會會長及家長會委員，由家長會管理「家長會費」，並代表家長參與校務經營，例如：參加學校校務會議和課程發展委員會、各種與親師生攸關的協調聯絡事項，因此家長會委員參與校務經營是學校經營民主化及永續化的重要基石。當代的學校更是要求每一個班級都設有「班級家長會」或「班親會」，由同一個班級的學生家長組成，配合班級教師或領域教學教師所擬定的班級經營計畫或學科（領域）教學教案（活動），由班親會小組長指派家長代表直接參與，協助教師認輔學生，共同學習，落實執行班級經營計畫或教學方案，增益班級孩子的學習績效成果。

　　家長參與班親會及班級教育經營方案的要領，可參考下列幾項作法：(1)學期開始之際（每年八月一日或二月一日），班親會核心人員應共同拜會班級教師或核心學科教師，表達學生背景、學習需求，以及可主動提供人力、物力、財力、自然文史在地教育資源，提供級任教師及學科教師擬定班級經營計畫及領域（學科）教學方案；(2)盡量出席開學第二週的「親職教育日」，配合級任教師公布的「班級經營計畫」，協助教師向其他家長說明核心工作項目的目標、方法與預期的績效價值，邀約家長共同積極參與；(3)所有班親會家長宜協商分組及實際參與班級經營計畫工作，並約

定家長的責任績效；(4)班親會（班級家長會）選出會長並進行必要分組，選出小組長，針對級任教師的班級經營計畫及核心學科教師的領域（學科）教學方案，統整訂定班親會年度工作計畫，交由各分組落實達成。

三、參與志工團及教育服務

家長參與校務經營，除了班親會的組織運作外，就是學校的「志工團」。部分的學校志工人數在一百位至兩百位之間，經由培訓之後，通常分成十至二十組，以協助學校的「服務性」及「半專業」教育工作。部分志工小組，有編配現職教師或退休軍公教人員帶領，並配合學校的領域（學科）教師或社團指導教師「計畫性運作」，是以家長參與學校志工團及教師們領導的教育服務工作，實際上也在「順教師之性，揚其專業創新之才」，由家長志工協助，讓其有效連結到每一個孩子身上，學生的學習成果績效，才能更為豐沛踏實。

家長志工在「參與志工團運作及教育服務」層面，「順教師之性」的經營要領，得以下列四項做為選擇運用：(1)以自己孩子喜歡的社團或學習領域相配合的志工團為最優先選擇的參與對象：此可以與孩子一起學習，並觀察孩子優勢潛能的開展歷程；(2)優先學會「志工團」工作的「核心技術」：每一項教育服務工作，都會有「核心技術」及最適化「標準作業程序」（S.O.P.），家長志工應自己優先學會、練習精熟，才可以協助專業教師順性揚才；(3)順專業教師指導學生的「學習要領」，協助學生有效學習：學習要領有時多元並存，家長志工協助的方法步驟與教師一致，學生之學習更能穩定成長；(4)進行志工團核心技術的知識管理，並運用數位媒材儲存：因為家長志工都是孩子的父母親或是有興趣教育服務工作的家庭主婦（主夫），留存專業教師教學指導學生的核心技術，才能真正幫助學生及教師，「順教師之性，揚其專業創新之才」。

■ 四、支持後援會及資源統整

　　順教師的專長發揮及孩子的專長學習縝密結合之後，可能要規劃「客製化的學習步道」，也要積極參與各種「專業藝能競賽及展演活動」，這些客製化學習步道的建置及永續性的競賽展演活動，很需要家長組成各項目的後援會及資源統整，才能有效實踐。以客製化的學習步道來說，例如：澎湖縣池東國小為發展「扯鈴及足球」的教育特色（取名為：手腳達人），該校兩位指導教師將「扯鈴」發展成二十八個核心技術，將「足球」開展出三十個核心技術，由教師及模範學生示範動作技術、拍成數位影片，並將「學習操作要領」寫成簡要說明文字，運用 QR code 行動載具，在教室走廊的兩面牆，布置成扯鈴學習步道及足球學習步道。該校學生經過有計畫的教學，目前都是「手腳達人」，扯鈴及足球競賽展演邀約不斷，此最需要家長後援會及資源統整的永續經營。

　　家長在「支持後援會及資源統整」層面，「順教師之性」的經營要領，得以下列四項作為運作焦點：(1)依教師卓越專長的發揮成立後援會，並進行資源統整，教師專長亮點尚未明顯發揮者，也不勉強成立，順性揚才；(2)配合教師「學習步道」及「學生競賽活動」的規劃，訂定後援會的資源統整實施計畫，充分滿足教師教學及學生學習，參與競賽的總體資源需求；(3)後援會亦應分組執行任務，最需要的是：財務組、交通組、服務組及績效組，可視任務規模，彈性編制；(4)後援會的資源統整要以學校總體家長志工資源及校內外可用教育資源，作「觀照全面、掌握關鍵、形優輔弱、實踐目標」的系統思考資源統整，才能順「全校教師」之性，揚專業創新之才。

第五節　順學校之性，揚教育特色之才

「每個學校有教育特色，每個教師有卓越貢獻，每位學生有優勢亮點，並且一個都不少」是作者長期以來的教育理想與心願。作者於 2012 年出版《教育經營學：六說、七略、八要》一書，2013 年出版《校長學：成人旺校九論》一書，2014 年出版《教師學：鐸聲五曲》一書，2015 年出版本書——《家長教育學：「順性揚才」一路發》，都在為此努力。作者認為，教育是可以經營的，教育領導人、行政人員、校長、教師及家長對學生（孩子）都能「順性揚才」，每位學生一定都能夠優勢智能明朗化，每一位學生都會有自己的專長優勢與亮點，教育上的理想境界：「帶好每一位學生，一個都不少」就會是事實，不再是空談。

所有的教育從業人員都要對「學生」順性揚才之外，彼此之間更要「順性揚才」，大家有機會共同在一個學校之中「辦教育」，彼此「順性揚才」；大家以自己的最大優勢亮點合作辦學，促使眾人的才智「交互作用，整合發展」，才可以成就每一位學生，提高實質的教育競爭力，創發教育最大的績效價值。是以家長要順自己之性，揚最大貢獻之才；要順家人之性，揚適配幸福之才；要順孩子之性，揚優勢智能之才；要順教師之性，揚專業創新之才；要順學校之性，揚教育特色之才。

學校教育特色必須符合下列四大指標：(1)教育性：學校的特色主題要與學生學習攸關，有學習事實發展而成的特色，才稱為教育特色；(2)課程化：學校教育特色是由學校「校本特色課程」長期教學、經營而成的特色，是以學校特色要有各年級、各領域系列主題教學教案，有「教」與「學」的課程化經營成果，才能稱為學校特色；(3)普及化：學校師生都參與教育主題，都喜歡並且認同，有共同績效成果表現者，才算是學校教育特色；部分學校只有少數人（代表隊）的傑出競賽成果，不能視同為學校教育特

色；(4)卓越化：師生普遍參與的教育主題，校內有競賽，績效價值豐碩，代表班級或團隊參與校際比賽、縣市比賽或國家比賽者亦有卓越表現，媒體競相報導，他校參訪頻仍，這才是學校名副其實的教育特色。

家長「順學校之性，揚教育特色之才」，經營要領即在以「支持者」、「輔助者」、「參與者」及「實踐者」立場，幫助學校教師及學生經營教育特色，使四大指標內涵圓滿實踐，達到指標要求程度，並通過行政機關認證審查，取得「特色標竿學校」的認證標章。其經營要領以下列四項工作較為優先。

一、協助在地資源課程化

學校教育特色之形成，通常是師生的專長優勢有效結合在地資源而促成，在地資源包括人力、物力、財力、自然、社區文史、科技、生態及智慧資源，其能否逐漸為教育所用，是重要關鍵。是以家長協助蒐集在地多元教育資源，提供教師編入教育活動或者領域學科的主題統整教學教案，是課程化的最佳途徑。學校教師也應主動進行社區踏查，發現可用資源後，請求家長協助，開發社區自然生態學習步道、文化史蹟學習步道，編製成學校本位課程來教育學生，學校課程本土化、精緻化、特色化就有可能發展成學校教育特色。

家長協助在地資源課程化的方法，可以從下列幾個事項著力：(1)發現教育資源：家長大多數為在地人，經常在學校社區出入，對於社區附近的自然生態與文史資源、公廟歷史、人情故事相對熟悉，若又參與學校志工，教育資源敏銳度增加，可協助發現登錄教育資源工作；(2)匯聚教育資源：如協助整理歷史古蹟、公廟文化，匯聚串聯成社會領域可開展的學習步道，或是結合鄰近登山步道，幫助教師針對教育資源地點，設置解說牌，成為生態學習步道；(3)建設教育資源：依據教師的領域主題統整教學教案，協

助製作教材輔具及豐富學習步道內容；(4)導覽教育資源：家長志工也可以擔任教師的助教，負責實際教學時擔任「導覽人員」的角色，家長志工幫忙導覽之後，由教師深入解析教學。

二、幫忙校本課程特色化

學校本位課程是「學校本位經營」（管理）理念運用在學校課程發展上的實踐。學校本位管理的簡單概念是：自己的學校自己管理，自己的學校自己經營，自己社區內的學校要用社區內的素材來教自己的學生。社區的自然資源與文史機構都是本土文化的傳承，若能夠融入課程教學，則有助於學生認同在地，了解自己的鄉里，珍惜自己所從出的家庭、學校、社區及自己的縣市、國家。是以自從 2000 年「國民中小學課程綱要」頒行之後，發展「學校本位課程」及「特色課程」即成為學校經營最重要的工作事項，而每一位教師配合校本課程系列主題，自編授課領域之「主題統整教學教案」，亦成為核心的績效責任。

學校的「本位課程」可以很多，只要是為了自己學校學生考量而設計、實施者，都可稱之為「學校本位課程」，簡稱為「校本課程」。校本課程中有部分領域（或學科）做得特別精緻，超越了一般學校的常態水準，學生的收穫與表現「超群絕倫」，帶給學校超越他校的績效價值，值得他校學習推廣者，稱之為特色課程。家長志工要「順學校之性，揚教育特色之才」的第二個可行作為，可以從幫忙校本課程特色化著力。

校本課程特色化，學校必須完成下列四項工作：(1)各領域（學科）教學，有系列主題銜接學校教育特色：至少有三個領域以上，十二個以上主題單元名稱；(2)十二個以上主題單元，要由教師自編成主題單元教學教案，重要的教學資料可彙編成特色教育教材；(3)要有正式而常態的教學，並實施具體的學習評量或教育成果展示；(4)學校有配合教育特色的「環境情境」

整備，提供學生在校園環境中可以直接學習或練習的主題知識及技能（如QR code數位學習步道）。因此，家長幫忙校本課程特色化的著力點有三：(1)了解學校教育特色所列的主題名稱，協助教師籌集教學時需用的教育資源，或自己直接充當可用資源；(2)提醒自己的孩子及班親會（班級學生家長）配合教師教學實施，按時完成習作及成果演練；(3)依據學校之教育特色環境整備方案，邀集全體家長志工，分組合作，全力促成，降低學校經費支出，擴展教育特色的效果與績效。

三、促進教育活動品牌化

學校發展教育特色，通常必須經歷三大階段：第一個階段叫做「活動化階段」：是指學校在某一運動或藝文教育項目上有卓越表現，例如：「棒球」打到全縣冠軍或全國冠軍，學校的「男生合唱團」連續十年得到合唱比賽冠軍，此時學校就往往把「棒球」及「合唱」當作學校特色項目，這就是「活動化階段」。第二個階段叫做「課程化階段」：是指學校將原有的「特色活動」進一步課程化，進一步在正式課程及潛在課程中優化實施，例如：前述的十二個系列「主題教學教案」，以及相對配合的「情境整備」，就是「課程化階段」。第三個階段叫做「品牌化階段」：學校的教育特色項目已有正式及潛在課程的常態化實施教學，學生普及化接受教育，每年有班際教育成果競賽（如臺北市西園國小的毽子比賽、新北市福和國中的詩詞吟唱大賽），而成為學校教育的特色品牌，普及所有學生，學生卓越表現如繁星爭輝、交互輝映，此稱為「品牌化階段」。

家長配合學校教育特色之發展，促進教育活動品牌化進程，可參採下列幾項著力點：(1)班親會成立學校特色教育組，專責協助級任教師發展特色課程及學生教學活動之支援；(2)學校志工團成立學校特色志工組，計畫經營學校特色教育的行銷，規劃與家長志工實踐事項；(3)協助學校教師及

幹部運用數位科技知識管理教育特色之核心技術及成果績效；(4)定期宣導行銷學校特色之教育價值，爭取後續生員選讀本校，為學校永續經營奠基。

四、維護學校特色永續化

學校教育有特色，象徵學校組織系統的「優勢亮點」已經被激發，且已經「明朗化」而成為具有「特色品牌」的教育。學校教育特色要經過「活動化階段」、「課程化階段」及「品牌化階段」之發展，英明的校長及幹部最快要花二至三年經營，學校才會有初步成果；一般學校通常要經過三至五年才會有明顯的教育特色；部分組織文化消沉的學校，有時要十年經營，才能由非常態邁向常態，學校常態化經營後才有可能開展學校特色。是以家長要「順學校之性，揚教育特色之才」，即先要協助在地資源課程化，繼而幫忙校本課程特色化，再來促進教育活動品牌化，更要維護學校特色永續化。

家長為維護學校特色永續化，可從下列幾個事項著力經營：(1)每年訂定「認輔學校教育特色經營計畫」，匯集學校所有家長志工能量，計畫性支援輔助學校特色，永續經營；(2)「學校特色組」的家長志工應積極參與學校特色課程規劃，進行特色教育活動及特色成果展示；(3)計畫性籌募定額財源，支援學校特色教育所需的額外經費；(4)由家長志工中，敦聘資訊科技專業志工，定期維護學校特色之核心知識、核心技術及學生之核心能力，藉由知識管理，系統傳承創新學校教育特色，維護學校特色永續化。

理念素養篇
（六說・上）

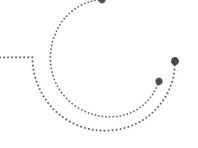

　　每個孩子從小到大，有六大角色責任要發展完成，包括：「成熟人」、「知識人」、「社會人」、「獨特人」、「價值人」及「永續人」，家長在補強學校教育的既有機制，實現孩子的角色責任。多元智能理論是影響全世界教育最為深遠的理論，主張每一個孩子都有七、八種潛在智能，且結構強弱都不一樣，教育在幫助每一個孩子優勢智能明朗化，孩子只要具備優勢專長，行行可以出狀元。「適性」、「適時」、「適量」的三適連環教育，帶領大家從根本實踐「順性揚才」的教與學，避免孩子因過度學習而揠苗助長。

- 第二章　全人發展說〈實現人的角色責任〉
- 第三章　多元智能說〈培育人的優勢專長〉
- 第四章　三適連環說〈均衡人的適性學習〉

第二章　全人發展說

〈實現人的角色責任〉

　　「全人教育」是大家耳熟能詳的名詞，但在教育現場上的運用，卻有三個不盡相同的意涵：(1)五育說：大部分的教育工作者及家長，都認為德、智、體、群、美五育的教育，就是全人教育，《國民教育法》第 1 條也提到：「養成德、智、體、群、美五育均衡發展之健全國民」，這是全人教育的第一種說法；(2)全人格說：研究品德教育、人格發展的學者們常強調：我們要實施全人格教育，包括處理「七情具」的情緒，發展「致中和」的情感，孕育「成風範」的情操，以造就「全人格」的性情，這是全人教育的第二種說法；(3)全人發展說：作者出版《教育經營學：六說、七略、八要》（鄭崇趁，2012）一書，將「發展說」列為經營教育的原理學說之一，主張孩子的一生，從小到大，經由養育與教育，逐漸發展為「成熟人」、「知識人」、「社會人」、「獨特人」、「價值人」及「永續人」，六大角色責任均得致充分發展，才是全人發展的教育，這是全人教育的第三種說法。本書是寫給家長及志工參考，故採用第三種說法：「全人發展說」，副標題強調「實現人的角色責任」。

　　本章分四節論述：第一節「全人發展說的教育意涵」，從家長的視角，探討孩子的六種角色責任之發展，以及在教育上的核心意涵；第二節「成熟人及知識人的養育要領」，探討家長如何輔助孩子身心健康成長，能學習到與年齡、年級適配的知識技能；第三節「社會人及獨特人的平衡示範」，闡述家長專業示範，以融入社會文化與自主自在的平衡生活；第四節「價值人及永續人的激勵實踐」，說明家長在孩子的成長路上，如何激勵孩子開創生命價值，經營永續適配幸福。

第一節　全人發展說的教育意涵

　　全人發展說的「全人」，具有下列四個層次的意涵：(1)個人的全人：指每一個人的全人發展，也就是本書強調的六種人（成熟人、知識人、社會人、獨特人、價值人及永續人），其六大角色責任均發展到適配程度，才是個人的全人發展；(2)家庭的全人：家裡的成員都能充分健康成長，每個人都克盡其職、適度發展，才是全人發展的家庭；(3)學校的全人：學校內的所有人，包括：校長、幹部、教師、學生及家長志工，每個人都有適才適所的發展，才是學校的全人發展；(4)組織的全人：如專業社群中的每一位參與者、家長志工隊的每一位成員、組織系統中的每一分子，都能夠對組織的發展有所貢獻，不是「拿香跟拜」（臺語），才是組織的全人發展。全人發展的「人」，是自我實現的人，是有適配幸福的人，同時也是對家庭、學校、社會、國家有動能貢獻的人。全人發展的「組織」，是一個組織文化最優質的單位，是一個產能最豐沛的單位，就學校而言，就是一個最有教育競爭力的學校（人人都是有效智慧資本）。本書從家長的視角看全人發展說的教育意涵，尤須注意下列幾項要領的實踐。

一、「個人的」與「組織的」全人發展同樣重要

　　家長當初之所以參加學校志工，大多數的原因都是要陪伴自己的孩子「接受好的教育」，期待自己額外奉獻部分心力，協助校務，讓學校的措施及教師的教學對自己的孩子及其同學幫助更大，孩子的「學習力」、「知識力」、「藝能力」及「品格力」會即時增長，非但不落人後、輸在起跑點上，還會有優質卓越的表現，並且健康成長，順利地「全人發展」。這是為了孩子「個人的」全人發展，也是家長志工的「教育初心」，彌足珍貴，十分重要。

　　由本書「順性揚才」的核心價值內涵論述，以及本章「全人發展說」的三種說法，從四個層次的意涵統整來看，僅著力於自己孩子的全人發展，由他（她）孤軍奮戰、勤奮經營，很難順利發展為「成熟人」、「知識人」、「社會人」、「獨特人」、「價值人」及「永續人」。孩子是生活在家庭、在班級、在學校、在社會的群組系統中接受教育的，「養育」他（她）的人也需要相當程度的「全人發展」：有能力「養他」，讓孩子的食、衣、住、行基本條件沒問題，孩子才能健全成長與發展；有能力「帶頭示範」，孩子才能學習模仿，是以「組織的」全人發展與「個人的」全人發展同樣重要。對每個孩子（學生）來說，自己的「家人」、「教師」、「同學」也都能「全人發展」，才能帶動自己的「全人發展」。

二、家長、教師、志工在學校教育機制中共同促進孩子（學生）發展

　　孩子從6歲入學之後，從小學→國中→高中→大學一路的學習、成長、發展，都以學校提供的教育為主軸核心，家庭是他（她）回家休息、蓄積再生能量的地方，整體的社區文化資源，是輔助她（他）在學校學習的「副歌」，家庭及社區資源都不是孩子的教育主調，因此，引導孩子如何學習的主角，永遠是學校教師，國家社會整體的教育機制，也絕大多數投資在學校教育之中。學校為了教育好所有的學生（我們的孩子），依據國家頒定的課程綱要，推動學校本位課程，由教師自編系列主題統整教學教案，經營學校教育特色，而成為具有特色品牌教育的學校。家長、教師、志工在學校教育機制中，共同促進學生（孩子）發展，家長志工參與其中，其主要角色責任，在配合學校的經營策略及教師的專業帶動，從旁從優輔助，教育好我們的孩子。

　　任何的組織系統或任務小組，都要考量主體與客體。在學校教育機制

中，教師是教學主體，校長及幹部們是經營策略與掌握方向的主體，家長志工是教育機制的客體，客體要順著主體之性，共同合作經營教育孩子的「希望工程」，要避免「喧賓奪主」，更要以具體的行動作為，擦亮主體的優勢專長，讓學校教育有特色，教師都有卓越表現，每個學生（含自己孩子）都有專長亮點，並且一個都不少，家長志工與學校教師才能成為教育孩子的真正合夥人。

■ 三、孩子的六大角色責任需要均衡發展

本書倡導全人發展說，就孩子本位而言，人的一生要經由成熟化，發展為「成熟人」；要經由知識化，發展成「知識人」；要經由社會化，發展成「社會人」；要經由獨特化，發展成「獨特人」；要經由價值化，發展成「價值人」；也要經由永續化，發展成「永續人」，六大角色責任與教育發展的關係如圖 2-1 所示。

每一個人都是從嬰兒開始發展，長大成人的歷程，也以人的意向來表達六種角色責任的部位。人本身會自然身心成熟，一方面接受教育，吸收知識，是以「成熟人」與「知識人」在雙腳的部位，人的發展踏著「成熟化」與「知識化」的腳步前進。「社會人」及「獨特人」在兩個肩膀的位置，代表「社會化」與「獨特化」的平衡調和是每一個人的重責大任，既要在多元價值的社會中被認同、能夠生存，也要有個人的獨特品味與風格。「價值人」在頭部，象徵每一個人核心價值觀的發展與傾向，是人生的總指揮，是人之所以為人，其生命意義、價值以及尊嚴的樞紐（發動機）。「永續人」在生殖部位，代表「生命的意義」也在創新開展人類繼起的生命，人類文化與文明才能永續經營，「命脈」不斷。這六種角色責任要能均衡發展，都不偏廢，家長志工結合學校教師，在妥適的教育機制中，順孩子之性，揚其充分發展之才，此稱之為「全人發展說」的教育。

圖 2-1　全人發展說的教育

資料來源：鄭崇趁（2012，頁 93）

四、了解孩子發展的「關鍵指標」才能協助孩子充分發展

　　孩子的一生，要發展為「成熟人」、「知識人」、「社會人」、「獨特人」、「價值人」及「永續人」，六種人的角色責任能否充分發展達標，關鍵在於教育他（她）的教師及養育他（她）的家長，是否了解孩子六種人之發展歷程中的「關鍵指標」？然後，教師教給學生階段性關鍵指標的「學習需求」，父母親提供養育階段關鍵指標的「生活需求」，才能「順

性揚才」，共同合力協助孩子充分發展。

「成熟人」的關鍵指標在「生理發展度」、「心智發展度」及「體適能適配度」，三者的交互作用、整合發展，可以觀察了解孩子「成熟化」的程度。「知識人」的關鍵指標在「學歷」、「學力」與「職位」，小學、國中、高中、大學、學士、碩士、博士的實際成果，代表一個人的「知識位階」，基本能力檢測結果的成績，則代表一個人的「知識年齡」；「職位」愈高，要有更多的知識能力來為大家服務，所以「官大通常學問大」。

「社會人」的關鍵指標在「個人」與「社會」融合的程度，要從下列四個條件觀察：(1)溝通無礙；(2)知識交流；(3)職能互補；(4)自我實現（鄭崇趁，2012，頁98-99）。「獨特人」的關鍵指標在「性向興趣」、「生活態度」、「知識能量」及「品味風格」四者交織的綜合行為表現。

「價值人」的關鍵指標在「生命」開展的「意義度」、「尊嚴度」、「實現度」、「貢獻度」及「影響度」。「永續人」的關鍵指標則在人的「生育率」、「知識量」、「教育度」及「回流化」。了解孩子發展的這些「關鍵指標」，才能協助孩子充分發展，幫助孩子健康成長，充分自我實現，並成為家庭、學校、社會、國家的有效智慧資本（人盡其才，才盡其用）。

第二節　成熟人及知識人的養育要領

孩子邁向成熟是循序漸進的，生理及心智的發展有階段性，我們必須配合孩子的身心發展，掌握孩子學習的關鍵期，提供其「認知發展」可以吸收的「知識技能」，孩子才能夠在邁向「成熟人」的歷程中，同時擁有「知識人」的階段學習成果。孩子學習的「課程設計」，通常是由學校整體規劃，並由教師專責「教學」，家長的主要職能，在經營好自己的家庭，

養活孩子，提供其食、衣、住、行、育、樂的基本需求，以及一個和諧溫暖、安全健康的家，孩子在學校學習累了，可以回家休息，家是孩子依靠生存與發展的「基地」。孩子在邁向「成熟人」及「知識人」方面，家長最需配合掌握下列幾項養育要領。

一、養成生活及學習的好習慣

「家庭」是孩子生存成長的基地，「學校」則是孩子學習發展的堡壘，兩者串聯，才能為孩子打造一個「快樂的童年」。孩子的身心成長要順遂，身高、體重、體適能符合常態標準，才是一個健康的人；孩子的教育要適時、適性、適量，每一學年的「基本能力檢測」都能通過，才是一個有效學習的人。從家長的立場出發，除了養活孩子之外，首要工作，就是要從「家庭」的基地經營，養成孩子生活及學習的好習慣，孩子才能健康成長、有效學習。

生活的好習慣以下列幾個事項最重要：(1)規律的生活：孩子在家的睡覺、起床、休閒及寫作業（學習）之時間規劃與執行實踐要合宜明確，規律的生活是好習慣的基點；(2)定時的三餐：早餐、午餐、晚餐一定要定時定量，不能流行「早午餐」、「晚餐爆量」，好的飲食習慣才是健康的保障；(3)整潔的習性：培養孩子愛乾淨、整齊整潔的生活習慣，讓人喜歡；(4)秩序的養成：孩子的玩具、課本、習作放定位，食、衣、住、行有秩序，省力樂學。

學習的好習慣則以下列幾個事項最重要：(1)先完成課業再休閒娛樂：孩子一回到家，要養成先完成「回家作業」再從事娛樂活動的好習慣；(2)定量定時的學習：每天都能做完課業，有定量定時的學習，孩子才會珍惜學習時間；時間太長，孩子疲累，沒效果後，孩子容易厭學，原本的好習慣會變成不好的習慣與結果；(3)專注單一的學習：孩子可能有多元潛在智

能，但優勢智能往往僅有一、二項，我們要配合孩子喜歡的項目，提供他（她）學習的機會與相關資源，讓孩子的優勢智能明朗化，然在每一個階段的學習中，要專注單一的學習，避免學者以多方喪生；(4)方法要領的學習：讀書與做事一樣，方法要領比苦力不懈重要，家長要協助孩子找到最有要領、最有效果的學習方法，孩子才有可能在快樂中學習，學習成果家長也才會滿意。

二、關注身高、體重、體適能的常態標準

孩子的健康成長是家長及教師在教育上的最優先，孩子身心有符合該階段學生的「成熟度」，才能與同學一起接受該階段的教育，進行「有效學習」，成為該階段的「知識人」。「成熟人」的觀察指標，已有較科學化的研發，鄭崇趁（2012）將「生理發展度（身高、體重）」及「心智發展度」與「體適能適配度」結合，編製成「學習者成熟度參照表」，如表2-1所示，在此提供參考。

「生理發展度」最明顯的特徵即人的身高與體重，每一個孩子的身高、體重在同年齡層平均值「一個標準差」範圍之內，都符合生理健康的常態。「心智發展度」可參照皮亞傑（Piaget）認知發展論及艾瑞克森（Erikson）發展任務論的主張。「體適能適配度」是指心耐力（800M）＋肌耐力（仰臥起坐）＋爆發力（立定跳遠）＋柔軟力（前彎）與BMI值（體重÷身高^2）的比值；BMI值介於 18.5 至 30 的區間才是健康的生理，小於 18.5 過於纖瘦，類似營養不良，不健康；超過 30 過於肥胖，生理負荷過大，更不健康。適度的運動與飲食控制，可以經營孩子最佳的體適能適配度。

表 2-1　學習者成熟度參照表

	平均值		成熟區間		心智任務
	身高（公分）	體重（公斤）	身高	體重	
幼兒期 （5 歲）	113.15	20.1			• 感覺動作期 • 主動＆退縮 • 無律＋他律
兒童期 （11 歲）	145.2	41.1			• 具體運思期 • 勤奮＆自卑 • 他律＋自律
青少年期 （15 歲）	163.3	56.9			• 形式運思期 • 統整＆混淆 • 他律＋自律
青年前期 （20 歲）	166.05 （19 至 30 歲）	61.55 （19 至 30 歲）	±1 個標準差		• 形式運思期 • 統整＆混淆 • 自律為主
青年期 （30 歲）					• 形式運思期 • 親密＆疏離 • 自律為主
青年後期 （40 歲）	164.65 （31 至 44 歲）	64.6 （31 至 44 歲）			• 親密＆疏離 • 自律為主
壯年期 （55 歲）	160.2 （45 至 64 歲）	63.3 （45 至 64 歲）			• 充沛＆頹廢 • 自律＋他律
老年期 （70 歲）	156.8 （65 歲以上）	60.6 （65 歲以上）			• 無憾＆絕望 • 自律＋他律

註：體適能（適配度）＝

$$\frac{心耐力（800M）＋肌耐力（仰臥起坐）＋爆發力（立定跳遠）＋柔軟力（前彎）}{BMI 值＝體重（公斤）÷身高（公尺）÷身高（公尺）\geq 30（18.5）}$$

資料來源：引自衛生福利部（2015）；鄭崇趁（2012，頁 97）

三、提供配合孩子認知發展階段的學習資源，並避免揠苗助長

在孩子健康成長的同時，每一階段都能學到最多、最有價值的知識技能，是教師與家長的共同期待。學生的「認知發展」是有階段性的，青春期前後，孩子的認知才會進入抽象思考、符號學習階段，在此之前給孩子學習抽象的知識技能，孩子就可能因為學不起來而挫折厭學，而形成揠苗助長的情況（揠苗助長的意思是：農夫因為期望秧苗趕快長大、生稻穗，沒耐心灌溉等待，乾脆下田去，直接把秧苗拉高一點，結果秧苗被抽離了土壤，全都死了，是中國傳統的經典故事）。

家長應提供孩子喜歡學習的教育資源：孩子喜歡學音樂，就買樂器給他（她），給他（她）有機會跟著社團教師學習；孩子喜歡律動舞蹈，就幫他（她）報名，讓他（她）的肢體動能需求有學習滿足的機會；孩子喜歡畫圖彩繪，就幫他（她）買畫筆，訂美術雜誌，帶他（她）到處寫生，參加同階段學生的繪畫比賽；孩子想學的東西，儘量滿足他（她），既可以激發孩子的優勢潛能明朗化，更可以避免揠苗助長，孩子還沒完全成熟就被大人的不當期待而折翼。

四、掌握關鍵期，及時學習

孩子的認知發展有階段性，由感覺動作期（約 5 歲）、具體運思期（約 11 歲）到形式運思期（15 歲以後），所以我們的學制——6 歲入小學，12 歲入國中，15 歲入高中，18 歲上大學，係配合孩子的認知發展階段做規劃，雖然每一個孩子的實際發展會不一致，但常態而言，落差不會太大。家長要關切下列兩大重點：(1)自己的孩子認知發展是早熟（比一般學生早邁入下個階段），還是落後（停留在前一階段的時間比同學長）；(2)每一

認知階段的關鍵學習事務，有沒有精熟學會，以作為後續學習的基礎。

「掌握關鍵期，及時學習」，指的是第二個重點，例如：注音符號的學習，學校安排在小學一年級的前十週，這就是注音符號學習的關鍵期，家長要幫孩子完全學會，口說、手寫都要精準、精熟，以奠定後續國語文的學習基礎；九九乘法表的學習在三年級上學期，它是學生學會乘法到除法的關鍵技術與要領，家長要確認自己的孩子是否學會、學通，生活上能否運用。了解孩子每一學期最關鍵的學習知識與技能，幫助其充分練習、精熟學習，了解孩子每天自主學習的最佳時機，陪伴其計畫性的有效學習，也是「掌握關鍵期，及時學習」的實踐。

第三節　社會人及獨特人的平衡示範

每一個人都活在社會組織的各種相屬系統中，例如：家庭是一個最小的社會系統，學校是一個比家庭大的社會組織系統，社區鄰里又是另一個社會組織系統，再往上就是縣市、國家、地球的超大型社會組織系統。每一個人同時參與的社會組織系統，多呈現相屬關係，因此每個人在社會中既要與親密關係的人互動，也需要與更多的同一個組織系統但關係又不太縝密的人互動。而自己在他人面前的行為表現，需要被大眾認同、被大家接納，自己才能存活在社會組織系統中；自己為了生存、為了伸展理想抱負，表現出符合社會期望的角色責任行為，這就是「社會人」。在扮演社會人的歷程中，仍然有自己獨特的品味風格，以及有別於一般人的精緻行為表現，這就是「獨特人」。每一個人同時都是「社會人」及「獨特人」，只是有的人「社會化」深，比較忽略「獨特化」之比率；而有的人比較抗拒「社會化」，重視各自「獨特化」之生活品味。家長要協助孩子順性發展成社會人及獨特人，則要會同教師，提供平衡示範。平衡示範如何兼顧

社會化及獨特化，就是要做給孩子看，讓孩子模仿學習，平衡發展。

一、認同主流文化與政經機制

家長及志工在家庭中及學校中，要表現出「認同」主流文化與政經機制，從生活言談及行為實踐上，帶著孩子社會化，認同當前社會，接納、融入當前社會，讓自己及家人都是「社會人」。認同主流文化，例如：捷運文化（秩序、整潔、禮讓、便捷）、美食（夜市）文化（休閒、在地、小吃、品味）、鐵窗文化（謹慎、安全、安心、克己復禮）、超商文化（便利、精緻、服務、效率）。這些主流文化是人民生活的價值取向，是大眾意識形態外顯化的綜效行為，也是一個社會人民食、衣、住、行、育、樂的現實生活基調。示範認同當前的主流文化，就是帶著一起「社會化」的最佳途徑。

政經機制是政府為了服務人民，所建立的政府組織型態及推動的政經政策（計畫方案）。政治是服務眾人的機制，經濟政策在改善人民的生活，交通建設在增進人民的移動力，教育機制則在培育人才、促進百業興隆，這些都是協助人民「社會化」及「獨特化」的重要機制，既要考量大眾的共同需求，也要同時兼顧多元化、獨特化的個殊需求。政經機制是逐漸成形的，都有其文化歷史背景。家長帶領認同當前的政經機制，可以幫助孩子「順傳統之性，揚融合漸進之才」，是社會化及獨特化的重要途徑。

二、定位群己關係與角色責任

「社會人」的深層意涵是，生活融入社會文化，在現有的社會環境中與大家共存、共榮、共享、同樂。在實際的生活景象中，要順應現有的社會機制，就要遷就他人（如同儕、同事、社會觀感），但也要有卓越傑出的表現，展現自己的專長優勢，以及對群體（組織）的貢獻價值，才能獲

致大家的認同與尊敬。每一個人的一生，要活得有意義、有價值，事實上就是要獲得與自己有關的人之尊敬，更偉大的人就是獲得國家人民之尊敬，甚至全世界的人類都尊敬。是以在社會化的過程中，有兩個核心事項：「人際關係」及「角色責任」，每一個人的人際關係和諧尊重，角色責任順性揚才，才能充分達成社會人及獨特人的指標訴求。

就當前的社會進化程度而言，人際關係的類別與角色責任，作者在出版《教師學：鐸聲五曲》（鄭崇趁，2014）一書時，就有「新五倫及其核心價值」的倡導。所謂「新五倫」是人際關係類別的分類，「核心價值」是該類人際關係之經營指標，也是角色責任的方向。「新五倫及其核心價值」的介紹，請見本書第一章（第46至47頁）。

三、經營本分與優勢專長

孩子的「人際關係」要優質發展，從小到大都能善盡其「角色責任」，是家長最大的心願，但是孩子如何學習經營人際關係並善盡角色責任，就有賴於「家長、教師、志工」提供好的示範，讓孩子模仿學習，健康成長，發展成為「社會人」，同時不失為「獨特人」。家長最好的示範是：經營本分及優勢專長。經營本分從自身（本分）及核心事業做起，示範己立立人、己達達人；經營優勢專長，用專長亮點為大家服務，豐厚人際關係的價值意涵。

經營本分的作為，家長應為孩子示範下列三項學習指標：(1)務本的經營是永續創價的基石，是穩定各種人際關係的要素；(2)本業興旺，才能為更多的人服務，鞏固更為綿密的人際脈絡；(3)人類的各種人際危機（如妻離子散、主雇反目成仇、師生疏離、同學霸凌、社會紛亂等），都與本業經營不善攸關，也都需要本業人脈振興才能面對解決。經營優勢專長的作為，家長可為孩子示範下列三項學習指標：(1)有相對優勢專長的人，才能

在團體中立足，獲得大家的尊敬；(2)自己優勢專長的發揮，才能有效服務他人，增進大家接納、認同自己，也才能逐步奠定自己在團隊系統中的地位；(3)優勢專長的發揮，具有點亮大家亮點的作用，能帶動組織的「繁星爭輝」，創新組織文化。

四、開展適配生涯與品味風格

社會人與獨特人本就相互依存，有時必須「隨波逐流」才能「順勢而為」，有時卻要「走自己的路」才有「品味風格」。在人才爭輝的時代中，自己的光亮要多亮才符合自己的「本然」及「應然」，是人生最大的挑戰。作者不斷地強調「適配生涯」，「適配」（臺語發音）原來是用在「男女婚姻」條件上的適配，男女的家庭背景、學歷條件、長相美醜，與能力表現相當、彼此熟識的人結婚，叫適配伴侶，家庭才會幸福。廣義的適配可用在指導孩子的人際關係學習之上，結交背景條件相若的朋友、與能力相若的同學共同學習、結合性向興趣傾向一致的同學選修共同社團。對孩子的學習成果期望也要適配，不要求孩子經由努力還很困難達到的成績，「順性揚才，激發潛能」，孩子才有適配生涯。

在「品味風格」的開展上，家長要示範下列三大風格：(1)生活的品味：自己的家，經由創價平衡的經營之後，在食、衣、住、行、育、樂上展現自家的「型」與「標準」，讓大家有感（覺察的到），這就是生活的品味，例如：上下班的自由度、開車的品牌、衣著的型態及行動交談的優雅等；(2)專業的品味：本業經營成果，專業表現的績效價值最為珍貴，在孩子的心目中，父母親以專業為他人服務，孩子最為光榮；(3)服務助人的品味：專業的品味，奉獻給公司（老闆），為任職的組織創價，也同時為自己創價（多領待遇，改善家庭生活），服務助人的品味，則為自願服務助人，不求相對報酬與回饋，志工的風格，孩子也會引以為榮。孩子邁向「社會

人」及「獨特人」需要模仿大人的平衡示範，開展適配生涯及品味風格也是重要的著力點。

第四節　價值人及永續人的激勵實踐

具有獨立思考、價值判斷能力的人稱為「價值人」，全人發展說中的「價值人」，係指孩子經由長期的教育及養育之後，發展成為一個具有自己「核心價值觀」的「責任公民」。具有繁衍人類命脈、永續經營文化文明能力的人稱為「永續人」，全人發展說中的「永續人」，帶有總結的意味，意味著孩子完整的充分發展六大角色責任，就是永續人；能夠「有工作」、「有後代」、「有產品」及「有亮點」，就是一個有責任績效的公民（鄭崇趁，2014，頁 221）。從家長的角色立場看孩子成為價值人及永續人，可行的作為即為激勵其創發生命價值、激勵其創發志業價值、指導其實踐永續生活節奏、指導其實踐永續智慧傳承。簡要說明如次。

一、激勵孩子創發生命價值

人只要活著就有價值，每一個人都要珍惜「生命」本身（活著）的價值，「學習」充實彩繪生命，教育的整個歷程，就是在創新孩子生命的新價值。孩子接受教育，學習物理知識、學習事理要領、學習人倫綱常、學習時空律則，都是在創發生命新價值。孩子用習得的知識技能，找到工作、服務社會，為自己及公司創價，彩繪生命新價值。孩子成為責任公民之後，行有餘力，服務助人，創發公平正義的和諧社會，讓自己的生命成為「永續價值」的經營者。

激勵孩子創發生命價值的方法，家長可參採下列幾項作為：(1)講述生命故事：尤其是具有大智、大仁、大勇的古今中外偉人之生命故事，提供

典範學習；(2)建構生命願景：適時提醒孩子「這一學習階段」的任務目標與生命願景是什麼？一輩子的生命願景與理想抱負又是什麼？(3)實踐日行一善：教育部的「社會教育政策 331」非常好，激勵孩子每天實踐「閱讀 30 分鐘」、「運動 30 分鐘」及「日行一善」，可以明確的引導孩子每天創新自己的生命內涵與價值；(4)整理學習成果：生命的創新可以從日常學習成果中展現，按日、按週、按月、按學期，依學科領域、社團活動，系統整理知識技能的學習成果，就能夠進行知識管理，並分享生命創新成果，擴展教育價值。

二、激勵孩子創發志業價值

孩子在學習中建構生命願景，也在學習中逐漸促進自己的優勢智能明朗化，而逐漸形成畢業後可能的行業及自己最愛的志業。激勵孩子創發生命價值，以自己生命為軸心，建構生命的價值藍圖；激勵孩子創發志業價值，係以工作為軸心，彩繪志業的價值圖像，兩者都很重要。

激勵孩子創發志業價值的方法，家長可參採下列幾項作為：(1)思考我的志願：學校教師通常會在三年級、六年級、八年級、十一年級、大學三年級讓學生（孩子）寫作文：我的志願，了解孩子各階段對自己將來的工作理想抱負，家長宜配合討論，支持孩子的想法；(2)進行生涯輔導：幫助孩子彙集當前各種學習表現，探討個人性向興趣符合程度，為生涯進路預為準備；(3)參加專長認證：中小學階段，宜配合學校實施「教育 111 標竿學校認證」，鼓勵孩子參加「一生一專長」認證，協助孩子優勢智能明朗化；大學階段，宜鼓勵孩子參加各種專門職能證照考試，例如：醫師、律師、教師、公務人員高普考及甲、乙、丙級各種職業證照；(4)追求適配職涯：「工作性質」與「性向興趣」吻合，稱為「適配職涯」，對自己適配的工作最快樂，對組織也最有貢獻，能夠自我實現，也是有效智慧資本，

能創發最高的志業價值。

三、實踐永續生活節奏

「節能減碳愛地球」、「環保有機愛地球」、「再生資源愛地球」、「極簡生活愛地球」及「吃素養生愛地球」等，這些都是近代社會（民間）流行的用語，也是學校永續教育的內涵，尤其是近年地球暖化、氣候異常、油價波動、核災恐懼、恐怖攻擊、水源危機、生態掠奪及公安事件，均在挑戰人類文明與文化的進程，人類必須面對「地球滅絕」的威脅，積極強化永續教育的比重，指導全民實踐永續生活。

家長可以從下列幾個事項引導孩子實踐永續生活節奏：(1)規律簡約的生活：避免浮華浪費是減少碳足跡的有效方法，希望孩子從小即養成規律簡約的生活習慣，個人身心節能，習慣之後，達到公共節能愛地球；(2)專注單一的學習：專注而單一的學習對於孩子最有利，也最有價值，階段時間內可以精熟自己有興趣的知識技能，有利於後續的學習動能；(3)優勢專長的經營：協助孩子發現優勢、發現專長，加入社團，長期經營，爭取專長認證，參與競賽，展現亮點，增進永續生活的意義價值；(4)精緻品質的行動：孩子參與的各種教育活動不宜龐雜多元，每一個行動均有精緻的品質標準，才能夠協助孩子實踐永續的生活節奏。

四、實踐永續智慧傳承

「永續人」的深層意涵在永續的智慧傳承。「智慧」是「知識技能」的躍升，我們學到的知識技能，能夠「有效地」運用在「做人處世」之上，獲致普遍認同，欣賞與模仿者稱為「智慧」。智慧是核心知識的系統重組、智慧是知識致用的巧妙成果、智慧是人際練達的知識運用，智慧也是知識創新經營的擴散價值（作者 2019 年補註：智慧包括四大元素 KTAV：知

識、技術、能力、價值，請詳 2017 年《知識教育學：智慧人‧做創客》一書）；知識豐厚人類生命的意涵，智慧帶給人類適配的幸福。孩子從小到大知識技能的學習很重要，智慧的永續傳承更為重要。

　　家長可以從下列幾個事項協助孩子實踐永續的智慧傳承：(1)做好學習知識管理：智慧是知識的升級運用，有知識才會有智慧，是以協助孩子做好每日、每一學習領域的學習知識管理，即成為首要之務；(2)關注品德教育與情意教學：孩子的優質生活習慣、學習習慣及人際關係是智慧生活的基點；(3)闡述新五倫的核心價值及其行為實踐：當代人際關係核心價值的了解、探索及行為規準的實踐，成為人群互動的新智慧，可以永續傳承；(4)形優輔弱、順性揚才：激勵孩子開展優勢專長，跳脫弱勢族群羈絆，順孩子之性，揚其卓越亮點之才，同學、同事、同儕之間活得有尊嚴，永續經營，智慧傳承一生。

第三章　多元智能說

〈培育人的優勢專長〉

　　加納博士（Howard Gardner）於 1983 年提出多元智能理論（The theory of multiple intelligences），是二十世紀至二十一世紀間，影響基本教育辦學方向與內涵最重要的教育理論，本書將其列為家長應行了解的第二個「理念素養」。多元智能理論強調五大重點：(1)每位學生的潛在智能有七至八種（語文、數學、空間、音樂、肢體、人際、自省及自然觀察者），構成一個智慧餅（如圖 3-1 所示），且每個人的智能強弱與結構均不一樣；(2)因為潛在智能因子強弱不一，相對較優的智能稱為優勢智能；(3)每一個人的優勢智能如能透過教育歷程得致啟發，進而明朗化，稱為優勢智能明朗化；(4)每位學生的優勢智能明朗化最符合學生的興趣和性向發展，學習容

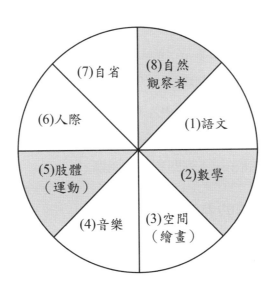

圖 3-1　多元智慧餅

資料來源：鄭崇趁（2006，頁 348）

易成功、滿意度最高；(5)優勢智能明朗化的學習成長若能結合技藝與職業選擇，每個人的優勢專長就可以充分發揮，行行可以出狀元。

本章依據多元智能的五大特質，分四節闡明理論的意涵及其實踐作為，以幫助家長及志工掌握核心要領，有效協助學校辦學，並引導孩子（學生）實踐力行。第一節「多元智能說的教育意涵」，以學生本位的教育、優勢學習的教育、適性發展的教育及順性揚才的教育，來詮釋多元智能理論；第二節「多元智能說的學校教育」，從學校的課程教學、社團活動、多元評量及順性揚才，說明學校如何實踐多元智能教育；第三節「多元智能說的家庭教育」，從家庭本位的立場，論述家長如何協助孩子優勢專長明朗化的作為；第四節「多元智能說的終身學習」，從人的終身學習需求，連結當前知識創新及知識管理的可行方法。

第一節　多元智能說的教育意涵

「多元」是名詞，同時也是動名詞。當名詞解釋的「多元」，指的是每一個人的智能本身是「多元」的，指的是前述所談之七、八種潛在智能的「同時存有」。當動名詞解釋的「多元」，指的是每一個人的「智能結構」呈現多元型態，是「結構系統」的多元。是以多元智能理論，具有「多元潛能」及「多元結構」的雙重意涵。從前述多元智能理論的五大特質來分析其「教育」意涵，以下列四項最為明顯。

一、學生本位的教育

多元智能說的首要教育意涵是「學生本位」的教育。學生本位的教育就是以學生為主體，考量如何教育他（她）的教育，其具有以下四個層次的教育意涵：(1)學生「需要」的教育：指符合孩子生理及心理需求與發展

上需要的教育；依據英國教育家皮得斯（R. S. Peters）的說法，教育要符合三大規準：認知性、價值性及自願性，符合三大規準就是學生需要的教育；(2)學生「想要」的教育：指符合學生的性向興趣，學生主動想要的教育；(3)學生「有益」的教育：指教育的歷程及結果對學生有幫助的教育，也就是對學生的知識技能學習有幫助，能夠促進孩子身體及心智健康發展的教育；(4)學生「滿意」的教育：指教育的過程學生有感覺、有共鳴，有獲得具體學習成果，效能效率都滿意的教育。學生「本位」的教育，就是以學生為主體，系統思考學生「需要」、「想要」、「有益」及「滿意」的教育規劃與實踐。

二、優勢學習的教育

　　多元智能說的第二個教育意涵是「優勢學習」的教育。優勢學習的教育係指孩子的任何學習安排，都要從孩子最有利、最順手、最大價值的實體著力，這一個教育實體，包括學生「本人」及其「家庭」、「學校」所提供的環境機制。「優勢學習」的教育，其關鍵旨趣在配合孩子優勢的「勢」而設計的教育，具有下列四個層次的教育意涵：(1)符合孩子興趣性向的學習：孩子自己需要、想要、喜歡、愛好的學習活動或技藝，往往是孩子內在潛能的反映、具有優勢的取向；(2)順應相對專長的學習：在孩子全方位學習的過程中，相對順手，成果表現優於同儕的知識藝能，就是孩子的相對專長，學習中的相對專長往往是潛在的優勢智能；(3)發展特色風格的學習：孩子的特色風格包括孩子特別喜歡的學習主題，以及孩子個殊的學習方式，兩者交織，形成一種學習行為的特別節奏或傾向，「特色風格」可以說是「潛在優勢」的表象行為；(4)善用環境配備的學習：環境設施與資源配備也是學習之「勢」，孩子喜歡的學習步道、喜愛進出的各類教育場館，以及借閱書籍的類別，都可以觀察到孩子「優勢」的學習跡象。

優勢學習的實踐作為，本書將在第十章「優勢學習論」中詳加說明，敬請讀者參閱。

三、適性發展的教育

多元智能說的第三個教育意涵是「適性發展」的教育，以「適合學生原來就有的本性」為前題，由教育促進其發展。「適性發展」具有下列四大層次的教育意涵：(1)適合孩子「本性」的教育：孩子是父母親所生的，孩子生下來的「原來本性」指的是父母親給孩子的「遺傳」，包括孩子的性別、健康程度、美醜程度、智能結構及其強弱，適合孩子原來遺傳本性的教育對孩子最具價值；(2)適合孩子「性別」的教育：當前男女教育機會均等，但是男女的身體結構及部分機能結構、心向取向仍有不同，安排適合男女不同需要的教育課程及實施方式，也是適性教育的本意之一；(3)適合孩子「性情」的教育：孩子的「情緒處理→情感表達→情操孕育」都需要實施合適的「全人格」教育，全人格教育要因應班級學生「性情」發展的個殊性，而進行「客製化」設計；(4)適合孩子「人性」的教育：教育在教人之所以為人，要成就每一個人的「人性」，它是一種人道、人文、人本、人情及人權的教育。適性發展的教育就是適合孩子「本性」、「性別」、「性情」及「人性」的教育實踐。

四、順性揚才的教育

多元智能說的第四個教育意涵是「順性揚才」的教育。「順性揚才觀」是本書所強調的教育「總核心價值」，只有「孩子本人」、「家長」、「教師」、「校長」及「教育行政人員」都彼此「順性揚才」，才能共同成就每一個孩子的「全人發展」，而發展為成熟人、知識人、社會人、獨特人、價值人及永續人，闡揚教育的本質與目標。「順性揚才」也是多元智能理

論的深層因子之一，每一個人的本然存有「多元智能」，我們要以「學生本位」為基礎，透過「優勢學習」、「適性發展」並且「順性揚才」，才能牽引學生（孩子）的優勢智能明朗化，以優勢智能選讀大學系所，以優勢智能及總體教育成果（習得的知識、技術、能力）選擇自己的優勢行業，順性揚才，開創每一個最豐富、最有價值、最適配、最幸福的人生。順性揚才的教育是多元智能理論的深層因子，同時也是優勢智能明朗化的關鍵方法策略。

第二節　多元智能說的學校教育

　　多元智能理論已流行全世界，先進文明國家及邁向開發中國家的學校教育，都已依多元智能理論的核心主張，調整學校教育的機制，臺灣當前的學校教育就是明顯的範例，例如：「建構五育均衡的教育環境」、「開發多元展能的才藝社團」、「肯定專長亮點的學習評量」及「經營校本課程的學校特色」，都是多元智能理論在學校教育中的實踐，簡要說明如次。

一、建構五育均衡的教育環境

　　學校是學生的主要學習場域，學校的教育設施、課程教學、教育活動及運作機制，要充分適合所有學生的學習需求。每一個學生的智能潛力與結構都不一樣，每一個學生可能的優勢專長，都有賴學校的整體教育機制給予適度的誘發，學生的潛在智能得到刺激，有機會學習展現，才有可能順勢發展成優勢智能。是以每個學校要針對全校學生建構五育均衡的教育環境，對所有學生的各種潛在智能，都有均等的學習激發機會。

　　五育均衡的教育環境，包括：(1)常態而完整的課程設計：任何領域學習均不偏廢，就是冷門、與升學無關的領域學科都應固定時間教學，提供

有需要學生可以學習激發之機會；(2)定期辦理慶典及大型教育活動：如開學典禮、新生講習、班親教育日、校慶運動會（園遊會）、整潔、秩序、禮貌三項競賽、藝文活動成果展、班級競技活動、畢業典禮、生涯輔導週等，讓學生（孩子）進行階段性統整，強化「優勢智能」（專長亮點）明朗化之經營；(3)各領域學科齊備的學習步道：境教的完整學習資源規劃，能夠順應所有學生的個別需求；(4)實施各年級領域（學科）的基本能力檢測：了解學生基本能力學習情形，並統計分析孩子（學生）優勢專長的發展脈絡。

二、開發多元展能的才藝社團

中小學的社團屬於半正式課程，社團的學習可以彌補正式課程的僵化與不足，讓學生想學的才藝或知識技能，可以利用社團的學習補足或強化，是以現在的小學、國中、高中到大學，都有多元社團的建置，提供學生選修。學生運用社團時間及活動競賽，往往可以學習到一輩子喜好的藝文專長及才藝亮點。

學校開發多元展能的才藝社團也須注意下列幾個事項：(1)社團課程有別於正式課程，但能夠與正式課程銜接或擴展更好；(2)學習社團的量要足夠，普及大多數學生的需求；(3)最好配合「一生一專長」、「一人多技藝」的計畫方案，多元建置；(4)社團活動的教育歷程要有課程教學計畫及學習成果評量措施；(5)對於弱勢族群學生選修各種社團，有相對應的優惠辦法，實踐教育機會均等與公平正義價值。

三、肯定專長亮點的學習評量

「形成性評量」與「多元評量」是當代學習評量的重要趨勢。「形成性評量」強調，只有總結式評量就決定學生的學習成績是不夠客觀的，也

不符合教育本質與功能（教會學生學會應備的知識技能）。是以教師在教學歷程中完成部分之段落或單元時，即進行評核工作，稱之為形成性評量。形成性評量可以了解掌握學生的學習情形，及時調整教學方法或進行補救教學。「多元評量」是指教師要避免使用單一的評量方式，要用多種、多次、可以均衡肯定學生專長亮點的評量方法，才能給予學生客觀而妥適的評價。

　　多元學習評量在於多種評量方式的倡導，目前較常用的方法有：(1)操作評量：以學生的操作行為表現作為成績之一；(2)成品評量：以學生的作品表現作為成績之一；(3)作業評量：以學生的家庭（多元）作業作為成績之一；(4)檔案評量：以學生的學習檔案成果作為成績之一；(5)報告評量：以學生的主題報告（內容及表達）作為成績之一；(6)表演評量：以學生的角色扮演作為成績之一。教師及學生都可以選用最能夠肯定自己專長亮點的學習評量方式（鄭崇趁，2011，頁 83）；(7)價值評量：單元教學結束前，教師帶領學生進行本單元學習績效的價值論述、回饋、評量，是素養取向教育的新評量方法（鄭崇趁，2018，頁 125）。

四、經營校本課程的學校特色

　　多元智能理論的適用範圍，不只是指學生或孩子，所有的人及組織單位都適用多元智能理論。學生的潛在智能是多元的，優勢智能明朗化對每一個學生（孩子）最有價值。教師的潛在智能也是多元的，教師運用自己的優勢專長奉獻教育、教育學生，也最有績效價值。校長及家長志工每一個人的潛在智能也都是多元的，每一個人都在其職分上，運用自己的優勢專長，貢獻於終身志業以及自己的家庭、學校、社會、國家，為自己創發最高的生命價值。學校組織的整體智能（管理學上稱為智慧資本，本書第七章有詳細論述）也是多元的，我們能讓學校內的優勢智能因子明朗化，

經營學校成為具有特色品牌的學校，學校就能吸引家長競相把孩子送來就讀，暢旺學校，產出最具績效價值的教育競爭力。

學校特色的經營並不容易，教育經營者要領導學校教師，從「教育性」、「課程化」、「普及化」及「卓越性」四大指標著力。「教育性」是指，學校的教育特色主題要成為學生的核心學習事項。「課程化」是指，學校針對教育特色結合各領域學科編製系列單元的主題統整教學教案，且有系列自編校本課程的教學。「普及化」是指，所有的學生及大部分的教師都參與了特色主題攸關的教育歷程。「卓越化」則指，特色主題教育的經營團隊有卓越表現，教育特色媒體報導頗多，吸引他校多次來校參訪，在縣賽或國家級比賽得獎無數。上述四項指標訴求，學校均能達成，才是名符其實的特色學校，或者是具有品牌特色的學校。

在學校特色經營的四大指標中，「課程化」是最為關鍵的「中介、銜接」事項，學校經營者要帶動學校幹部和教師們逐步完成下列幾個課程發展事項：(1)將學校的特色教育主題，列為學校本位課程的總樞紐，學校的校本課程應依據學校特色開展；(2)規劃設計實踐特色教育的校本課程系列主題單元名稱，並依年級及領域系統排列；(3)結合學校教師，依據單元主題和單元名稱自編（設計）主題統整單元教學教案，每一年級至少要有三個主題單元教學教案；(4)學校排定這些主題單元教學的實際教學時間，教給學生學校教育特色；(5)進行學校教育特色（含校本課程）之知識管理，永續經營創新學校教育之品牌特色；(6)舉辦學校教育特色成果展或辦理班級特色教育競賽活動，藉由競賽活動行銷學校特色。經營校本課程的學校特色是多元智能理論在學校教育最具價值的應用。

第三節　多元智能說的家庭教育

多元智能說在「家庭」上的應用，以家長的觀念最重要。家庭的核心

人物——「家長」，要先具備有「每一個人」都適用多元智能理論的觀念與態度，亦以多元智能理論的核心主張，期待家中每一個人。首先，應要求自己，運用自己的「優勢專長」，勤耕本業、擴展貢獻、永續創價、養活一家，帶給家庭每一個人溫飽幸福。其次，要求伴侶與孩子激發自己的優勢智能明朗化，人盡其才、才盡其用，幸福快樂過一生。就家庭教育而言，夫婦倆人是「成熟人」，要共同協助孩子「健康成長」、「邁向成熟」，並完備六種人（成熟人、知識人、社會人、獨特人、價值人及永續人）的全人發展。家長要配合孩子學校教育的實施，依據多元智能理論，從家庭教育著力，共同激發孩子的優勢智能明朗化。

一、了解孩子喜歡的學習傾向與方法

　　家長在應用「多元智能理論」時，最大的困擾是「我們如何知道孩子的優勢智能是什麼？」從「智慧餅」的系統結構中，一般父母親很難從孩子身上的整體行為表現，就能夠正確掌握孩子優勢智能之所在，因此很容易造成家長對孩子的發展期望（如學音樂、舞蹈或打棒球、籃球、文學家、律師、醫師等），與孩子的實際優勢專長落差很大。孩子在父母期望下學習成長發展，但他（她）真正的潛在優勢智能並沒有被激發，而用了過多的時間投資在學習第二或第三順位的優勢智能，終其一生未克人盡其才、才盡其用，也沒有充分的自我實現，至為可惜。

　　了解孩子喜歡的學習傾向與方法，是掌握孩子優勢智能的重要方向。孩子喜歡的事物，代表孩子潛藏的性向興趣所在，孩子喜歡學習的學科或成績表現特別亮眼的教育成果，都是潛在優勢智能的傾向。孩子喜歡用哪一種方法學習，學習成果最為滿意，也孕育潛在智能的優勢傾向。具體而言，觀察孩子喜歡的「東西」、「事物」、「學科」、「閱讀書籍」、「學習方法」、「學習好成績」及「熱衷想學」、「精益求精」的對象，都蘊

藏著孩子的優勢智能。

二、提供孩子需要的教育資源與環境

　　以下有兩個教育上實際的案例，足以說明家長是否有提供孩子（優勢智能）需要的教育資源與環境之重要性。作者夫人的服務學校（臺北市的一所小學），二十五年前，有兩位同事的小孩（一男一女）正值三年級要升四年級期間，兩個孩子同時展現了「繪畫」的優勢智能傾向，素描、水彩畫、寫生、構圖、色彩運用都得到同學及學校教師的共同讚賞。女生的父母親都是教職人員，非常支持女兒學習繪畫，並提供孩子最好的素描簿、粉蠟筆，買王樣水彩畫具給她，家裡也為孩子訂閱《雄獅美術》雜誌，假日就帶孩子參觀美術館，到處寫生，並商請級任教師儘量給孩子參加美術比賽的機會；後來這個女孩讀了國中、高中美術班、臺灣藝術大學，並到英國研究美術史，取得碩士學位，現在是故宮博物院的研究人員。

　　而另外那個男生就沒有女生般的幸運。因為媽媽是學校職員，爸爸是職業軍人（官拜中校），後來沒有支持孩子繼續畫下去，孩子可能的優勢智能就沒有明朗化的機會。當年的小男孩，如今也大學畢業（讀財經系所），結婚生子，是京華城百貨公司的業務經理，作者夫婦曾是他初就業的保證人。作者最大的感觸是，這個孩子要用他的第二優勢或第三優勢來謀生，來養家活口，就必須要加倍的辛苦，也必須要放棄一些可能的亮點與人的初心，一輩子很難有「自我實現」的感覺。因此，父母配合孩子的「優勢傾向」，提供其需要的教育資源與環境十分重要。這兩個案例，可以說明人的優勢智能明朗化與麻痺化的狀況，以圖 3-2 說明。

　　我們對照圖 3-2 來看，甲生及乙生或許原來都具有足夠的繪畫潛能（優勢智能），也就是圖中實線的部分。甲生的父母及學校均提供其這方面的需求資源，所以得到明朗化的發展，他在這方面的性向表現就如外圍的虛

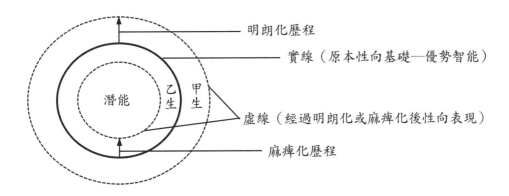

圖 3-2　優勢智能的明朗化與麻痺化

資料來源：修改自鄭崇趁（2006，頁 351）

線，是一般人難以望其項背的。乙生的父母及學校相對的不再提供其發展資源，原有的潛能逐漸麻痺化，就如內圍的虛線，其規模已與一般人沒有兩樣。我們要為乙生擔心的有兩個層面：(1)乙生的繪畫優勢智能沒有得到發展，十分可惜；(2)乙生勢必要努力發展其他智能的潛能，以立足於當前的複雜社會，而這些智能的潛能未必優勢，是以他會更加辛苦。

三、支持孩子參與團隊活動與展演

「性相近、習相遠、苟不教、性乃遷」是三字經裡頭的名句，它真正的意思是：性向興趣接近的人會群聚在一起，他們養成的習慣有時是優質正向的，也有時會偏離人倫綱常甚遠，如果沒有好好的教育（正向、專業示範），有可能會改變原來的良善，而成為消極負面的性情。從多元智能理論來詮釋三字經的這四句名言，帶有下列幾項更深層的教育意涵：(1)孩子喜歡在一起的玩伴、同學、師長，通常有共同的性向興趣，是潛在優勢因子的動力；(2)人類組織形成的任務小組、團隊、社群、社團、正式與非

正式組織，都是「同好」或「有共同目的」的人所組成，大多數是共同優勢專長的人所匯集；(3)為了學習發展自己的優勢專長，才會加入團隊、社團或者專業社群；(4)專業社群、團隊及社團教育是激發成員每一個人優勢智能明朗化的重要途徑。

是以孩子參與的團隊活動與展演，是促進孩子優勢智能明朗化的重要著力點。家長可以經營下列幾個事項：(1)鼓勵孩子有玩伴：如休閒娛樂、逛街、旅遊、看電影、爬山、下棋、橋牌、藝文展覽的玩伴；(2)支持孩子參加團隊：如桌球隊、羽球隊、棒球隊、書法班、棋藝班、文學班、詩詞班、音樂班、合唱團、舞蹈班（團）等；(3)支持孩子加入社團：學校社團提供才藝學習及多元展能機會，孩子若能適度加入學校社團，可以順勢開展尚未被開發的潛在智能，並強化孩子的優勢智能；(4)支持孩子加入各種專業社群：如系學會、各種學會、讀書會、行動研究、專案研究社群，運作專業社群動能，深耕孩子的優勢智能明朗化；(5)支持孩子參與團隊的各種團練、競賽、成果展示與展演活動，由競賽展演，點亮孩子真實的優勢智能。

◢ 四、協助孩子管理知識技能與亮點

「知識管理」是當前教育界與企業界最為流行的名詞。教育界的知識管理強調，教師及學生均應管理其教與學的重要知識：教師要管理「教育專業」知識、「授課專長」知識、「教學技術」知識及「校本經營」知識；學生應管理「物理結構」知識、「事理要領」知識、「人倫綱常」知識及「時空律則」知識。企業界的知識管理，則強調公司產品「核心技術」的傳承與創新。知識管理做得好，是「人」與「組織」永續經營的命脈。家長如果能夠從「家庭」的基點出發，協助孩子做好「知識管理」，對於孩子的「優勢智能明朗化」具有催化增長及縝密深耕的作用。

　　在家庭裡，協助孩子進行知識管理，可參照下列幾個要領：(1)與孩子商定「知識管理計畫」：針對孩子學到的知識、技能、能力，表現之亮點，進行系統整理、數位管理，定期檢核；(2)定期匯報學習成果：如每週分享一次該週學習的核心知識、技術及能力，或是師生最認同讚賞的學習成果；(3)按月維修知識管理系統：傳承創新核心知識與技術，讓學習創新生命價值；(4)運作知識管理、實踐智慧生活：家長引導孩子活用知識，融入食、衣、住、行、育、樂的日常生活，深化有品質、有智慧的生涯。

第四節　多元智能說的終身學習

　　多元智能說適用於學校中的「學生」，適用於家庭中的「孩子」，適用於社會中的「每一個人」，以及人所組成的大大小小「組織」系統。社會中的每一個人若都能「優勢智能明朗化」，用他（她）的專長亮點百業分工、服務社會，大家都能人盡其才、才盡其用，社會就會成為繁榮興旺、人才爭輝的景緻，文明日有所進，文化日益精緻。人類社會已經發展到「知識經濟」及「終身學習」的時代，「知識經濟的時代」告訴我們「知識創新」的經濟價值，已遠遠超越了土地、人口、設備、資金的經濟價值，人的一輩子，自己的知識持續創新最有價值。「終身學習的時代」告訴我們，整個社會就是學習型社會，社會中的所有公司行號、學校系統、組織機構都是學習型組織，每一個人從小到大到老到死都必須學習，學習成為每一個人一輩子的事，學習不只是孩子與學生的事。

　　多元智能說整合「知識經濟」及「終身學習」的時代訴求，家長可以提供給孩子及學生的專業楷模示範有四：(1)示範經常性的「學習」與「服務」；(2)示範生活中的「創新」與「品質」；(3)示範在地化的「數位」與「文明」；(4)示範適配度的「能量」與「貢獻」。簡要說明如次。

◆ 一、示範經常性的「學習」與「服務」

「終身學習」是現代人的新需求，是一種新的教育理念。先進國家都已在二十世紀末、二十一世紀初，訂頒《終身學習法》，規範國家的終身學習環境建設及全面性的教育機制，為自己的人民提供「處處可學習，時時可學習」的終身學習資源，滿足「知識經濟時代」及人人需要「終身學習」的整合需求。家長及志工也要配合時代發展趨勢，示範經常性的學習與服務，帶領孩子養成「終身學習」的態度與習慣。

家長示範「學習」與「服務」可朝下列幾個事項經營：(1)學習本業新知：家長大部分均有自己的事業，每一個人的本業經營成功並且創價平衡，才有能力關照自己的孩子，才有餘裕參加學校的志工隊，協助奉獻教育；經常性地學習本業新知，永續暢旺本業，就有能力為家庭及學校提供服務的能量；(2)學習服務要領：為自己的「家庭」及孩子的「學校」服務，都是在「做事」，物有物理、事有事理、人有人倫綱常，「服務做事」的要領最重要，不同的事物有不同的要領，家長要學習自己任務分組的「志工培訓」，掌握做事要領，創新服務績效價值；(3)學習實踐方法：向孩子及學生示範「實踐篤行」的功夫，學習最佳的方法和技術，完成每一件服務性工作，讓被服務到的師生「有質感」、「有滿意」；(4)學習知識管理：將自己學到的本業新知、服務要領、實踐方法、學習系統化之知識管理，示範終身學習的基本作為。

◆ 二、示範生活中的「創新」與「品質」

知識經濟時代的核心價值是「創新」，我們要創新知識技能，帶來新的經濟價值。從「家庭」的立場看「知識經濟」及「多元智能」，生活品質的創新最為重要，家長（父母）在定額（有限）的家庭總收入之下，如

何「創新」家庭的食、衣、住、行、育、樂，變成可以經營而持續改善的課題，此稱之為示範生活中的「創新」與「品質」。

家長示範生活中的「創新」與「品質」，可朝下列幾個事項經營：(1)簡易的生活：現代社會繁華複雜，全家人個個忙碌萬分，生活不易，能夠以簡馭繁，重回簡易的生活，就是最「創新」且有「品質」的生活；(2)潔淨的生活：當代社會的空氣污染嚴重，到處髒亂不堪，價值人倫隨波逐流、文化混濁，如果還能經營潔淨的家，有整齊整潔的家，家人都愛乾淨，有潔淨的生活習慣，也是「創新」家庭的生活「品質」；(3)秩序的生活：「秩序」是當代人類共同的核心價值，例如：交通上的「紅綠燈」及上班時間的「朝九晚五」，人類不得不遵守，但一回到家全亂了套，如能在全家人的「最大價值」中，建立有秩序的家庭生活，就是家庭的「創新」與「品質」；(4)效率的生活：家庭是休息的基地，每一個人回家都是為了「親密」、「關照」與「相互依存」，休息夠了，隔天再出發到職場努力，讓家人都有足夠的休養生息效率，更是「創新」家庭運作的「品質」。

三、示範在地化的「數位」與「文明」

全球化、地球村、交通網絡與資訊科技文明，已經改變了全人類的基本生活型態及教育學習機制。在基本生活上，人類已離不開電視、電腦、手機及資訊網絡系統，「數位雲端生活」已成為當代人類文明與新文化。在教育機制上的「翻轉教室」、「磨課師課程」、「數位影片」、「自主學習」，成為「教」與「學」的新風潮。在「智慧型手機」及「終身學習設施」的推波助瀾下，新的「數位學習」或「數位教育」的新時代，正逐漸地成熟中。孩子及學生的「數位運用技術」，往往會領先一般教師及家長，家長能夠幫忙孩子的數位化程度有限，除了提供其「好的」手機及電腦工具之外，就是示範在地化的「數位」與「文明」。

所謂「在地化」的數位與文明，是指提供本土化（或在地深耕的）數位文明教材，期望孩子（學生）在數位學習歷程中，優先習得本土的優質文化，或者運用數位學習課程，傳承創新本土文化，讓數位學習活動或課程，能夠與社區在地資源及本土文化縝密結合。家長可從下列幾個事項著力：(1)學校家長志工與社區志工策略聯盟，交互流通，連結學校教育與社區資源；(2)協助在地資源教育化與課程化，讓學校的教育活動盡量使用社區自然及文史資源，協助教師運用在地資源，發展校本課程；(3)傳承自己「家庭」的生命故事：講述父母親的結識、相知、成家及共同為家庭承諾努力、經營的事件，讓孩子了解，知所從出；(4)傳承「家庭」的亮點：父母親及孩子們曾經對社區、學校有何較大的貢獻，例如：當志工、較大筆的捐贈、成就了某一善行，或鋪路造橋的義舉。

四、示範適配度的「能量」與「貢獻」

人活著一生，要對自己有貢獻，充分自我實現；要對家庭有貢獻，養育孩子都能健康成長；要對自己讀過的學校有貢獻，適度回饋母校；要對本業的公司老闆有貢獻，持續創價，成為公司（老闆）的有效智慧資本；也要對社會國家有貢獻，促進百業興旺、和諧共榮，共同分享新的文明文化。但每一個人都不能「太勉強」，所謂「強摘的果實不甜」、「勉強的學習會揠苗助長」、「過度的努力會傷及身體」、「勉強結縭的伴侶會吵吵鬧鬧過一生」、「對孩子過度的期望往往帶來失望」、「過度的開銷會造成家庭的苦難」、「勉強的貢獻往往浪得虛名」，因此，多元智能理論也具有「多元適配」之意，家長應示範適配度的「能量」與「貢獻」，供孩子（學生）楷模學習。

家長可以從下列幾個事項示範適配度的「能量」與「貢獻」：(1)適力經營本業：父母的本業創價是家庭興旺程度的根本，身為家長者亦應適力

適配經營，平衡運作自己的體力、能力在家庭及本業工作上的適配度；(2)適時關照孩子：孩子的學習成長多由學校教育所帶動，父母親在家的最好輔助是「適時的關照」，了解、支持、鼓勵、陪伴孩子按時寫完作業，如期完成階段學習任務，逐漸彰顯自己的優勢亮點；(3)適量投入志工：「志工」是當代父母很好「貢獻自己，服務他人」的管道，尤其是學校志工，既可關照孩子，又可服務學校，一舉數得、價值最高，但投入的時間、努力要適量，避免喧賓奪主；(4)適配幸福人生：多元智能理論告訴我們，每一個人的優勢智能明朗化，習得自己的優勢專長，用專長亮點經營志業，服務家庭、學校，適量貢獻社會、國家，每一個人都可以過著「適配幸福人生」。

第四章　三適連環說

〈均衡人的適性學習〉

何福田教授在 2009 年出版《三適連環教育》一書時，在海峽兩岸掀起了一陣清新的教育風潮。「適性、適量、適時」的教育，常掛在部分對教育有心人士的嘴邊，尤其是大陸的浙江省已有多校實驗「三適連環教育」，並且舉辦多次的「三適連環教育學術研討會」。何福田教授是臺灣教育界的瑰寶，在擔任屏東教育大學校長期間，曾走訪屏東縣內所有小學，退休之後被敦聘接任玄奘大學校長、國家教育研究院籌備處主任等職。他發現國家基本教育階段的「學習無效」虛耗是使中國教育「先發後至」的「根」（即教育思想早於西方，但教育機制還在後面追趕之意），為了從根救起，尋找有效學習，為了善盡知識分子的「新」力，他出版了《三適連環教育》這本書。

三適連環教育強調適性教育、適量教育、適時教育，其整體教育價值是在開發每一個人的最佳潛能。「開發潛能的三適連環教育圖」（如圖 4-1 所示）是三適連環教育的化約模式，可以清晰的看到整個理論的核心論點與崇高旨趣。

為配合全書撰寫體例，本書將「三適連環教育」稱之為「三適連環說」，列為第四章，是家長應行了解的「理念素養」。本章分四節介紹解析「三適連環說」：第一節「三適連環說的教育意涵」，論述該書的核心主張：「適性教育與丟不得」、「適量教育與比不得」、「適時教育與急不得」及「三適連環與好教育」；第二節「三適連環說的教育實踐」，分析「適性・育才有軌道」、「適量・達善多標準」、「適時・臻美合律則」及「連環・立真循階梯」；第三節「三適連環說的教育議題」，深入探討

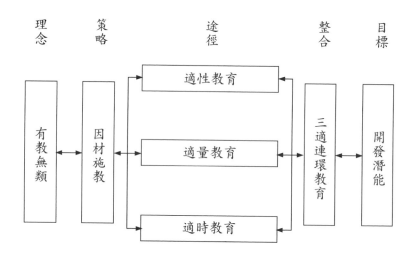

理念　策略　　　途徑　　　整合　目標

適性教育

有教無類　因材施教　適量教育　三適連環教育　開發潛能

適時教育

圖 4-1　開發潛能的三適連環教育圖

資料來源：何福田（2009，頁 99）

四個與三適連環教育攸關的議題，包括：「同儕群組學習」、「民主教育機制」、「創客學習食譜」及「活絡知識遞移」；第四節「三適連環說的教育價值」，詮釋「適性‧人盡其才的教育」、「適量‧才盡其用的教育」、「適時‧時中其機的教育」及「連環‧事畢其功的教育」。

第一節　三適連環說的教育意涵

2009 年，《三適連環教育》一書由浙江出版社出版，為簡體字版，全書共七章二十七節，章節名稱是全書內涵的縮影，特摘述如下提供大家參考。第一章「緒論」，敘述四個重點：推動三適連環教育、教育難題一籮筐、問題的病根與治療，以及學習成功尚不等同人生成功；第二章「三適連環教育的理論基礎」，闡述三適連環教育的四大理論源頭，包括：有教

無類與機會均等、性向與可塑性、因材施教與個別差異及教學相長與從做中學;第三章「三適連環教育的內涵」,闡述「適性教育」、「適量教育」、「適時教育」及「三適連環」的定義與教育內涵;第四章「三適連環教育的實施」,適度說明實施適性教育、適量教育、適時教育及三適連環的配套措施;第五章「三適連環教育與三不得」,提出適性教育與丟不得、適量教育與比不得、適時教育與急不得的深層教育意涵;第六章「三適連環教育的相關議題」,兼敘教學相長的同儕助教制度、現代社會的常態編班制度、滿足個體的學習食譜制度及真實社會的合作學習制度;第七章「結論」,使用「慎始」、「連環」、「配套」及「務實」為全書作總結。全書約十五萬字,圖文並茂,容易閱讀,很適合家長參考,直讀原書,心得必豐。

正體版的《三適連環教育》一書在 2010 年由師大書苑出版,這本書的封面用了三個圖像,是一個「倒人形」,呈現「適性‧丟不得」、「適量‧比不得」及「適時‧急不得」的字樣,最適合表達三適連環說的教育意涵,作者將其「人形」扶正,成為圖 4-2,並據以說明其教育意涵如次。

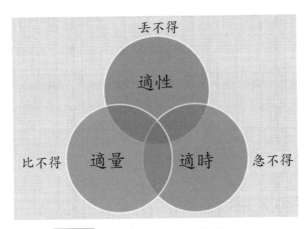

圖 4-2　三適連環說的教育意涵

資料來源:修改自何福田(2010,封面)

一、適性教育與丟不得

適性教育的定義是：適合個體性向的教育（何福田，2010，頁69）。「適性教育」如果做得好，則天下沒有可以丟棄的學生，所以「丟不得」（何福田，2010，頁69，151）。適性教育的積極意涵是：(1)學校要提供完整並適合每個學生性向發展的教育環境，課程與環境設施要足夠全校學生的適性需求；(2)教師的課堂教學要針對學生的性向興趣與個殊需求，安排適合其性向與程度的教材教法，為學生提供最佳的適性學習；(3)家長對孩子的期望要符合孩子的潛能與性向發展，配合學校教育的進程，輔助孩子開展自己的優勢潛能；(4)適性教育也在激發每位學生自我實現，人盡其才、才盡其用，成為家庭、學校、社會、國家的有效智慧資本。

適性教育與丟不得的關係，具有以下四個層次的意涵：(1)「天才、全才」丟不得：孩子如果是天縱英才，或者能夠全能發展的人，我們應該教育他人盡其才，為全體人民服務，丟不得；(2)「中才、偏才」丟不得：具有中等以上才能的人，都需要實施適性教育，促其優勢智能明朗化，以專長亮點經營本業，養家活口，同時奉獻社會，丟不得；(3)「無才、不才」丟不得：對於弱勢族群、學習落後的學生，更要針對其需求，實施適合其學習方式的教育，因材施教，順性揚才，使之不要成為家庭與社會的包袱，更丟不得；(4)「有才、無用」丟不得：凡人都有可用之才，適性教育在激發每個人適合其發揮表現之才，沒有被開展激發或沒有價值表現的人稱為無用之才，有才無用更丟不得。適性教育在幫助每個人有才、有用、丟不得。

二、適量教育與比不得

適量教育的定義是：適合個別能量的教育。「適量教育」如果做得好，則教育不該實施沒有意義的比較，所以「比不得」（何福田，2010，頁69，

151）。適量教育的積極意涵是：(1)學校的課程和教育活動的總量及各種領域學習節數，符合學生「學習量」的需求，能夠提供教師適量的教及學生適量的學；(2)教師在實施單元課程教學時，能依據學生個別「學習量」的基礎，安排編序妥適的學習順序與難度，指導學生適量學習，當下學會；(3)對學生而言，每天每週的學習深度和廣度都有適量的階梯規劃，每天每週都學到適量發展的成長；(4)家長了解自己孩子每一階段的最佳學習量，除了督導孩子按時完成學校課業外，也能夠支持孩子適量的輔助學習，讓孩子的潛能得到最適量的開展。

適量教育與比不得的關係，具有下列四個層次的意涵：(1)「個人‧別人」比不得：每一個人單一時間、單一階段的「學習量」都會有個別差異（如有人一次可以背四個號碼，有人可以一次背七個號碼），學習是孩子自己的事，「個人‧別人」比不得；(2)「背景‧條件」比不得：每個人的家庭背景、遺傳條件都有個別差異，投資學習經費及時間總量比不得，不是多與齊一就好；(3)「考試‧升學」比不得：考試的分數是一種量的衡量，在衡量某一學科階段學習的精熟度，以及用來了解階段學習的迷思概念（沒有學會或學錯的地方，要調整後續的教學）；升學考試是用來找到自己最適合就學的下一階段學校，比不得；(4)「成就‧賺錢」比不得：每個孩子的秉性不同，個別的學習量不同，學習成就方向、類別、總量發展不同，在整體學校及社會中能夠創價（含賺錢）的量也會不同，更比不得。

三、適時教育與急不得

適時教育的定義是：適合學習時機的教育。「適時教育」如果做得好，則教育不可為求速效而揠苗助長，所以「急不得」（何福田，2010，頁69，151）。適時教育的積極意涵是：(1)身心成熟度：孩子由未成熟邁向成熟，生理、心理要達到可學習的階段，學習才會有成效；適時教育要依據皮亞

傑（Piaget）的認知發展理論，規劃適合學生發展階段可學習的課程及教材；(2)學習預備度：每位學生（孩子）準備學習的心態及既有的基礎條件有差異，教師教學時，必須考量學生當下的學習預備度，適時調整教學內涵或順序；(3)掌握關鍵期：每一種知識及技術都有最佳學習時段，掌握關鍵期，學會核心知識，可以為孩子的永續學習奠定基礎，例如：小一前十週的注音符號教學，小三上學期的九九乘法表學習，都是學習關鍵期；「搶早」事倍功半，更可能揠苗助長，造成孩子厭學、拒學；「過晚」則時過然後學，影響後續學習，勤苦而難成；(4)專注學習度：適時教育的最新註解是，孩子的學習時間不一定要長，但要協助孩子（學生）用精神最好、專注度最佳的時段學習，適時專注單一的學習，其學習效率最高。

適時教育與急不得的關係，具有下列四個層次的教育意涵：(1)「認知‧關鍵」急不得：認知發展階段是學習的關鍵期，若提升學習難度高的教材，學生無法吸收，形成無效學習，急不得；(2)「情意‧共鳴」急不得：人類情緒、情感、情操的全人格發展，個別差異複雜，要同學、同事、同儕對我們表達的情意產生直接或間接的共鳴，不容易，也急不得；(3)「藝能‧進階」急不得：藝能專長的學習必須循序漸進，低難度的動作（技術）是高難度技術（動作）的基礎，無法速成，不循序漸進的學習往往會造成傷害與挫折，急不得；(4)「知識‧系統」急不得：孩子的各種學習都是在進行「知識基模系統重組」，隨時將自己的「內隱知識」與當下學習的「外顯知識」進行對話、互動、交互作用，整合發展，系統重組成為自己的「新知識」；「系統重組」有時很成功，心得滿滿，有時不存在，沒學到什麼，這要孩子自己「體驗」，也急不得（當時有效的學習最重要）。

四、三適連環與好教育

「三適連環教育」的定義是：教書同時考慮學習者的適性、適量與適

時問題的教育。三適連環教育的第一個特徵就是：適性、適量與適時環環相扣、形影不離。單適獨用（三者任意用其一），比一個也不用要好得多，但效果仍然有限；雙適兼用（三者任意用其二），效果大增；三適連用（三者同時考慮），威力無窮（何福田，2010，頁 94-99）。用最白話文的說法，三適連環教育就是好教育，好教育就可以超越前述「三不得」的消極窘境，以積極正向的語言來進階詮釋「三適連環」的教育意涵。

「三適連環」具有下列四個層次「好教育」的意涵：(1)回歸孩子（學生）本位學習的好教育：適性、適量、適時均以學生為主體，回歸孩子本身的需求與發展為基點的教育，是好教育；(2)激發孩子潛能發展的好教育：孩子的潛在智能（多元智能）經由適性、適量、適時的教育，得致適度開展，對孩子本身最具價值，是好教育；(3)開展孩子優勢專長的好教育：適性、適量、適時的教育，可以開展孩子各階段學習的優勢專長，串聯產生優勢智能明朗化，是好教育；(4)成就孩子適配生涯的好教育：人的一生要追求適配幸福，潛在智能普遍開展，優勢學習，順性揚才，必須經由適性、適量、適時的教育，三適連環才能成就孩子的適配幸福生涯，是好教育。

第二節　三適連環說的教育實踐

何福田（2010，頁 125-150）強調，三適連環教育實踐的先決條件在「家長相信學校教育」及「教師充分了解三適連環教育」，具體的教育實踐要符合下列五大原則：(1)多試探，少考試；(2)多互動，少作業；(3)多關懷，少責備；(4)多瞻前，少顧後；(5)多實質，少形式。作者經由「知識基模系統重組」，將三適連環說的教育實踐，統整成下列四點：「適性・育才有軌道」、「適量・達善多標準」、「適時・臻美合律則」及「連環・立真循階梯」。簡要說明如次。

一、適性・育才有軌道

「適性」、「均等」都是我國當代教育的八大核心價值之一。鄭崇趁（2012）曾指出，二十一世紀的臺灣教育有八大核心價值：人文、均等、適性、民主、創新、永續、精緻、卓越，並以人做隱喻：「人文」在頭部，雙腳是「均等」、「適性」，身軀有「民主」、「創新」、「永續」，雙手則為「精緻」、「卓越」，如圖4-3所示。

二十一世紀的臺灣教育：以「人文」的思想為引導，踏著「均等」、「適性」的腳步前進，關注「民主」、「創新」、「永續」的歷程，邁向「精緻」、「卓越」的教育成果。「適性」及「均等」在雙腳部位，我國的教育機制要踏著適性、均等的腳步前進，需要「道路」，道路要綿密多元，學生（孩子）才能適性發展，「育才有軌道」就是適性教育的實踐。

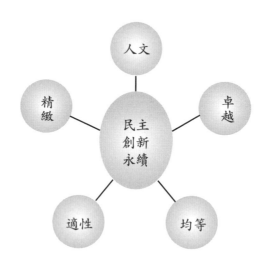

圖4-3　二十一世紀臺灣教育的核心價值

資料來源：鄭崇趁（2012，頁12）

　　「育才有軌道」須符合所有學生「適性發展」的需要，因此教育機制上要有下列四軌的規劃設計：(1)課程設計多軌併存：適應每位學生選擇自己喜歡的系統教育課程，如中小學的多元社團、多種校本系統課程，或是大學的學系、學程；(2)教材選擇難易兼顧：適應學生的起點行為與個別差異；(3)教學方法活潑彈性：能更吸引學生動機及參與合作學習；(4)學習成果亮點爭輝：教學評量與學習成果展示，能夠將每位孩子的亮點點亮，成為亮點爭輝的景象。課程、教材、教學及評量四軌的適性教育機制，是適性教育的具體實踐，可以激發每位學生的潛能，成就孩子優勢智能明朗化。

二、適量‧達善多標準

　　適量教育的核心理念在提供學生合適的學習量。教育機制要符合學生（孩子）個人的下列四種學習量：(1)知識學習量：每次學習「物理知識」要適量（含多寡、難易、時間的適量）；(2)要領學習量：每次學習「事理要領」要適量（含處事方法、體驗、探索的適量）；(3)人際學習量：本書第二章第三節強調，與人互動學習「人倫綱常」要適量（新五倫關係均衡經營）；(4)時空學習量：掌握「時空律則」學習要適量（含工作、休閒、每日、每週、家庭、學校時空律則的適量）。永續經營每一個人的四種學習量教育，可以達育才之善。每一個孩子適合的學習量都不同，都有「個別差異」，以及個人在不同時空、情境、條件、專注程度的個殊需求，「達善之道」需有多元、多重、多層次之標準，學校才能激勵教師及家長為所有的學生（孩子）實踐適量教育。

　　在教育整體機制中，建置多元、多重、多層次之學習標準，提供每位教師及家長針對學生（孩子）在單位學習時段中，學到最有價值的成果，就是適量教育的具體實踐，例如：在小學一年級到高中三年級（一至十二年級）中，每一年級的最低識字量、中等識字量、優等識字量，以及每一

個年級每一領域單元的教學量及核心知識學習量、核心技術學習量都有不同標準，以提供學生自主學習挑戰，教師宜依據班級學生共同需求，決定教材種類、學習方法與時間總量配置。多元、多重、多層次的學習量標準，是適量教育衡量的準據。

三、適時‧臻美合律則

　　適時教育，就是時中其機的教育，學生想學的時候我們就教他（她），學生最有精神、最專注的時段，我們教他（她）最重要知識的學習，孩子認知發展階段、最適合學習的知識，我們就安排相對的課程教他（她）。時中其機的「時機」包括下列四種層面的時機：(1)學生「自身想學」的時機；(2)學生「學習關鍵」期；(3)每天學習最佳「時段」；(4)每週總體課程最佳學習「時段」配置。四者併用，可以提供每一位學生「時中其機」的學習效果。

　　物有物理，事有事理，人也有人理（人倫綱常），時空也有律則。物理知識最容易學習，因為它最具體。事理要領，只要用心，也容易學習，所謂「一回生，二回熟，三回變專家」。人倫綱常的知識難度稍高，是人與人相處之情緒、情感、情操的全人格性情反應，學生要有新五倫之認同及核心價值行為規準的實踐。時空律則的知識伴隨著每一個人的一生，但用與未用落差極大，適時教育即是善用時空律則，彩繪人生之美。作者在《教師學：鐸聲五曲》（鄭崇趁，2014）一書中，用五部曲歌頌教師，即是「首部曲：鐘鳴大地‧人師」、「二部曲：朝陽東昇‧使命」、「三部曲：春風化雨‧動能」、「四部曲：明月長空‧品質」及「五部曲：繁星爭輝‧風格」。運用時空律則，美化教師的「一天」、「一世」，為適時教育的實踐樹立一個新典範。

四、連環‧立真循階梯

　　三適連環教育強調適性、適量、適時的三適連環。三適連環為學生的「知識遞移」，建置丟不得、比不得及急不得的有效遞移管道。所謂「知識遞移」，從學生的立場來看，係指學生（孩子）如何從教師身上或其使用的教材知識，順利遞送、轉移到學生自己身上，成為自己「知道、了解」，並且會「操作、運用」的知識。「知識」本身都是真的，人學會了「知識」並且能夠運用到生活實踐，就是立真；還用不上或用不出來的知識，就永遠無法證實它（知識）是否為「真」。經由「適性、適量、適時」三適連環所學到的知識技能，都可以在生活上致用，都是真的；「適性、適量、適時」，就是立真的三大階梯。

　　立知識之真，需要學習階梯，在教育史上，強調知識學習階梯者，有下列四大理論：(1)編序教學法：史金納（Skinner）認為，將教材由易而難編序成學生數個可學習階段，循序學習，學生（孩子）拾階梯而上，一定可以達到教育目標；(2)鷹架理論：為學生搭建學習鷹架（給予社會支持力量及學習難度的周邊之次級資源），可以增進學生的學習效果；(3)認知發展論：皮亞傑（Piaget）將人的認知發展分為感覺動作期（0至2歲）、前運思期（2至7歲）、具體運思期（7至11歲）及形式運思期（11歲以上），認知基模的成熟度，決定孩子可學習之知識；(4)教學目標理論：布魯姆（Bloom）將認知教學目標分成「知識」、「理解」、「應用」、「分析」、「綜合」及「評鑑」六個層次，每個人將知識技能的學習，學到「應用、分析」的層次以上，才能成為人的「真知識」。三適連環，知識方能立真，立知識之真有階梯，適性、適量、適時及四大理論的交融，就是階梯。

第三節　三適連環說的教育議題

在《三適連環教育》（何福田，2010）一書的第六章，探討三適連環教育的相關議題，包括：「教學相長的同儕助教制度」、「現代社會的常態編班制度」、「滿足個體的學習食譜制度」及「真實社會的合作學習制度」。茲以更為現代化的用語，持續探討下列幾項教育議題與三適連環教育的關聯，包括：「同儕群組學習」、「民主教育機制」、「創客學習食譜」及「活絡知識遞移」，分別簡要說明如次。

■ 一、同儕群組學習

同儕群組學習是日本佐藤學教授的「學習共同體」教學模式，目前流行於臺灣教育界，很多縣市的中小學，在行政主管的倡導下，都在流行「共同備課」、「議課」、「觀課」、「學生群組學習」及「以學定教」。因為「以學定教」，直接或間接地在實踐適性、適量、適時的教育規劃，因為教與學歷程中採用學生群組學習，激發團隊動能，學生之間的同儕輔助學習機制也是孩子適性、適量、適時教育的另一種實踐。

同儕群組學習本即教育的基本型態，班級是一個群組，學年是一個群組，分類領域學科又是一個不同的群組；學系是一個群組，學程是一個群組，社團也是一個群組，教師及學生之間的學習社群、專業社群，都是群組學習，只要運作內涵以學習者為本位，能夠適性、適量、適時的產生團隊動能，達成群組成員的學習目標，都是好的同儕學習群組。如果同儕學習群組的運作結果，群組成員沒有得到適性、適量、適時教育的感覺與學習成果，就不是成功的同儕學習群組。因此，「學習共同體」只是同儕群組學習的一種模式，成功與否在於它是否能夠產生「群組團隊動能」，此一「動能」存有，在於遵循三適連環的基本原理，而不在「同儕群組學習」

的制度本身。

二、民主教育機制

美國教育家杜威（John Dewey）在 1916 年出版了《民主主義與教育》（*Democracy and Education*）一書後，「民主」就逐漸成為教育的核心價值之一，也就是教育的歷程要符合「民主精神」——共同參與及自願選擇。要不要接受教育由受教者自主決定，要接受哪種形態與內容的教育，由受教者自由選擇決定，要用哪種方法學習，學生可以向教學者表達意見，可以不選，也可以選擇自己喜歡的課程與教師。臺灣的教育法令也跟隨者民主先進國家，明訂家長可以參與學校教育事務之經營，校務會議、課程發展委員會、重要教學活動的規劃與執行，都有家長代表參與。各直轄市的校長遴選任用，除了教育主管機關代表之外，還有校長協會代表、教師會代表、家長會代表及專家學者代表，共同組成遴選委員會，以民主程序選出各級學校校長。民主教育機制是現代人民主生活的一部分，就「共同參與」及「自願選擇」之精神內涵而言，也是「適性、適量、適時」三適連環教育「歷程」的實踐。民主抉擇須以三適連環為基礎，三適連環教育也是民主教育的深層脈絡。

三、創客學習食譜

三適連環教育主張為學生客製化「學習食譜」，建議學校教師，如果要關注「因材施教」的實踐，就要依循適性、適量、適時的原理原則，以學生為本位，由教師與學生共同商訂「正課」的學習食譜（學習菜單）。而「選修」與「社團」的學習食譜，家長則必須與孩子商訂，訂定「家庭作業」實踐策略的學習食譜、「輔助性質」（潛在課程）的學習食譜，例如：「潛能開發工作坊」、「律動舞蹈」、「閱讀策略工作坊」、各種藝

能休閒才藝學習營隊等，每一個孩子的學習食譜都要「學生本位」、「三適連環」、「民主自主」、「同儕共學」，才能為孩子開展最有價值的學習成果。

創新、創意、創造的教育是知識經濟時代對教育「新」的訴求，「創新」同時也是知識經濟時代最重要的核心價值，代表「新知識」、「新技術」的經濟價值，遠超過傳統的「土地、人口、設備、資金」所能創發的經濟價值。是以教育單位現在流行「創客」（maker）教育，創客就是創新、創意、創造的實踐者之意。「創客」就是會「操作」、「應用」知識技術的人，每一個人的學習食譜把「創客」的觀念融入，講求「學習菜單」的可操作學習層面，直接將單元核心知識的技術部分（原型、元素、成因、脈絡、系統）列為學習食譜，就是「創客學習食譜」。作者認為，「創客學習食譜」將是二十一世紀教育界最夯的主流議題。

四、活絡知識遞移

三適連環教育最大的挑戰與批判是「學理簡明，正用不易」。適性，容易造成由他去，丟不得但不管他；適量，容易形成少量，比不得但學習不足；適時，容易停留觀望，錯過最佳學習時機，急不得但沒有適當學習。如果三者都沒有「正用」，非但「學習無效」，也是「學習無能」，都違背了教育的「本質」與「功能」。

「知識遞移」的績效價值，是檢驗學生（孩子）學習有效與無效的判準。所謂「知識遞移」是指，學生（孩子）從教育者或教育環境提供的各種知識中，能夠「遞送轉移」到自己身上的實際知識和技術，成為受教者可以表達出來的新能力。當代資訊科技發達，教育普及，國家應該建置一至十二年級各領域（學科）的核心知識及基本能力題庫，每年提供學生檢測其各領域（學科）基本能力之用，讓教師、家長及學生本身知道自己「知

識遞移」績效價值的明確情形〔自己的實際學習力（知識量）及其相對地位〕。

第四節　三適連環說的教育價值

三適連環教育受到華人世界的歡迎與重視，有下列三大原因：(1)適性、適量、適時的三適教育言簡易懂，學理與操作事項均不複雜，可以務實實踐；(2)融合中外最經典的理論，包含我國的「有教無類、因材施教」及西方的「教育機會均等」、「多元智能理論」，有中西合併並經本土化之系統思考成果；(3)何福田教授本人的魅力，何教授一生是教育家，是教育理論的實踐家，《三適連環教育》一書由何教授本人娓娓道來，就像勤耕教育的福田一般，看書者與聽講者都為之動容。作者係何教授的學生，多次研讀該書後，認為「三適連環說」具有下列四大教育價值。

一、適性・人盡其才的教育

適性教育是指適合學生本性發展的教育，是激發學生潛能的教育，是因材施教的教育，是優勢智能明朗化的教育，對學生（孩子）個人來說就是人盡其才的教育；每個人能夠人盡其才，才能自我實現，才能成為家庭、學校、社會、國家的有效智慧資本。我們要對學生（孩子）實施適性教育，教師和家長要先示範自己的「適性教育」，教師與家長宜先展現人盡其才的教育成果給學生（孩子）看，讓學生（孩子）能夠楷模學習。人盡其才是「人之所以為人」的重要指標，「適性」最大的教育價值是人盡其才的教育。

◤ 二、適量・才盡其用的教育

　　適量教育是指教育學生（孩子）時不多不少，符合學生本身的需求量、基礎量、發展量及學習量。適量教育是不多不少的教育，是符合孩子識字量的教育，是符合孩子認知學習量的教育，是符合孩子專注程度量的教育，是符合孩子單位學習量的教育，也是符合孩子階段學習總量的教育。適量教育對於每一個孩子的個別差異很大，是以同一個班級、同一個年級，都要規劃學生不同的學習量，採用多元的階段成就標準。適量教育就是才盡其用的教育，學生（孩子）的潛在智能充分被激發，才盡其用，適量的連結生活、學習與志業，繼「適性・人盡其才的教育」之後，邁前一步，更接近「人之所以為人」的教育。

◤ 三、適時・時中其機的教育

　　「適時教育最有效，學童勝任無煩惱，過時學習不牢靠，搶先學習最糟糕」（何福田，2010，頁94）。適時，「當其可之謂時，時過然後學，則勤苦而難成」是《禮記・學記》上的千古名言，在說明「適時」是時中其機的教育，「錯過」了最佳學習時段再追趕學習，孩子會很辛苦而不容易有成就；「搶早」的學習，對孩子更不利，因為孩子的「認知發展」尚未成熟，無法理解，孩子會因「學不會」而挫折、厭學、拒學，揠苗助長。適時教育是掌握孩子學習關鍵期的教育，是掌握孩子想要學習時的教育，是充分運用孩子可以專注學習時的教育，也是遵循時空律則的教育。適時，時中其機的教育，讓每個學生（孩子）在每一天、每一週、每一月、每一年、每一個階段，都有最有價值的教育，每天都在快樂中健康成長，也展現自己最高的學習效能與效率，其「知識、技術、能力」得到充分發揮。

■ 四、連環‧事畢其功的教育

　　三適連環教育的具體操作點在於三適的「連環」運用，強調適時、適量、適性三者同時進行「系統思考」時，才能為學生（孩子）安排最妥適的教育。教育原本就是「人教人」專業難度很高的事業，教育事業要有學制規劃、課程設計、聘師教學、學校建設、編班排課、擬定學校中長期發展計畫、年度教育計畫、主題教育活動方案、發展學校本位課程、特色教育、教師自編單元主題統整教學方案、執行實際教學，以及教育活動、評量學生學習成果等，三適連環是此專門事業的起點，是教育事業的基礎，同時也是教育專門行業的方向與核心經營策略。三適連環教育是「事畢其功」的教育，國家教育事業要蓬勃發展，適性、適量、適時的三適連環教育要在每個學校、每個家庭中，由教師與家長帶著學生（孩子）普遍實踐。

理念素養篇
（六說・下）

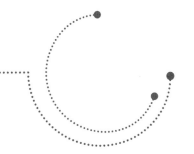

　　適配生涯說詮釋人生四大適配：「教育」的適配、「伴侶」的適配、「工作性質與性向興趣」的適配，以及「職位與能力」的適配，協助孩子經營一生的四大適配，才會有幸福圓滿人生。「理想」與「現實」吻合，稱為「自我實現」，「人之所以為人」的價值尊嚴建立在孩子自我實現的程度之上，我們更要「順孩子之性」，揚其自我實現之才，成就人的價值尊嚴。「有能力」並且「願意做」，願意努力為家庭、學校、公司、社會、國家產生動能貢獻的人，稱為「有效的智慧資本」，正是我們對於自己孩子及他人孩子的共同期待。

第五章　適配生涯說

〈詮釋人的幸福意涵〉

作者在《教師學：鐸聲五曲》（鄭崇趁，2014）一書的第三章「教育志業〈彩繪人師的軌跡〉」中認為，彩繪人師的軌跡要從「傳生命創新之道」、「授知識藝能之業」、「解全人發展之惑」及「領適配生涯之航」的四個面向著力。對教師來說，「傳道、授業、解惑、領航」是教師的神聖使命；對學生來說，教育在「傳承創新生命」、在「學習知識藝能」、在「促進全人發展」，更在「實踐適配生涯」。是以教師要教育學生「激發優勢智能發展」、「培育個殊專長優勢」、「選擇適配職涯志業」及「實踐適配幸福人生」（鄭崇趁，2014，頁 58-60）。

「適配」一詞源自於臺語形容「男女結婚」之「背景、條件、長相、能力」的適配度（不相上下、沒大落差），又稱為「登對」（臺語）。伴侶的適配，是人生幸福的基石。作者有段教授「生涯輔導」課程之經驗，將原本「適性的工作選擇」改用「適配職涯說」教學，強調「工作性質」與「性向興趣」吻合，就是人生的第二大適配。作者在 2014 年出版《教師學：鐸聲五曲》一書時，進一步建構「適配生涯說」的雛形，認為「人的一生」應有四大適配：教育的適配、工作的適配、伴侶的適配及職位的適配，才能完整搭建幸福的人生。家長了解「適配生涯說」，才能追求自己的「適配幸福」，並輔助自己的孩子過「適配幸福」的人生。

本章分四節說明人生的四大適配：第一節「適配的教育」，闡述經營適配教育的四大脈絡：布建「多元智能」的教育環境、依循「優勢學習」的教學歷程、選讀「專長專業」的大學系所及接續「志業深耕」的終身學習；第二節「適配的事業」，說明從工作選擇到志業經營的適配指標：符

合性向興趣的工作選擇、認同事業組織的同儕夥伴、發揮優勢專長的服務績效及創發永續價值的志業經營；第三節「適配的伴侶」，論述經營適配伴侶的四大條件：「相互吸引，認同欣賞」、「性格雷同，能力相若」、「需求相依，品味一致」及「互尊互敬，幸福永續」；第四節「適配的職位」，敘述適配職位的四個觀察指標：人盡其才的職位、才盡其用的職位、自我實現的職位及智慧資本的職位。

第一節　適配的教育

　　當代的教育通常指的是學校教育，從小學、國中、高中、大學，少者十二年，多者超過二十年，若再加上終身學習機制，也以「學校機構」為主軸，就變成了一輩子都和學校教育「共活一生」。學校教育又稱「計畫教育」，學制有計畫、課程有計畫、教學有計畫、日課作息有計畫、教育活動有計畫，學校有中長期發展計畫及主題教育計畫，大型的教育慶典或競賽活動都有明確的計畫。教育計畫為大多數的人提供了一個「理想」而「目前做得到」的共同教育機制，也因為此一共同的教育機制（學校教育），國家為每一個人建置了一個「教育機會均等」的環境，為國家培育了各行各業所需要的「可用人才」。

　　「計畫教育」（學校教育）是時代的產物，國家經濟社會文化水準愈高，教育建設的精緻度也會相對提高。在理論上，適合大多數人的教育，往往很難「兼顧」並「適配」個殊性的教育需求，每一個人要得到適配的教育，必須從「理念理論」、「觀念態度」、「價值認同」、「實踐篤行」及「永續經營」來看教育的本然與應然，從布建「多元智能」的教育環境、依循「優勢學習」的教學歷程、選讀「專長專業」的大學系所，以及接續「志業深耕」的終身學習著力，精緻計畫教育中的多元形態，提供學生「適

性」、「適量」、「適時」,進而「適配」的教育。

一、布建「多元智能」的教育環境

適配的教育,第一「適」要適用於「多元智能理論」。多元智能理論在第三章已有充分探討,其最核心的主張有四:(1)人的智能因子有七、八種,但每一個人的智慧餅大小(強弱)與結構都不一樣;(2)孩子喜歡的事物及其想學的東西,就是他(她)潛在的智能因子傾向;(3)幫助孩子(學生)優勢智能明朗化是家庭教育及學校教育最神聖的使命;(4)優勢智能明朗化的學習與就業,可以幫助每個人發揮自己相對的優勢專長,行行可以出狀元,對自己的人生價值最大。因此,家庭與學校都要布建多元智能的教育環境,這是適配教育的第一步。

學校布建多元智能的教育環境,要關注下列幾個事項:(1)實施正常化課程教學:學校的學生眾多,其潛在的多元智能因子都不一樣,學校要依據課程綱要規定正常化排課,才能普遍誘發所有潛在智能之機會;(2)鼓勵自主多元閱讀:學生喜歡閱讀的書籍,也象徵其性向興趣與智能發展趨勢,由廣度及深度的統計,可做為開展其優勢智能的參照;(3)提供多元選擇社團:學校社團是半正式課程,可以補強優化正式課程尚未關照學生潛在智能的部分,尤其是才藝、運動、休閒、服務的潛在智能學習;(4)推動群組任務學習:在各級學校的班級形態中,再予以分組,成為四至六人之間的群組任務學習小組,發揮團隊動能,激發多元潛能,協助學生優勢智能明朗化。

家庭布建孩子的多元智能教育環境,要關注下列幾個事項:(1)開放自主:孩子要學什麼,完全開放,用什麼方式學習由孩子自主決定,開放自主的環境氛圍,孩子的潛在智能才能被「常態化」的激發,避免偏差;(2)親子共讀:父母與孩子親子共讀、交互對話,分享彼此閱讀心得,除了情

意共鳴之外，也是輔助孩子潛能開發直接而扎實的管道；(3)提供資源：孩子的學習需要各種資源（工具），家裡優先支援孩子喜歡學習的教育資源最重要，可以幫助其興趣潛能充分開展；(4)強化優勢：孩子的優勢專長是立足社會、養家活口、創發價值的利器，家長要在孩子學習成長中，強化其專長優勢，習得相對優質的專長專業，用專長專業服務他人，並為自己創發價值。

⬛ 二、依循「優勢學習」的教學歷程

適配的教育，第二「適」要適用於「優勢學習」的教學歷程。「補不足」或「長優勢」孰先孰後，是父母對孩子教育上最大的困擾，不少家長跟著大眾潮流在教育孩子，受到「不要輸在起跑點」的影響，讓孩子過早學習，什麼都學，「雜施而不孫」（不按順序學習）；受到「輸人不輸陣」的影響，補習滿檔，累壞孩子。要求孩子「五育均優」，若沒有達到「優等」的部分，就認為是「不足」，都要補強，孩子一輩子的發展都在「補不足」中度過；標榜著「全人教育」，孩子卻每天都陷在「補不足」的泥沼之中。「形優輔弱」是本書的重要觀點與主張之一，認為幫助孩子（學生）的學習「長優勢」優先於「補不足」，「形優」足以「輔弱」，從孩子做得到的優勢入手，孩子學習上的亮點被激發點燃之後，學習的質量逐漸累積，成為優勢，原來的不足，可能就不太重要，也不會是人生的包袱。「優勢學習，形優輔弱」的教育歷程，是適配教育的第二「適」。

「優勢學習」的教學歷程，要關照下列幾個歷程的實踐，才符合「適配」的教育指標：(1)適性的優勢：順著孩子性向興趣的優勢潛能，開展學習之路；(2)適量的優勢：順著孩子最佳學習量的優勢，提供編序而適量的學習；(3)適時的優勢：順著孩子的學習關鍵期，掌握孩子專注的學習時段，時空律則的優勢，適時有效的學習；(4)適力的優勢：「努力不懈，持續深

耕」雖是勤學的讚語，但「用力過猛」或「勉強求知」皆非教育本義，我們也要順著孩子既有的「能力條件」適力經營，彰顯「適力的優勢」（講究最有效能和效率的學習要領，以及單位「時間體力」產出的最佳學習效果）。

三、選讀「專長專業」的大學系所

當代的教育從「學制」上來分析，分為「基本教育」與「高等教育」，十二年國民基本教育由地方主管，高等教育（包括大學及各類科技大學）由中央主管，含學士學程、碩士學程及博士學程。大學畢業以上的人，我們就尊稱他為「知識分子」，知識分子代表「社會精英」，他們的知識廣度及深度足以帶領國家發展。就臺灣目前「高等教育普及化」的情形觀察，每年約有二十萬人出生，約有八成（十六萬人以上）的人會有大學畢業以上的學歷，每年有約二十萬人同時投入職場，經由百業分工，共同經營著臺灣這塊土地。適配的教育，第三個「適」要適用於選讀符合自己「專長專業」的大學系所，從大學系所畢業後，能夠取得符合自己「優勢專長」的「專業知識技能」，然後爭取到適配的工作，用優勢專長的專業能力為社會服務。

選讀「專長優勢」的大學系所，要注意下列幾項原則，才符合「適配」的教育指標：(1)參加推薦甄試再指考：推薦甄試的申請最符合孩子的專長優勢，如獲錄取，應最優先修讀，如未獲錄取，再參加大學指定考試；(2)先選系再選校：大學指考後的選填志願，困擾著很多考生及家長，宜以「專長優勢」的就學考量，應先選系再選校；(3)選擇落點分數在前半的系所：孩子的成績在同班同學的前半段，代表其就讀這個系所的適配度高於後半段的同學；(4)選讀專業學程及相關社團：若孩子發現就讀系所不適配時，應立即考量轉系或加選自己適配的學程及社團，培育自己專長專業的水準，

才符合適配教育的第三「適」。

◢ 四、接續「志業深耕」的終身學習

終身學習已成為現代人教育的一部分，知識分子要過一個與時俱進、完整適配的人生，就必須終身學習，直至生命的盡頭。廣義的適配教育，要有第四個「適」──適用於「志業深耕」的終身學習，接續大學之後，深耕志業原本的優勢專長，至其從本業退休，亦宜選擇與自己本業專長攸關的「志工」，參與專業群組社團，接續為社會、國家服務，貢獻專長，優化文明與文化。

「志業深耕」的終身學習，要關注下列幾項原則，才符合「適配」的教育指標：(1)終身閱讀：如參加讀書會，每月閱讀一本書，讓自己的知識見識與時俱進，並維持一定的深度（專業）與廣度（潮流）；(2)終身服務：如每週有一天或兩個半天參與教育志工，持續發揮專長，為社會服務，也以服務奉獻機制，學習經營縝密的人際關係，避免與社會脫節；(3)終身運動：如每天至少運動三十分鐘以上（可週休二日），養成定期休閒運動的好習慣，平衡自己的身心效能；(4)終身行善：如要求自己每天日行一善，日日存好心，時時做好事，常常說好話。「深耕志業」的終身學習，要實踐終身閱讀、終身服務、終身運動及終身行善，是「適配教育」的第四「適」。每個人「適配的教育」，要系統思考「教育環境」的適配、「教學歷程」的適配、「大學系所」的適配及「終身學習」的適配。

第二節　適配的事業

人生的第二個適配，是「工作」（行業）的適配，也就是「工作性質」要與自己的性向興趣吻合。人類社會經由百業分工，每一個人都要工作，

從工作中付出心力、換取薪資，養活自己及家人，也為公司（老闆）產製產品，為公司創價，永續經營。「工作」又稱為「職業」，在生涯輔導的理念中，要把「工作、職業」晉升為「事業」與「志業」，並且強調適配經營，才能為自己及家人創造最大的幸福，也才能為自己的學校、社會、國家做最有價值的貢獻。本書採用「適配的事業」，其主要用意在將「工作」提升為「事業」，比較適合進行「適配經營」上的系統思考與實踐作為。

一、符合性向興趣的工作選擇

選擇自己「性向潛能」合適的「學校」，稱為「適配的教育」；選擇符合自己「性向興趣」的「工作」，稱為「適配的工作」。每一個人的工作是事業的基礎，有了「適配的工作」，適力經營之後，才會有「適配的事業」。孩子的一生，有三次重大選擇，最需要父母及家人的支持，並協助促成：第一為升大學時的系所志願選擇；第二為學校畢業之後的就業（工作）選擇；第三則為結婚伴侶的選擇。升大學時的系所選擇在本章第一節已有扼要說明，本節針對「工作選擇」的適配進行解析，伴侶的選擇則在第三節敘說。

適配的工作可以從下列四個指標觀察：(1)喜歡的：孩子喜歡的工作，做起來很快樂，既可以服務他人，又可滿足自己；(2)勝任的：工作的性質與難度是孩子能力上可以勝任的，做得來、有績效的工作才是適配的工作；(3)專長的：工作的內容，適合孩子專長的發揮，孩子在工作同仁的群體中，成為具有相對績效亮點的人；(4)專業的：工作本身的專業度與孩子的專長愈符合愈好，例如：需要專業證照的工作，或經公職考試錄取的工作最好。

▌ 二、認同事業組織的同儕夥伴

適配的事業，第二個檢核點是：是否有「認同」大家一起工作的同事夥伴。同事之間彼此認同、合作、共榮，事業體的組織文化才會優質，生產力才會提高，產品質量併進，具有競爭力，才能暢旺事業組織。自己喜歡、認同、欣賞自己的公司（行業）同事夥伴，這一份工作做起來才有意義，才會喜歡去做，才可以長久永續經營，才是適配的事業（職業）。如果找到的工作，做一段時間之後，自己覺得不喜歡同儕夥伴，與同事相處格格不入，互不認同欣賞，這一份工作就不是合適的「適配工作」。

「自己認同同事」與「自己被同事認同」是一體兩面，兩面皆有「正向」發展，才是真正的「適配」。自己雖然很認同公司同儕夥伴，很喜歡與大家相處，但大家並不接受，同事對自己的存在與各種表現並不認同，好似自己「有」與「沒有」在公司服務，差別不大。若是如此，則要協助孩子經營「如何被同事接受與認同」，下列幾個事項可以參照：(1)盡本分：將自己分內的工作做得盡善盡美，達到基本標準以上的貢獻價值，為自己的存在立基；(2)多請教：任何事務都有最佳的「標準作業程序」（S.O.P.）及關鍵要領，初來剛到的孩子，其精確度與熟練度都需要向同事學習，多請教同事，可以幫助同事對我們的了解與認同；(3)勤支援：同事一起做事，有時要彼此支援，才能產生交互作用、整合發展；主動勤快地支援同儕，也是獲致同儕儘早認同的好方法；(4)有承擔：績效責任是現代化公司營運有效的法則，主動承擔單位部門的績效責任，也可以獲得同仁快速的認同。能夠認同事業組織的同儕夥伴，也能夠被組織同仁普遍認同的事業，才是自己「適配的事業」。

三、發揮優勢專長的服務績效

適配的事業，第三個檢核點是：這一項工作是否能讓自己的專長有所發揮，對自己「人盡其才」，同時也「才盡其用」。能夠讓個人發揮優勢專長，帶給事業單位高度服務績效的工作，就是「適配的工作」，這一個工作也可以發展成自己最「適配的事業」。「工作」是指停留在「職業」的階段，是養家活口的工具，不一定快樂，也不一定一輩子經營。「事業」是指「適配工作」的晉升，這個工作已成為自己要經營一輩子的「事業」，不但符合自己的性向興趣，也符合自己的優勢專長，更符合自己人生的理想抱負，是可以自我實現的工作，也是有效智慧資本的重要途徑。發揮優勢專長的服務績效是「適配事業」的第三「適」，適合自己專長發揮的工作，才是將來「適配事業」的軌跡。

「優勢專長」是否有發揮或者發揮的程度為何，除了個人的「自覺」之外，是有指標可以觀察的，例如：(1)產品的知識需求與自己專業知識的符合度：兩者符合度愈高，愈適合自己發揮；(2)產製的核心技術與自己能力的符合度：有能力操作產製流程的核心技術者，才能在公司中發揮貢獻產值；(3)能夠指導新進員工掌握產製流程的核心技術：讓自己成為公司傳承創新核心技術的關鍵人物，公司永遠需要你；(4)承擔公司主要績效責任：自己對任職公司的貢獻超越「基本績效責任」，逐漸成為承擔整個公司主要績效責任者；承擔經營績效責任，愈重的工作或事業單位，往往就是一生最適配的事業。

四、創發永續價值的志業經營

適配的事業，第四個檢核點是：這一項工作是否能夠成為自己的終身「志業」，並能永續經營其長遠價值。「志業」深化了「工作」及「事業」的性質意涵，用自己的「理想抱負」經營事業，用自己的事業服務人類，

優化國家和社會的文明與文化，創新自己及人類的價值與尊嚴者，稱為「志業」，例如：「教育工作」就是作者的「工作」，同時也是「事業」，更是自己的「志業」；作者將「優化國家教育事業」的經營，當作畢生的「志業」，是以雖然年逾六十，近年出版「經營教育之學」四本書：2012 年《教育經營學：六說、七略、八要》、2013年《校長學：成人旺校九論》、2014年《教師學：鐸聲五曲》及2015年《家長教育學：「順性揚才」一路發》（本書），就是要創發永續價值的志業經營，「教育工作」是作者最「適配的事業」，同時也是最「適配的志業」。

適配的志業也需要永續經營，才能創發自己及其所隸屬的組織（家庭、學校、社會、國家）最大的價值。永續經營的要領有四：(1)適性的經營：順著自己的優勢專長經營自己的志業；(2)適量經營：兼顧規模與品質，不貪多，不躁進，順著自己能量的消長，適量經營自己的志業；(3)適時經營：依循時空律則與掌握經營績效的關鍵時段，指導幹部及同仁適時經營組織的事業與自己的事業；(4)適力經營：系統思考個人的體力、組織的動能及環境的趨勢，適力經營自己的志業，確保志業經營能夠創發永續價值。

第三節　適配的伴侶

家人關係從「伴侶」、「夫婦」開始，男女兩人在一起，有親密的性關係，申請結婚，組成正式的家庭，成家生小孩，「家」才壯大，才以「家庭」為基地，向外連結其他的相屬系統（如學校、社會），建構其他的人際關係，如同儕關係、師生關係、主雇關係及群己關係（作者將家人關係、同儕關係、師生關係、主雇關係及群己關係，稱為新五倫）。而「伴侶」、「夫婦」是啟動五倫或新五倫的各種人際關係之源，唯有「適配的伴侶」才能經營幸福的「家庭」，適配的伴侶同時也是幸福人生的起點。「性需

求」是人類生理的「大慾」，馬斯洛（Maslow）的「需求層次理論」將之列為最底層的生理需求，與食、衣、住、行並列。生理需求得到「親密」的滿足，有助於其他需求的滿足，人的一生才比較有可能穩定而健康的發展。是以臺語的「適配」，是從準備要結婚的男女（夫妻）開始啟用的。

在傳統觀念中，看男女結婚的「適配」，趨於表象的適配，大致上會看三個條件的「登對」：(1)長相：如郎才女貌，金童玉女，帥哥美女，兩人登對適配；(2)背景：家庭背景，父母財富，社會地位相當，門風登對適配；(3)學歷：兩人接受的教育程度相若，代表知識、能力較登對適配，但兩人的學歷如有落差，男高於女較被接受，女高於男較不被接受。作者認為，「適配的伴侶」是人生最重大的選擇行為，除了傳統的「表象適配」要參照考量之外，尚需關照「內在適配」的感受。經營「表象」與生活「實質」均能適配的伴侶，才能經營幸福的家庭，並帶給孩子幸福的人生。

一、相互吸引，認同欣賞

男歡女愛、親密的性行為，是人類情慾需求，也是「人之所以為人」的一部分，所謂「人之大慾，存焉」。最近年輕人流行一夜情、同居，在一起而不見得要結婚、成家、生孩子。新的人類「性文化」多元複雜，偏態與常軌並存，同性結婚合法化，變性人也可以自在地生活與工作。「適配的伴侶」之衡量指標，亦應順應時代的脈絡需求，給予「實用」的界定，以順應所有人的多元價值取向。

適配的伴侶，第一個觀察指標是：相互吸引，認同欣賞。性伴侶是親密行為的互動，是你儂我儂的彼此關照，它的基礎要彼此喜愛對方，有相互吸引的因子（動能），而且彼此認識了解之後，要能認同欣賞彼此的「現在」，然後「在一起」，才是「適配伴侶」的起點。「被吸引」就「在一起」，沒有認識了解、沒有認同欣賞的歷程，是具有風險的「性伴侶」，

與「適配的伴侶」不同。

二、性格雷同，能力相若

適配的伴侶，第二個觀察指標是：性格雷同，能力相若。伴侶成家，再以家庭為中心，布建每一個人的「人際關係」。「人際關係」會「系統重組」，伴侶兩人要「在家」一起生活，除了「性關係」的親密行為外，有食、衣、住、行、育、樂，出外努力工作賺錢，回家共同養育孩子，生活、做事、人際都要一起共同面對，有雷同的性格及核心價值觀，觀點看法與做事要領較會一致，也才能「同心協力，一起奮鬥」，家務瑣事才可以減少「磨擦吵鬧」。

能力相若也是伴侶適配的另一個要件，廣義的能力包括下列四種：(1)知識力：大致以學歷及學力代表知識力，伴侶知識力相若，話題內容交融度高；(2)執行力：做事達標的能力相若，較能彼此支援，共同創價；(3)融通力：圓融有度的能力相若，彼此相知、相惜、共鳴的程度最高；(4)性能力：伴侶彼此的性需求與滿足能力相若，是適配幸福的基石。

三、需求相依，品味一致

適配的伴侶，第三個觀察指標是：需求相依，品味一致。人類的共同需求，人文心理學家馬斯洛（Maslow）論述得最好，其需求層次理論廣泛地被全世界學術界所採用。馬斯洛認為人的需求可劃分為下列五個層次：(1)生理的需求（如說話、吸吮、吃飯、行動、性）；(2)安全的需求（如生命、生活、工作、民主）；(3)愛與隸屬的需求（如家庭、學校、工作單位、任務組織）；(4)尊榮的需求（如創價、共鳴、欣賞、肯定）；(5)自我實現的需求（理想與現實吻合）。五大類的需求由下向上發展，每一個人都同時並存，但每一個人在意的「需求焦點」都不會完全一樣。伴侶兩人成家，

以家庭為基地的各種需求，必須相互「依存」、共同「經營」，依存程度愈高，兩人行為愈密切，愈為適配。

家庭生活是「柴、米、油、鹽、醬、醋、茶」及「食、衣、住、行、育、樂」，再搭配伴侶兩人各自的「事業」，前述五大需求內涵，就會重組為「共同的」及「個殊的」想法，例如：兩個人共同重視「愛與隸屬的需求」，但女的更要「尊榮的需求」，而男的更需要「自我實現的需求」。共同中有個殊稱為「品味」，「需求相依，品味一致」的伴侶，是高度適配的伴侶。

四、互尊互敬，幸福永續

適配的伴侶，第四個觀察指標是：互尊互敬，幸福永續。能夠相守一生、陪伴一世的伴侶，並不容易，當代社會，正式結婚的伴侶日益減少、降低，但離婚率與再婚家庭卻日益增多，不管「婚姻關係」能夠維繫多久，伴侶正式在一起之後的「互尊互敬」，才是「幸福永續」的重要因素。中國古代的名言：「夫妻之道，相敬如賓」，雖是老掉牙的智慧，「彼此尊敬」卻是「人倫綱常」核心價值的起點，對最親密的伴侶來說，尤為重要。

「互尊互敬」是一種態度，也是一種習慣，需要伴侶兩人在家庭生活中「實踐力行」，關照下列幾個事項：(1)關照身心健康：彼此關照對方的身體及心理的健康情形，相互扶持；(2)關照事業發展：彼此關懷了解對方職場上的表現與遭遇到的挑戰或困難，交互激勵支持；(3)關照當下作為：尊重彼此的生活習慣，給予充分的自由度，對於生活上的當下決定充分尊重、關照實踐，避免各彈各的調；(4)關照人際倫常：關照彼此的親戚和朋友關係之維護，並交互支持擴展新的人際脈絡。「互尊互敬，幸福永續」是「適配伴侶」的觀察指標，同時也是適配經營的重要法寶。

第四節　適配的職位

人生的第四個適配，是「職位」的適配，也就是「能力」與「職務」吻合：能力強的人就任高位的職務，讓其能力得以充分施展發揮；能力中弱的人擔任適合其表現的中低職位；避免高才低就，抑鬱寡歡，也避免低才高就，辛苦無能。「適配的職位」是人類社會和平和諧的基礎，也是百業興隆、優質文化的根本。適配的職位有時是自然發展而來的，所謂「才俊得所」，有時卻是自己決定的，自己最了解自己的「能力」，每一個人都應該為自己找到、爭取到最適配的職位。最適配的職位具有四大特質：人盡其才的職位、才盡其用的職位、自我實現的職位及智慧資本的職位。

一、人盡其才的職位

孫文先生被尊稱為國父，因為他領導革命推翻滿清政府，建立民國，在革命尚未開展之前，孫文先生曾寫了一封書信給當時的滿清大臣李鴻章，說明他的「治國理念」，這就是流傳千古的「上李鴻章書」，書中提出了四句名言：人盡其才、地盡其利、物盡其用、貨暢其流。用最白話的說法是：一個國家的人、地、物、貨都適得其所，得到最好的位子，發揮其應有的功能，國家必然發達興旺。人盡其才的職位，就是「適配的職位」。

「人盡其才」的職位要從下列四個指標觀察：(1)自己意願的職位：自己想要的職位，是主觀「適配」的職位，自己才會快樂，能夠盡情奉獻，努力發揮；(2)能力勝任的職位：每一個職位都有其核心任務，愈高的職位，任務難度愈高，能力勝任者得之，才是「適配」；(3)專長發揮的職位：得到這個職位後，最適合自己的專長發揮，擴大自己對組織整體貢獻的能量，就是適配的職位；(4)最大貢獻的職位：就一個公司組織而言，每位員工的職位配置，都能人盡其才，每一個成員都能為公司產出最大貢獻，提高競

爭實力，就是「適配的職位」，也就是「個人能力」與「職位任務」完整適配。

二、才盡其用的職位

人盡其才的職位，是指「職位任務」適合人的「能力專長」。才盡其用的職位，是指「職位功能」，能讓「能力專長」發揮得淋漓盡致。才盡其用是「職位適配」之後的「積極經營」，有不少的人找到了「能力」適配的「職位」，但消極任事，得過且過，坐領高薪，貢獻與待遇並不適配。才盡其用的職位，不但符合「人盡其才」的適配，還反映「充分發揮才能」的適配，對個人及組織才能產出最大價值。

以作者的經歷來說明這兩者之區別，或許是一個好的範例。作者在教育行政高考及格後，曾在教育部任職十九年，後十年的職位升至「組主任」（科長）及「專門委員」（簡任十一職等），這個職位讓作者有機會策訂六個國家層級的「教育計畫」，充分發揮個人能力與專長貢獻，因此這兩個職位就是「人盡其才的職位」。之後，作者經由在職進修，取得教育學博士學位之後，有機會返回母校（國立臺北教育大學）擔任專任教授，這個職位讓作者有機會教導數千名以上學生（博士、碩士、學士及校長、主任），學會策訂優質的教育計畫，並指導超過二百位以上的研究生，順利完成學位論文，取得博士學位（三十位以上）、碩士學位（二百位以上），個人的專長貢獻，發揮得頗為到位。「大學教授」這個職位，就是「才盡其用的職位」。

三、自我實現的職位

自我實現的職位，是指任職的職位可以充分施展理想抱負的職位，「理想抱負」與「現實成就」吻合適配，就是自我實現。大部分的人對於自我

實現都採「一次性」、「終身性」的觀點，認為理想當總統的人，最後真的當上總統了，才叫自我實現；自己想當教師、教授、醫師、律師、工程師，當上了就是自我實現。作者採用「階段性」、「生活性」及「累增性」的觀點來詮釋自我實現，凡是完成了生命事業的階段任務就是自我實現，每天生活日有所進、有質感就是自我實現，階段性、生活性的自我實現，可以累增成為終身志業目標的自我實現，並獲得自己最「適配的職位」。因此，在生涯發展中，「階段性」與「終極性」的職位，只要適合個人施展其理想抱負的，都是「自我實現的職位」，同時也是「適配的職位」。

四、智慧資本的職位

智慧資本的職位，是指任職的職位確實可以為組織單位產出真正的「動能貢獻」，成為有效智慧資本的職位。所有的組織單位之職務，都應該為自己的單位產生「動能貢獻」，符合組織單位預定的「任務目標」。但有的人擔任了同樣的職位，「動能貢獻」小於或等於「組織」的期望；有的人的「動能貢獻」卻能超越「組織」既定的期望，開創更高、更大的價值，而成為名符其實的「有效智慧資本」。「智慧資本」原本係管理學中「人力資源管理」的用詞，是指組織成員的「核心能力」經由「價值認同」，會為組織帶來強烈的「智慧資本」，因為同仁「有能力」又「願意做」，是公司本身最重要的「資產」。「智慧資本」一詞頗具「教育本質」與「知識經濟時代訴求」，作者已指導多位博士生使用在教育領域上之研究，已有三位完成以「智慧資本論」為主題的博士論文，本書則第一次使用在「適配的職位」上，期望大家都能找到「智慧資本的職位」（指該職位能讓自己對服務的單位產生最大的動能貢獻，自己是服務單位的有效智慧資本）。

　　本章探討人生的四大適配：教育的適配、事業的適配、伴侶的適配及職位的適配，四者的關係如圖 5-1 所示。「適配的教育」是其他三大適配的基石，其關鍵指標在：順性揚才開潛能，優勢智能明朗化；「適配的事業」，其關鍵指標在：工作性質合性向，專門專業又專長；「適配的伴侶」，其關鍵指標在：條件能力相登對，品味一致幸福多；「適配的職位」，其關鍵指標在：自我實現的職位，智慧資本的職位。經營人生的四大適配可以邁向適配幸福人生，家長及教師都要示範給孩子看。

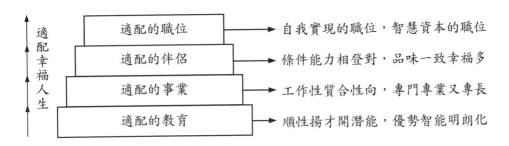

圖 5-1　人生四大適配的關係與內涵

第六章　自我實現說
〈成就人的尊嚴價值〉

目前，「自我實現」一詞已被人們廣泛使用，此與人文心理學家馬斯洛（Maslow）關係密切。在他出版的《動機與人格》（*Motivation and Personality*）一書中，發表了需求層次理論（Maslow, 1954），將自我實現（self-actualization）列為人類五大需求（生理需求、安全需求、愛與隸屬需求、尊榮需求及自我實現需求）的最高層次需求，從此，「自我實現」成為二十世紀「教育學」及「人格心理學」交織討論的共同願景。教育最大的價值，在促成每一個人的自我實現。自我實現係指人的「心願理想」與「現實成就」吻合適配，適用於每一個個人（如自己、孩子、父母、教師、校長），也適用於每一個組織（如家庭、學校、處室、專業社群）。個人及組織單位都能充分自我實現，是學校教育及家庭教育的共同目標與願景。

本章分四節介紹說明：第一節「自我實現說的教育意涵」，從核心主張「自我實現是人之所以為人的價值需求」開始，說明學生（孩子）、父母、家庭、教師、學校自我實現的深層意涵；第二節「父母與家庭的自我實現」，說明父母及家庭自我實現的觀察指標及實踐要領；第三節「孩子與學校的自我實現」，闡述孩子及其就讀教育機構自我實現的觀察指標與實際作為；第四節「自我實現說的經營要領」，統整論述家長協助孩子經營自我實現的焦點技術。

第一節　自我實現說的教育意涵

「自我實現說」在教育領域上應用的深淺程度，差異頗大，最主要的原因在於教師及家長沒有深入了解其意涵與主要操作技術。為補強此一弱點，作者在出版《校長學：成人旺校九論》（鄭崇趁，2013）一書時，就將「自我實現論〈成就人的尊嚴價值〉」列為第一章，把「自我實現」的「操作型定義」以圖 6-1 來表示。

「校長學」是專為校長或預備擔任校長者所撰寫，校長的角色責任在「成就人」與「旺學校」，成就人的部分要幫助自己、幹部、教師及學生充分自我實現，追求自我實現的方法要從生命願景、教育志業及自我效能

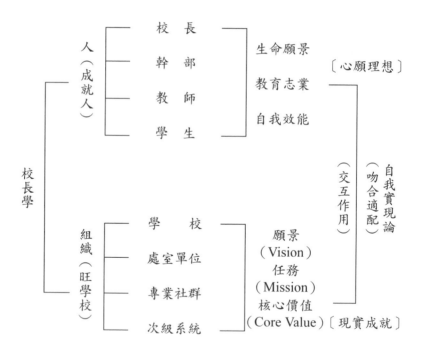

圖 6-1　自我實現論的操作型定義

資料來源：修改自鄭崇趁（2013，頁 21）

著力經營。旺學校的部分,則在暢旺「整個學校」及其次級單位(如處室單位、專業社群、次級系統)的自我實現,從型塑「願景」(Vision)、「任務」(Mission)、「核心價值」(Core Value)並領導實踐,讓學校的所有人與組織的任務目標一致,教育人員的理想抱負都能在學校中自我實現,是「校長學」最高的經營旨趣。

本書《家長教育學》,是專為家長及擔任學校的志工們所撰寫。自我實現的「人」,以父母、孩子、兄弟姊妹及志工自己為對象;自我實現的「組織」,則以家庭、學校、志工團、家長會及分組志工為對象。「個人」及「組織群體」都有自我實現的感覺,都知道如何操作「自我實現」的重要事項,增益孩子、家庭及學校志工隊的自我實現,是本章的核心意涵。

◢ 一、自我實現是「人之所以為人」的價值需求

自我實現最簡單的解釋是「理想」與「現實」吻合,也就是「每個人想要的生活及成就,真的就在當前發生了」。孩子考試想考一百分,結果真的考了一百分,這就是自我實現;孩子想當模範生,結果真的被選為班上的「模範生」(甚至是學校的「模範生」),這也是自我實現;家裡想買名牌轎車,真的買了,也是自我實現;父母事業創價的額度希望達到年收入一百萬元以上,後來達到了,也是自我實現;孩子升學到自己想念的高中或大學,找到了心目中想要的工作等,都是自我實現。因此,自我實現可大可小,包括「一次性」或「終身性」的自我實現,例如:當上教師、校長、醫師、律師、工程師、教授、部長、院長、總統等。也可以是「階段性」、「生活性」及「累增性」的自我實現,例如:公務員的「科員→科長→司長」、教育人員的「教師→主任→校長」,或者如學生的學習,每天「有質感(收穫)→日有所進→成就豐厚」,統統可以是自我實現。「自我實現」賦予每一個人生活的意義、價值、尊嚴,成就「人之所以為

人」的存在價值。

　　自我實現具有「相對主觀」的性質，人因為「背景條件」及「理想抱負」不一樣，自己的人生目標、難度與需求滿足感差異頗大，很多人自覺「自我實現」，別人卻「不以為然」，也有很多人身陷各種挑戰衝擊，痛苦不堪、勉強度日，卻也有人是自得其樂、樂此不疲，處在自我實現的感覺之中。馬斯洛（Maslow）將「自我實現」列為最高層次的需求，主要的意涵有三：(1)自我實現的需求是進階發展而來的需求：在五大需求中，「生理需求」及「安全需求」是基本需求，每一個人都要優先滿足；「愛與隸屬需求」及「尊榮需求」是中介銜接需求，具有滿足之有無及程度上之差異；「自我實現需求」為最高階，是進階發展而來，其自我設定的難度及各自的需求比值都不同；(2)自我實現的需求與社會階層及知識量攸關：家庭經濟及家人的知識能量，是決定自我實現「取向」與「質量」的關鍵；(3)自我實現的需求是人生價值的需求：每一個人都在寫自己的歷史，追求生命的自我實現，以賦予「人之所以為人」的價值與尊嚴。人生百態，共存於世，每個人都要自我實現，每個人都具有意義、價值、尊嚴。

■ 二、「人」與「組織」都需要自我實現

　　自我實現是「個人的」，同時也是「組織的」。因為人必須存活在不同的相屬系統「群組」之中，家庭、學校、班級、公司、國家都是每個人必須隸屬的組織。個人的自我實現同時也促成組織整體的自我實現，才具有真實的價值與尊嚴，如若人只能「獨善其身」，而無法對自己隸屬的「母體」有所貢獻，總是遺憾。

　　「一般人」的自我實現，有下列四個觀察指標：(1)生活健康安全：生理及安全為基本需求，生活習慣、生理成長及健康安全是自我實現的基石；(2)知識學歷適配：潛能開發與知識能力達到適配的情境，就是知識力的自

我實現；(3)職涯創價滿意：工作性質及薪資待遇平衡，工作滿意度高，是自我實現；(4)品味風格獨特：「社會人」與「獨特人」之間發展出個殊的品味風格，更是自我實現。「組織」的自我實現，也有下列四個觀察指標：(1)達成年度生產目標：每一單位組織既定任務的達成，就是自我實現；(2)展現積極合作文化：組織同仁的合作共榮，就是自我實現；(3)經營運作標準程序：核心業務之運作嚴守實踐「標準作業程序」（S.O.P.），為顧客提供最具價值的服務，也是自我實現；(4)善盡社會正義責任：關懷照顧弱勢族群，增益社會公平正義，更是自我實現。

■ 三、「教育」及「教養」都在協助孩子自我實現

孩子從小到大，需要的是家庭的「養育」及學校的「教育」。養育提供孩子食、衣、住、行、育、樂的基本生活需求，教育提供孩子有秩序的學習；養育協助孩子邁向「成熟人」，教育協助孩子成為「知識人」；兩者合一，調配養育及教育內涵，兼顧「社會人」、「獨特人」、「價值人」及「永續人」的全人發展。在家庭的「養育」過程中，父母親也同時關照孩子的「教育」問題，就成為「教養」孩子，父母親的教育及教養孩子都在協助孩子健康成長，並且自我實現（依據孩子自己想要的理想抱負成長發展）。

從教育及教養的立場，孩子是否有自我實現，可以經由下列四個指標觀察：(1)快樂生活：在家庭、在學校都快樂生活，適應而豐富；(2)喜歡學習：喜歡學校的課程與教育活動，家庭作業按時完成，樂在學習沒困擾；(3)人際和諧：與同學、教師、兄弟姊妹、父母的相處愉悅、溝通順暢，彼此認同共榮、親密依存；(4)服務助人：孩子樂於為同學及社區朋友服務，有行善的好習慣。快樂生活、喜歡學習、人際和諧、服務助人就是孩子自我實現的指標。

四、教師及父母要示範自己的自我實現

大教育家福祿貝爾（Frobel）曾有一句流傳千古的名言：「教育無它，唯愛與榜樣。」父母及教師愛孩子、愛學生是天經地義的「天職」，我們本來就應該「愛護」、「關照」自己的孩子及自己的學生，但更重要的是我們要「做給孩子看」，提供好的示範給孩子及學生模仿學習，父母及教師的榜樣，更是學生（孩子）有效學習、健康成長的關鍵。孩子在學習成長的歷程中有否（能否）自我實現，教師及父母的示範更為重要。

教師及父母在學生（孩子）面前要示範下列幾個事項的自我實現：(1)喜愛本業：教師要喜愛教育本業，父母要喜愛自己選擇的行業，深耕本業是自我實現的象徵；(2)樂於工作：專注於工作，工作中有樂趣，勝任愉快，完成工作任務，每天都在自我實現；(3)認真生活：父母及教師也要有生活的好習慣及品味風格的生活實踐，提供給孩子們模仿學習；(4)認同成就：適時的向學生及孩子分享自己的成就與貢獻，詮釋人生的績效價值及自我實現的深層意涵。

第二節　父母與家庭的自我實現

有自我實現的父母與家庭，才能為孩子提供常態水準以上的養育及教育，孩子才能健康成長，才能自我實現。家庭是人參與「各層次組織」的基本單位，從孩子本身來看「家庭」，根本無法選擇：他（她）的父母是固定的，就是生他、養他、教育他的人；家也是固定的，孩子和自己的父母、親人一起住在家裡頭，也不能自己選擇。是以「父母本身」及「家庭運作」能否自我實現，攸關孩子的支持鷹架，鷹架本身的支持度為何，孩子只能聽天由命，無法自主選擇。父母及家庭如何自我實現，為人父母者

可從下列幾個事項著力經營。

一、示範專長工作事業

父母親本身一定要有工作，工作的待遇才能拿回家養育全家大小。「工作性質」起碼要與「性向興趣」吻合適配，才能長久永續經營，對家庭來說，才足以創價平衡，維護整個家庭的常態運作。「父母有工作」對孩子來說，尚沒有達到「示範自我實現」的效果，如果父母親能發揮自己的優勢專長在工作上，讓自己的工作績效價值超越一般同事，原有的工作逐漸轉變為父母一輩子投入經營的事業，讓事業的創價提升自己的重要性，改善家庭生活品質，也對組織及社會國家產生動能貢獻，就是父母及家庭自我實現的觀察指標。父母要示範用自己的專長優勢經營工作及事業。

二、示範承擔家庭責任

孩子在尚未完全成熟，尚未踏入職場工作以前，都需要家庭的養育與教育，都需要靠父母親的關照與支持，提供其基本的食、衣、住、行，滿足其生理、安全及愛與隸屬的需求。家庭（父母）對於孩子而言，是有責任的，自我實現的家庭就是父母有承擔責任的家庭。父母親應示範承擔下列幾項家庭責任：(1)可以休息的家：孩子在學校的學習充滿挑戰，身心鍛鍊辛苦，需要適度休息調節，父母親為孩子提供一個安全、和諧、可以休息的家，是最基本的責任；(2)愛與關照的家：家是溫暖的、彼此關照的、親密有愛的，回到家的孩子，得以享受愛與關照的天倫之樂；(3)支持激勵的家：孩子的學習之路充滿挑戰，孩子在邁向成熟的轉型階段往往徬徨，都需要父母及家庭的支持與激勵，孩子才會有永續的動能；(4)修補能量的家：家也是孩子的避風港、補給站，孩子遇到挫折時需要回家修補，重新出發，孩子適應困難更需要家人的關照，一起面對，給予新力，跳脫瓶頸。

能夠示範這四大家庭責任，就是示範自我實現的家。

三、示範經營適配家庭

對孩子而言，孩子沒有機會選擇家庭，對每個孩子來說，家庭都是天生的、命定的。每一個家庭的背景條件差異很大，每一個父母親能夠為孩子提供的「實體資源」，也落差頗大，例如：「貧富差距」、「社會階層」、「組織文化」都不是身為孩子父母者，可以完全掌控、自主經營。我們不一定能夠提供孩子相對富裕的家庭，但我們可以從「家」的「自我實現」方向，示範經營一個「適配家庭」，提供給孩子適配幸福。經營適配家庭，要讓家庭符合下列四大指標：(1)創價平衡的家庭：家庭的總收入與總支出是平衡的，創價平衡的家庭才安定、安全、健康，可以永續發展；(2)努力快樂的家庭：父母親及兄弟姊妹都努力經營本業，努力學習，能勝任愉快，也不致於用力過猛，負荷過重，影響健康；(3)積極活力的家庭：家庭內人人彼此關照支持、充滿活力、積極努力，是一個具有效能與效率的家庭；(4)都想回家的家庭：家人平時在外工作與學習，每天傍晚大家都會想要趕快回家，因為家是休息站、補給站，溫暖的窩。

四、示範優質人倫綱常

物有物理、事有事理、人有人倫，時空也有律則，每一個人活在世上，都是在不同的時空中，拿物做事。人必須與他人合作，共同把組織任務完成，是以我們要學習「物理知識」、「事理要領」、「人倫綱常」及「時空律則」，尤其「人倫綱常」就是人與人相處互動的人際關係，父母在家要示範優質的人際關係，提供孩子模仿學習「如何與人相處」。臺語有兩句俗諺：「嫁尪看家勢，娶某看娘媽」，意思是：要嫁的對象，要選擇有錢有勢的人家嫁，至少資產豐厚、生活條件好，會比較幸福；要娶媳婦時，

就要看媳婦媽媽的教養，是否有優質的人際關係，優質人際關係養育出來的女孩比較可以旺夫家。優質的人際關係可以用「新五倫及其核心價值」（鄭崇趁，2014）作範例：第一倫「家人關係」：親密、關照、依存；第二倫「同儕關係」：認同、合作、共榮；第三倫「師生關係」：責任、創新、智慧；第四倫「主雇關係」：專業、傳承、創價；第五倫「群己關係」：包容、尊重、博愛。示範優質的人倫綱常，更能夠代表父母及家庭的自我實現；自我實現的家庭，必然有優質的人倫綱常。

第三節　孩子與學校的自我實現

孩子主要的生活場域，除了家庭就是學校，我們要幫助自己的孩子自我實現，除了「父母及家庭」的層面要自我實現外，也期待「學生及學校」的層面也能自我實現，由「組織環境」（家庭、學校）的自我實現及「密切關係人」（父母、教師、同學）的自我實現，來帶動促成孩子的自我實現。荀子有段話講得最為貼切：「蓬生麻中，不扶自直」，父母及師長、同學都示範了自我實現，孩子的自我實現也就不遠了。孩子就讀學校的自我實現，可以從下列四大指標觀察。

一、有特色品牌的學校

學校的自我實現不太容易詮釋，有太多人有不同的看法。部分學者主張，基本教育階段（一至十二年級）政府法定的教育目標是「養成德、智、體、群、美五育均衡發展之健全國民」，學校只要把常態化教育辦好，教師按課表教學，學生快樂勤學，就是學校的自我實現，甚至認為學校辦學就是要五育均衡發展，不必再有所謂的學校特色或特色學校。但作者認為，學校的自我實現指的是學校不但已經辦好常態教育，還要能夠在常態教育

之上，經營出學校的教育特色，是一所具有特色品牌的學校，能夠以學校的特色教育吸引家長把孩子送來學校就讀，學校才能夠永續經營，才是一個自我實現的學校。

有特色品牌的學校必須符合下列四個條件：(1)教育性：學校的特色主題須以學生的學習為主體；(2)課程化：學校的特色不只停留在活動或競賽展演，是有系列課程及教學主題進行系列教學；(3)普及化：學校師生有80%以上的人員都參與了這一系列校本課程的教與學，而不只是少數的精英代表團隊；(4)卓越性：特色教育成果獲獎無數，經媒體大幅報導或他校人員來訪無數，是家長、學生、教師、社區都認同的學校特色。四大條件到位，就是有特色品牌的學校，也就是學校的自我實現。

二、有卓越領導的校長

學校的自我實現，就整體組織的層面而言，是指學校有教育特色品牌；就學校中的「人員」層面而言，是指學校中的「校長」、「教師」及「學生」都要自我實現，是以要有「卓越領導的校長」、要有「傑出專業的教師」，也要有「專長亮點的學生」。觀察校長本人的自我實現，要從校長經營學校更深層的下列五個指標來檢核：(1)樂為校長，勝任愉快：自己的學養能力適合扮演校長的角色責任；(2)理想抱負，當下實踐：自己的理想理念，能夠在自己領導的學校中實踐；(3)教師學生的自我實現：校內的幹部、教師、學生也都能高度自我實現，亮點爭輝；(4)品質績效獲致肯定：學校的教育品質及成果績效，學生及家長滿意；(5)帶動教育，進步發展：能夠型塑學校經營典範，帶動整體教育事業的進步發展（鄭崇趁，2013，頁26）。

三、有傑出專業的教師

校長激勵教師追求自我實現的作為，可參照下列五種策略方法：(1)定期省思策略：按月（逐步拉長為按季或每半年）提醒教師省思自己的生命願景、教育志業、教育初心及當前的實踐程度，是否有自我實現的感覺；(2)目標設定策略：將理想抱負與生命願景轉化成可達成的事業工作目標，並設定完成期限，例如：幾年內完成碩士或博士學位，何時取得領域教學認證，何時接受教師評鑑與認證，每年或兩年內要完成何種著作或教材研發；(3)計畫執行策略：系統思考教師的工作負擔、教學品質、專業成長進修、課業壓力及家庭生活品質，策訂生涯志業實施計畫，並依項目及期程實踐篤行；(4)產品績效策略：協助教師有效知識管理，將教師教學、研究、輔導服務之成果績效，轉化成具體的著作、教材、研究、成果專輯等可供檢核的教育產品，增進自我實現程度檢核的具體化；(5)價值認同策略：尤其是奉獻於協助弱勢族群學生教育工作的教師，不容易被看到表象績效；校長應常在公眾的典禮場合，認同這些教師的大愛表現，賦予尊貴的教育價值，引導教師理想抱負及自我實現的價值取向（引自鄭崇趁，2013，頁32）。

四、有專長亮點的學生

學生是學校教育的「產品」，但學生是「人」，觀察其教育品質與自我實現程度，與「物」不同，重在學習歷程的品質與學生自身的感受，故可以從下列五大指標加以了解：(1)樂在學習：學生喜歡上學，喜歡學校安排的課程及教育活動；(2)知的雀躍：學生學習有所得，充滿欣喜，常說「我知道了」；(3)情的感動：學習歷程帶給學生溫暖、支持、關照，具有情的共鳴及感動；(4)意的滋長：情意滋長，責任與毅力提升，邁向大仁、大智、

大勇的胸懷；(5)滿意學習：學習的成果自己是滿意的，符合自己性向興趣的學習，也符合學生各自的抱負水準（鄭崇趁，2013，頁 34）。學校有特色品牌、校長有卓越領導、教師有傑出專業、學生有專長亮點，就是孩子與學校的自我實現。

第四節　自我實現說的經營要領

　　本章前三節分別說明「自我實現說的教育意涵」、「父母與家庭的自我實現」及「孩子與學校的自我實現」，對於「自我實現」的定義，如何應用在父母、孩子、教師、校長、學生身上，以及「家庭」與「學校」兩大系統組織中，有著不同的觀察指標。本節接續以較為統整的觀點，闡明家長運用「自我實現說」來幫助孩子（學生）的經營要領，包括下列四大重點：「有秩序、好習慣」的生活、「分階段、定目標」的學習、「愛家人、幫同學」的服務，以及「擔責任、能實踐」的性格。簡要說明如次。

一、「有秩序、好習慣」的生活

　　自我實現就是「過自己想要，並且做得到」的生活。在成長中的孩子，「想要的」生活往往是父母教的、父母給的，甚至是父母要的、父母做得到的。孩子的生活集中在學習、休閒娛樂、休息及服務（家庭及學校的工作），談不上有自己的「理想抱負」。在成長中的孩子，培養其「有秩序、好習慣」地過每一天的生活，就是孩子個人的自我實現。

　　孩子要生活得有效率，每天都能自我實現，父母應協助孩子經營下列幾項生活的好習慣，過有秩序的人生：(1)作息規律的好習慣：每天的起床、上學、回家、休閒、寫功課、睡覺、三餐定時，都有明確秩序與時間規劃，並落實實踐；(2)專注勤學的好習慣：孩子絕大部分的時間在學校就學，要

養成專注勤學的好習慣，讓每一天的學習都有滿意之成果；(3)動靜平衡的好習慣：運動休閒與專注學習時段要平衡規劃與實踐，讓身心之心智效能常處於高峰狀態；(4)孕育專長的好習慣：個人的專長發揮在學習上與職場上都會是優勢亮點，每一個人的潛在智能不同，專長需要從下往上孕育。「有秩序、好習慣」的生活，是孩子自我實現的基點。

二、「分階段、定目標」的學習

孩子進入學校，從小學讀到大學，每天都在學習，「學習」是孩子發展階段的軸心，學習的「成果」與「預期理想」吻合，就是學習生涯的自我實現。若我們能夠協助孩子，在每天的學習生活中，都學習到明確的知識、技能與情意，每天的學習都有「質感」，學習之路充滿發現、創新、快樂及滿意，此時我們就是在協助孩子學習上的自我實現。

孩子讀到國中及高中的階段，由於「青春期」併肩而來，孩子的學習之路會布滿荊棘與挑戰，為人父母者如果能夠順勢教給孩子「如何面對青春期」，以及相對正面的觀念態度與健康的行為習慣，或許亦可輔助孩子「穩住陣腳」，不至於偏差太過、傷及身心。這一階段最佳的協助方法是，輔助孩子規劃執行「分階段、定目標」的學習，其具體的操作方法可參照下列幾個事項：(1)設定每天定時「學習」的基本時數（如二至三小時）及明確時段；(2)依週（配合學校教育進程）訂定每週的學習目標及學習成果檢核事項；(3)按月設定「精熟學習」學科主題單元之「知識」及「技術」，不但要學會主題知識的意涵，也要學會操作這些知識內涵的核心技術，成為帶得走的能力。階段任務目標的達成（精熟到位），就是孩子學習上的自我實現，孩子階段學習的自我實現有利於後續學習。

▇ 三、「愛家人、幫同學」的服務

「服務學習」已經逐漸成為各級學校的正式課程，「服務中學習」、「學習中服務」經常出現在孩子的口中，家長及志工可順勢而為，藉由孩子在家庭與學校的適當時機，規劃「愛家人及幫同學」的助人服務事項，讓孩子「有事做、不無聊」，讓孩子「做好事、關愛人」，以正向助人的服務行為填滿孩子大部分的生活空隙，有助於孩子健康成長，避免流於偏態發展，以及誤染偏差行為（如飆車、嗜酒、吸毒、霸凌）。「愛家人、幫同學」的助人服務行為，是孩子情意上的自我實現，家長及志工平時就要提供給孩子機會。

「愛家人、幫同學」的服務不太可能「自然形成」或「從天而降」，仍然要「刻意引導」及進行必要的「教與學」。家長得嘗試下列幾項作法：(1)定期問安與關照：如早上及放學回家見到父母，一定要問安，出入家門要彼此關照；(2)日行一善：每天為家裡做一件善事（如洗碗、吸塵、澆花、購物等），每天也為同學做一件善事（如收發作業簿、公差服務、訂書收錢、代購便當、整理教室等）；(3)思考擬定每年的「助人服務計畫」：藉由計畫性助人服務事項之執行，實踐「愛家人、幫同學」的有情有義行為，達成情意滋長的自我實現。

▇ 四、「擔責任、能實踐」的性格

我們期待孩子長大成人之後，是一個「責任公民」，能夠承擔責任，願意為自己、為家庭、為老闆、為國家和社會付出，善盡本分職責，是一個有產能、有動能貢獻的責任公民。對孩子本身來說，能充分自我實現，對他（她）隸屬的組織來說，是一個有效智慧資本。「責任公民」要有「擔責任、能實踐」的性格，也需要模仿、學習，並有機會練習。孩子在學校

中會向老師及同學模仿學習，在家庭裡會向父母及兄弟姊妹模仿學習。

　　責任公民的性格要從日常生活中提供下列幾項楷模示範著力：(1)談價值：父母平時要多與孩子講話，對話的內容要談一些人生的意義與價值，例如：為什麼要這般辛勤工作，父母想帶給家庭及孩子的貢獻是什麼；(2)擔責任：家人住在一起，家有家的功能及必須要完成的家務，在學校學習或職場工作，都必須與同學及同事合作，共同把該做的事完成，自己多做，他人就可以少做，他人多做，自己就可以少做；父母要示範「承擔適當責任績效」，並給孩子練習主動承擔適當責任（工作）的機會；(3)重承諾：責任承擔需要孩子「願意」，他才會真的去做，也才有意義及價值，父母要輔導孩子「重承諾」；不輕易承諾，但有承諾，一定做到；(4)能實踐：「願意」做事，並且把事「做好」，願意學習，並且學習到位，「願意」助人，並且真的「日行一善」，這叫「實踐篤行」的習慣與能力，父母有責任示範培養孩子這樣的習慣與能力。「談價值→擔責任→重承諾→能實踐」，是責任公民的重要內涵，也是孩子自我實現的最核心指標。

第七章　智慧資本說

〈開展人的動能貢獻〉

　　「智慧資本」一詞，來自管理學的研究，是管理學中「人力資源管理」的重要名詞。管理學部分學者（如 Roos, Roos, Dragonetti, & Edvinsson, 1998）將企業資本（總價值）分為兩類：「傳統資本」與「智慧資本」。傳統資本包括「實體資本」及「貨幣資本」；智慧資本包括「人力資本」、「關係資本」及「結構資本」。其間之關係如圖 7-1 所示。

　　「實體資本」指的是企業體的土地、建築等有形資產；「貨幣資本」指的是企業體每年的預算與投資額度，是經營的資本；「人力資本」指的是組織成員的核心能力，也就是掌握公司核心技術的程度；「關係資本」指的是公司成員之間的組織氣氛，能否彼此認同、合作、共榮；「結構資

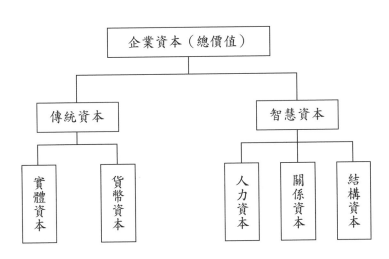

圖 7-1　企業資本的架構

資料來源：修改自鄭崇趁（2013，頁 46）；Roos 等人（1998）

本」指的是整個公司人力的編制系統，能否發揮人盡其才、才盡其用。因此，「智慧資本」指的是組織體之內的潛在人力資源，及其與組織結構、人際互動關係交互作用、整合發展的潛在無形資產，此一潛在無形資產是組織創價的動能與起點。潛藏未發（有能力未充分使用）是靜態的智慧資本，如若被充分激發，則對組織產生超越本分的動能貢獻，此稱為有效的智慧資本（參考鄭崇趁，2013，頁45-70；2014，頁195-208）。

本章分四節說明：第一節「智慧資本說的教育意涵」，從教育的觀點，闡述智慧資本的本質及其對人的意涵；第二節「厚植父母及家庭的核心能力」，因為父母的核心能力是經營事業的深層基礎，說明其經營強化要領；第三節「凝聚家人與學校的教育認同」，論述家人配合學校教育所做的價值認同，對孩子的教育幫助最大；第四節「智慧資本說的經營要領」，綜合敘述家長如何幫助孩子（學生）成為有效智慧資本。

第一節　智慧資本說的教育意涵

智慧資本在國內教育領域的研究有：楊德遠（2011），探討學校智慧資本的價值流動與轉換模式；鄭崇趁（2011，2013），運用智慧資本理論規劃教師評鑑及校長評鑑，並在《校長學：成人旺校九論》一書中主張「智慧資本論」，強調校長強化同仁核心能力，轉動價值認同，專業示範實踐力行，才能激發人的動能貢獻，成為有效智慧資本；羅英豪（2013），探討學校智慧資本、創新經營與學校競爭力的關係；黃增川（2014），運用智慧資本理論建構校長辦學績效的評鑑指標。國內教育領域的研究者，承續管理學者的主張，多將「智慧資本」的核心元素界定在「人的核心能力」及其對「組織的價值認同程度」之上。用最通俗的話語來描述，就是「有能力」又「願意做」的人力資源，才是組織的有效智慧資本。

作者在《教師學：鐸聲五曲》（鄭崇趁，2014）一書中亦列專章，探討教師的智慧資本，認為對學校教師而言，「有能力、有專長、願意做、能創價」就是教師的有效智慧資本。本書書名為《家長教育學：「順性揚才」一路發》，即是從孩子身上及家長身上來看「智慧資本說」的教育意涵，歸納為下列四項進行說明。

一、教育「有能力」的人

在管理學上，智慧資本包括人力資本、關係資本及結構資本，其中的「人力資本」專指「組織成員中能力的程度及總量」，公司成員本身「核心能力愈強」，「對於組織的核心技術愈熟練」愈好，愈能夠對公司有貢獻。從家庭教育的立場來看「家庭」的人力資源亦然，經營家庭的人力資源就是父母親及孩子，教育在教「有能力」的父母親，父母親才「有能力」經營一個家，有能力的父母親，要結合學校教育與家庭教育，將孩子教育成「有能力」的人。父母親經由教育成為有能力的人，就是有效智慧資本的最重要基石（父母及家庭的核心能力將在本章第二節說明）。

二、教育「願意做」的人

在職場上，由於員工眾多，大家都一起為老闆做事。老闆設定的每天、每週、每月的產量與品質往往是固定的，有部分員工就會藉機偷懶，藉故休息，少做一點；也有部分員工很有使命感，很積極，總是多做一點，多付出，多幫助一些有困難的同事，提早把老闆要求的「質量標準」完成，大家再休息。在這種情形下，「有能力而不一定願意做的員工」就稱之為「靜態智慧資本」，「有能力而願意做的員工」就稱之為「有效智慧資本」。所以在具有競爭性質的產業上，往往運用「單位績效責任」及「個別績效獎金制度」來激勵「有能力又願意做的員工」。

從家庭及教育的連結來看「智慧資本說」，第二義係指教育在教「有能力又願意經營家庭」的父母，也是指教育在教「有能力又喜愛家庭」的小孩。一個家庭的智慧資本就是父母與孩子，父母「有能力又願意經營家庭」就是有效智慧資本，父母本身能否成為家庭的有效智慧資本，要靠教育而來。孩子「有能力又喜歡家庭」也是有效智慧資本，仍然要靠父母及學校給他（她）的教育才能養成。

三、教育「擔責任」的人

智慧資本的教育，第三個意涵在教育「擔責任」的人。當代的社會、文明發展快速，瞬息萬變，很多人不適應。很多人在同一個組織之內，都扮演「被照顧」的角色，而不是出錢、出力、出智慧「照顧他人」的人，這是現代化的腳步太快，造成人的適應困難。臺灣的社會也進入了「後現代」，是一個「現代化」與「後現代」交織的時期。後現代的特質是：人際疏離，個性化強烈（只要我喜歡，有什麼不可以），價值多元紛歧，民主半生未熟，經濟榮景似有似無，沒有中心思想與核心價值，更沒有人願意承擔責任。作者近年來不斷強調「智慧資本說」乃鑑於當代的社會需求，我們應該透過教育，教育出「有能力」、「願意做」並且「擔責任」的人，父母親願意承擔「經營家庭」的責任，孩子願意承擔「努力學習」的責任，擔責任經營好自己的本分、本業，行有餘力，再擴大服務助人（如擔任學校家長志工），這是「智慧資本說」的第三個教育意涵：教育「擔責任」的人。

四、教育「多創價」的人

智慧資本說的第四個教育意涵，在教育「多創價」的人。當代社會對於「占位置、沒貢獻」的人稱為「米蟲」，臺語還有一句罵人的話：「生雞蛋沒有，放雞屎一大堆。」在每一個社會、每一個組織、每一個單位中，

多多少少會有「時代包袱」，會有「冗員」出現，但在進步的國家，各層級的組織系統愈綿密、愈精緻發展之後，只要在組織之內沒有貢獻的人（冗員）就會被迫離開，另外去找到自己可以被接受、有創價貢獻的工作系統。因此，每一個人都可以依據自己的專長與能力的程度，找到自己最適配的工作，永續經營，持續創價，成為自己一輩子的事業與志業。智慧資本說的教育，在教育能夠「多創價」的人，父母親能為自己、為事業、為家庭、為孩子多創價，每一個學習中的孩子，也能為自己的學習、自己的生活、自己的家庭、自己的學校多創價。「多創價」可以讓每一個人的智慧充分開展、充分發揮，造福自己，也造福周邊的人，同時也造福家庭，造福自己隸屬的各種組織（用當代創客教育的觀點來說，教師、父母、學生能夠留下多元豐富的教育產品就是教育創客，能為自己及教育創價）。

從智慧資本說看教育，學校教育及家庭教育都是在教育「有能力」的人、教育「願意做」的人、教育「擔責任」的人及教育「多創價」的人，父母親及教師要優先示範給孩子及學生看，提供好的榜樣供孩子模仿學習，父母及教師本身就要先成為有能力的人、願意做的人、擔責任的人及多創價的人，這是「智慧資本說」的四大教育意涵。

第二節　厚植父母及家庭的核心能力

作者用「能力金字塔」（如圖 7-2 所示）來解釋核心能力之來源。核心能力就是一個人的「行為表現」，而行為表現來自「個人特質」（含性向），以及每個人教育歷程中學到的「知識」（含技能）。個人特質多屬先天內涵（遺傳），知識技能則以後天學習為主（好的教育）。因此，核心能力的成因需要有好的遺傳（優質內在特質）及好的教育（提供知識技能的後天學習）（鄭崇趁，2012，頁23）。

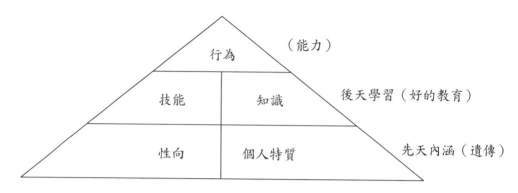

圖 7-2　能力金字塔

資料來源：修改自黃一峰（2001，頁 43）

　　作者在《教育經營學：六說、七略、八要》一書中，對於「教師」及「學生」的核心能力，有著十分明確的主張與論述（鄭崇趁，2012，頁 21-43）。教師的核心能力有八種最重要：(1)教育專業的能力；(2)關愛助人的能力；(3)課程設計的能力；(4)班級經營的能力；(5)有效教學的能力；(6)輔導學生的能力；(7)應變危機的能力；(8)研究發展的能力。其中(1)、(2)合稱為「專業力」，(3)、(4)合稱為「統合力」，(5)、(6)合稱為「執行力」，(7)、(8)合稱為「創發力」，如圖 7-3 所示。

　　「學習中的學生」之八大核心能力最重要：(1)閱讀寫作的能力；(2)數學資訊的能力；(3)通識經驗的能力；(4)專門學能的能力；(5)時空美感的能力；(6)個殊才藝的能力；(7)優質習慣的能力；(8)服務助人的能力。作者並配合大學評鑑指標，將「核心能力」與「基本素養」同時並列的要求，主張將第(1)、(2)項核心能力合稱為「學習力」，第(3)、(4)項核心能力合稱為「知識力」，第(5)、(6)項核心能力合稱為「藝能力」，第(7)、(8)項核心能

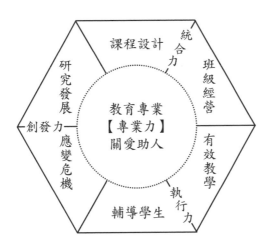

圖 7-3　教師的素養與核心能力

資料來源：鄭崇趁（2012，頁 32）

力合稱為「品格力」。學習力、知識力、藝能力、品格力四者，又稱之為「基本素養」，其間之結構關係如圖 7-4 所示。

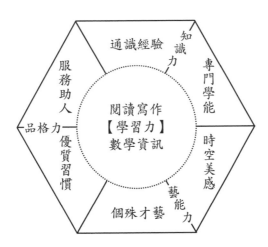

圖 7-4　學習者的基本素養與核心能力

資料來源：鄭崇趁（2012，頁 38）

　　以「家庭」為單位，家庭需要的核心關鍵力（也可稱之為核心技術）是：「親密力」、「創價力」、「經營力」及「實踐力」，這四大關鍵力都必須經由父母親的「核心能力」整合後施展出來。因此，父母親的八大核心能力是：「親密力」，包括「彼此關照的能力」及「相互依存的能力」；「創價力」，包括「專長工作的能力」及「適配發揮的能力」；「經營力」，包括「溫暖認真的能力」及「和諧擴能的能力」；「實踐力」，包括「健康生活的能力」及「創客有品的能力」。其系統結構關係如圖 7-5 所示。

　　家庭的四大關鍵力及父母的八大核心能力，其主要內涵如表 7-1 所示。

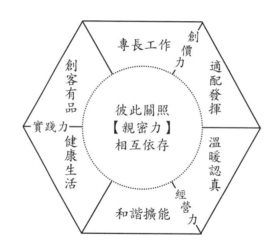

圖 7-5　家庭的關鍵力及父母的核心能力

表 7-1　家庭的四大關鍵力及父母的核心能力

家庭	父母的核心能力	
親密力	1. 彼此關照的能力 ・關照家人的身心健康與需求滿足。 ・關照家人的工作學習與成就亮點。 ・關照家人的心情好壞與挑戰困難。 ・關照家人的人際關係與優勢成長。	2. 相互依存的能力 ・家人的收入與支出相互依存。 ・家人的工作與辛苦相互依存。 ・家人的喜怒與哀樂相互依存。 ・家人的病痛與扶持相互依存。
創價力	3. 專長工作的能力 ・能夠養家活口的工作。 ・符合專長發揮的工作。 ・獲得同儕尊敬的工作。 ・得以永續經營的工作。	4. 適配發揮的能力 ・工作性質符合性向興趣。 ・工作績效符合老闆標準。 ・工作價值符合家人期望。 ・工作質量符合適力經營。
經營力	5. 溫暖認真的能力 ・帶給家人溫情與歡笑的能力。 ・帶給家人滿足與慰藉的能力。 ・帶給家人積極與投入的能力。 ・帶給家人認真與負責的能力。	6. 和諧擴能的能力 ・帶領家人在快樂中求進步。 ・帶領家人在和諧中有努力。 ・帶領家人在平穩中耕福田。 ・帶領家人在安定中能創新。
實踐力	7. 健康生活的能力 ・養成「好習慣」及「服務心」交織的生活。 ・力行「勤讀書」及「多運動」交織的生活。 ・實踐「有休閒」及「展才藝」交織的生活。 ・培養「七情俱」及「致中和」交織的生活。	8. 創客有品的能力 ・平衡「社會人」與「獨特人」交織的生活。 ・呈現「能操作」與「有產品」交織的生活。 ・開展「重事業」與「顧家庭」交織的生活。 ・實現「像創客」與「帶品味」交織的生活。

第三節　凝聚家人與學校的教育認同

在「智慧資本說」的教育意涵中，「有能力」指的是家庭的「人力資源」（父母及孩子）要厚植核心能力，本章第二節已予以詳述。「願意做」、「擔責任」及「多創價」指的是家人的「關係」與「結構」互動很好，有共同的「價值認同」及「實踐力行」，才能產生的智慧資本行為。是以凝聚家人與學校的「教育認同」，是運作「智慧資本說」的第二大要務，以下列專節（本節）說明，並且認為「家人」與「學校教育人員」要有「儘量一致」的教育認同。

一、認同教育機制與政策價值

國家的學校教育及整體的教育設施，稱之為「教育機制」。國家的教育機制，例如：「學制」、「課程」、「師資條件」、「環境設備」、「預算與資源挹注」等，都是逐漸發展而來的，是文明與文化的一部分；從理論上來說，「最好的」、「人民最需要的」才能留存延續下來，成為教育機制發展主流。除非家長盲從，誤信了不當的教育理念，為孩子做了不合適的教育選擇。若盲從的父母太多，不當選擇教育機制有學生來源，才有可能多元存在。因此，我們要認同當前的國家教育機制，認同當前的教育政策為我們創發的教育價值。

有價值認同，才會跟著做，才會實踐力行。在此以「十二年國民基本教育」政策為例，來說明「政策價值」認同的重要。臺灣自 1968 年起實施「九年國民教育」，全面提升人民的基本學歷，配合蔣經國總統在 1981 年前後推動的十項建設，共同創造了「臺灣經濟奇蹟」；在 1991 年前後，股市上萬點，臺灣頓時像暴發戶，反映了「臺灣錢淹腳目」（臺語）的榮景。政府自 2014 年起實施「十二年國民基本教育」，最主要的目的在提供「均

等」、「優質」、「免費」的十二年基本教育，確保每一位國民都能得到國家教育機制的滋養，得到最適性、適配的教育，避免弱勢族群家庭的孩子，要付三至五倍的學費就讀條件較弱的私立高職。是以我們應該認同政府教育政策的價值，支持跟進，實踐力行，不「橫生枝節」，在「不重要」的細項（如分發積分比序）上斤斤計較。

二、認同學校措施與特色價值

國家的教育建設成果，稱為「教育機制」，認同國家的教育機制與政策價值，是促進有效智慧資本的第一個要領，而認同學校措施與特色價值，則是促進有效智慧資本的第二個（接續）要領。當前的學校經營並不簡單，要依據國家的法令辦教育，課程與教學要本位經營，要善用社區教育資源，學校教育要有特色品牌，學生要有專長亮點，教育的歷程與結果要讓學生及家長滿意。是以部分績效成果優質的學校，多有頒布學校的願景（Vision）、任務（Mission）及核心價值（Core Value），都在發展學校本位課程與特色課程，更在發展學校特色教育，以學校的特色品牌，吸引家長把孩子送來就學，生員穩定，學校才能永續經營。

在此以「教育 111 標竿學校認證」的「經營特色」為例加以說明。學校推動「教育111」，包括三大重點：「一校一特色」、「一生一專長」及「一個都不少」。「一校一特色」是指由學校針對學校教育的優勢，參採教師專長分布、學生需求及社區可用教育資源，統整經營「特色教育」。學校的特色教育，要符合下列四大指標：(1)教育性：特色主題要與學生學習攸關；(2)課程化：特色不只停留在活動層面，必須有系列的「領域」及「年級」主題教學課程，有實際教學；(3)普及化：大部分的師生直接參與特色教育的教學活動，親師生亦普遍「覺知」並「認同」此一主題教育是學校特色；(4)卓越性：學校特色教育主題獲獎無數，獲得媒體競相報導，

他校來賓參訪頻仍，年度特色教育成果展成為學校及社區大事。

「一生一專長」是指由學校為學生選定五個以上的「運動」及「藝術」專長項目，運用社團及相關領域授課教師，編製課程教案，實施定期教學，並依據「認證指標」實施認證。學校四年級以上學生至少通過一項專長認證，並達學生總數的 85% 以上，通過專長認證代表學生擁有相對「優勢、亮點」。「一個都不少」強調的是「帶好每一位學生」，要讓生活、學習、適應相對弱勢的學生有優化方案，把每位學生帶上來。「教育 111」明確地提供學校三條「經營軌道」，讓學校經營成有特色品牌的學校，每一位學生都是有專長亮點的孩子，並且「帶好每位學生，一個都不少」，符合當代社會的公平與正義。認同學校推動「教育 111」的措施，可以增益特色教育的普世價值。

三、認同教師教育理念與教學價值

孩子在家庭裡長大，但也同時在學校接受教育，絕大多數的「知識」、「技能」、「情意」都是學校教師教的，孩子一生所遇到的教師至少數十位，多至上百位。當代的學校教師資格條件愈來愈嚴，中小學教師要大學畢業以上的基本學歷、修畢教育學程、完成實習、通過教師資格檢定考試及教師甄試；教師資格檢定考試，每年通過率約 50%，教師甄試的通過率約為 1% 至 5%，並且有全面碩士化的趨勢。大學教師要有博士學位以上，並且每五年一定要「教師評鑑」乙次，政府對於各級學校教師的教學、研究、輔導、服務，都有一定的要求與品質保證機制。

教師之所以「志為人師」，通常都在期待自己能夠成為學生的「生命之師」、「知識之師」、「智慧之師」及「風格之師」，並扮演成功的四大使命：「傳生命創新之道」、「授知識藝能之業」、「解全人發展之惑」及「領適配生涯之航」（鄭崇趁，2014）。認同教師教育理念與教學價值，

孩子能夠尊師敬學，努力從每位教師身上習得最珍貴的「知識技能」、「人際智慧」及「品格修養」，效法大師的「為學態度」、「做事要領」及「處事風範」，孩子才能在家庭與學校之間，健康成長，適性發展，順性揚才，適配幸福。

四、認同孩子專長亮點與表現價值

「全人發展說」告訴我們，孩子一生的發展要朝「成熟人」、「知識人」、「社會人」、「獨特人」、「價值人」及「永續人」六種人的全人發展。「多元智能說」給我們的啟示是：家庭教育要配合學校教育，激發孩子的優勢潛能，促使孩子優勢智能明朗化。「三適連環說」提醒我們，對孩子的教育，要注意適性、適量、適時的原則，並且三適連環，才能真正開展孩子的潛在動能。孩子在學習歷程中，有較佳表現的專長項目，往往就是孩子的優勢智能，就是孩子的亮點，誇獎他（她）、激勵他（她），並且支持他（她）後續的學習資源，孩子得到鼓勵，才會有信心，才會更用心的投入經營，才有優勢智能明朗化的可能。認同孩子專長亮點與表現價值，可以說是前述三大原理學說（全人發展說、多元智能說及三適連環說）的綜合實踐。

第四節 智慧資本說的經營要領

智慧資本說期待每一個人長大成熟之後，都會是家庭、學校、社會、國家的「有效智慧資本」，每一個人都要為其所隸屬的系統（組織），產生動能貢獻。作者在《教師學：鐸聲五曲》（鄭崇趁，2014）一書中，對於教師「智慧資本的經營」曾提示下列四大重點：(1)扮演有能力、有專長、願意做、能創價的教師；(2)帶動班級學生產生動能貢獻；(3)促成學校成為

具有特色品牌的學校；(4)持續經營「成就人、旺學校」的教育事業。

從家庭的立場出發，父母親要經營的智慧資本，應該包括「自己」及「孩子們」，讓家裡的每一分子都是家庭的有效智慧資本。對於「家務」及「自己的事業」（對孩子來說，主要的事業就是學習），都是有能力、願意做、擔責任、多創價的有效智慧資本。其經營要領可參照下列事項。

一、經營「適配的」核心能力

從管理學看智慧資本是「人力×關係×結構」，從教育學看智慧資本是「核心能力×價值認同×實踐力行」。是以人力或核心能力永遠是產出「智慧資本」的最重要元素，任何一個組織單位，其同仁的核心能力水準高低，才是決定產品品質或智慧資產高低的關鍵。相同的，「家人」的核心能力愈高，平均水準愈強，父母在本業經營上的產能愈大，孩子也會在學習上有愈高的成就。然而，「核心能力」也具有遺傳因子，父母親的「基本才智」是祖父母生的，孩子又是父母親生的，「先天遺傳×後天學習」才能成為表現得出來的核心能力。我們必須依據先天的秉性，經營適配的教育、適配的事業、適配的伴侶及適配的職位，才能獲致適配的幸福，過快樂而有意義、價值的一生。

「核心能力」愈高，愈可以對自己、家人及隸屬的組織產生動能貢獻，當然是愈高愈強愈好，但絕不可勉強，太急、太多、方法不對就會產生「揠苗助長」、「學習無效」、「挫折困難」及「厭學拒學」等負面結果。是以父母親要對家人（自己及孩子們）經營「適配的」核心能力，依循「三適連環說」：適性、丟不得；適量、比不得；適時、急不得；連環、好教育，也就是給予家人「最適配的教育」，經營每一個人都具備其最適配的「核心能力」。

二、認同「價值的」家人關係

智慧資本的第二大因素是「人際關係」，人際關係所造成的「組織氣氛」是組織成員決定要不要為公司奉獻心力（願意做）的重要緣由。「家庭」的經營亦然，家的人際關係好，家的氣氛溫暖、幸福、凝聚力強，家人在外頭工作、學習累了，大家都會想到「早點回家」，回家之後會有好的情感慰藉及足夠的休息，明天起床又可以「充滿能量」，面對生活及事業（工作、學習）的挑戰，經營有希望、做得到的未來。「溫暖、幸福、凝聚力強」的家庭，也是需要經營的，父母親要帶領孩子們，認同「當前的家庭」，認同「當下的親子關係」，認同家人關係存在的意義與價值。大家對家庭的價值認同是一致的，彼此才會有「共鳴性的了解」，才能彰顯「家人關係」的核心價值：親密、關照、依存。

父母要帶著孩子經營下列幾項價值認同：(1)認同家族本業的價值：父母親的本業或是家族的本業，就是家庭的經濟命脈，全家人都要認同，願意努力經營本業最重要；孩子就是另有專長發展，不一定要承接父母的本業，但也一定要認同父母本業的價值；(2)認同家庭創價平衡的價值：無論家庭的經濟條件是富有、小康或弱勢，家人都要認同「現況」與「當下」的生存平衡價值，願意一起面對、經營，努力促其更好、更圓滿、更幸福；(3)認同家庭近期發展任務的價值：如計畫買車子、換房子、孩子要升大學、出國留學或重要職業選擇，大家要彼此關照、價值溝通，共同完成；(4)認同家庭中個人專長亮點的價值：父母及孩子各有不同的專長亮點，更要彼此認同、相互激勵，支持個人優勢智能明朗化，讓專長亮點都是「家庭」的有效智慧資本，願意為自己的家庭產生動能貢獻。

三、努力「可欲的」事業目標

「家庭」也是需要經營的，家庭需要在「穩定」中「健康成長」，家人的食、衣、住、行、育、樂要能夠滿足基本需求，也要能夠逐漸提高品質，邁向「簡約」而「精緻」，大家過著有「質感」且「幸福」的日子。「家業」的經營就是提升生活品質的關鍵因子，一般家庭的「家業」實際上包括兩大項：一為父母親的工作事業，另一就是孩子正在學習中的「課業」，也就是學習成果。因為「父母親的事業」及「孩子的學業」都是家中的兩大智慧資本元素，是以家人都要努力「可欲的」事業目標；父母要經營可欲的事業目標，孩子要經營可欲的學業目標。所謂「可欲的」是指「做得到」的，通常是分階段、半年至一年之間可完成的任務目標。我們可以參照「自我實現說」中的建議，鼓勵家人討論策訂每一年度的「幸福家庭實施計畫」，設定年度目標執行項目，並配合設定父母本業的階段成長目標，以及孩子學業的階段成長指標，大家努力「可欲的」事業目標，來實現年度的「幸福家庭實施計畫」，有計畫地提升全家人的生活品質。

四、實踐「智慧的」幸福生活

本章「智慧資本說」的基本主張是家人都要「有能力」、「願意做」、「擔責任」及「多創價」，自己能夠自我實現，對於家庭都是有效智慧資本。因此，副標題是「開展人的動能貢獻」，對己對家都有動能貢獻的人，就是「有智慧」的人，有智慧的人能過「有智慧」的幸福生活。智慧來自知識，有智慧的父母會綜合考量（系統思考）六大原理學說（全人發展說、多元智能說、三適連環說、適配生涯說、自我實現說及智慧資本說）在生活實踐上的啟示，帶領著孩子來實踐「有智慧」的幸福生活。

　　「有智慧」的幸福生活，可以從下列幾個事項經營實踐：(1)可欲的幸福：追求「做得到」的幸福，才是真幸福，生活上的食、衣、住、行、育、樂都符合做得到的品質標準，就是可欲的幸福；(2)適配的幸福：父母及孩子都有適配的教育、適配的事業、適配的伴侶及適配的職位，全家人就會過著「適配的幸福」；(3)質感的幸福：全家人的生活互動充滿質感，有共鳴性的了解，親密生活有質感，彼此關照有質感，相互依存有質感，質感品味成風格，家人的總體生活景象，逐漸看到「這一家」的品味風格；(4)有用的幸福：智慧資本說強調人的「動能貢獻」，用更為白話的說法，就是要做一個「有用」的人，對自己及對家裡都「有用」，就是幸福的起點，也是「智慧資本」的極至。

　　「自我實現說」及「智慧資本說」係作者至為重視的兩大教育原理學說，自我實現說強調人要為自己而活，教育在成就每一個人的「心願理想」與「現實成就」之吻合適配，開展人之所以為人的意義、價值及尊嚴。智慧資本說主張人要對自己所隸屬的組織產生動能貢獻，教育在教每一個人都成為「有用的人」，孩子都是未來的「責任公民」。自我實現說的操作事項，已如圖 6-1 所示（第 134 頁）。智慧資本說的操作事項，也可依圖 7-2 所示，父母強化孩子的「核心能力」，轉動孩子對教育的「價值認同」，進而「實踐力行」，孩子就會對「家庭、學校、社會、國家」產生動能貢獻，成為有效的智慧資本。

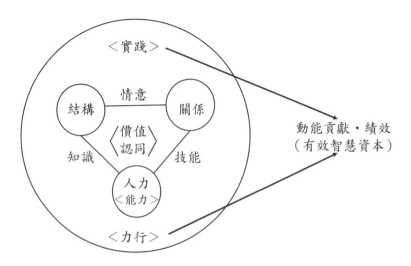

圖 7-2　智慧資本說的元素及其操作系統

資料來源：修改自鄭崇趁（2013，頁 61）

實踐作為篇
（八論・上）

　　「好的習慣多於不好的習慣，就是健康的人」。父母期待孩子健康成長，就要協助孩子養成生活的好習慣、養成學習的好習慣、養成人際的好習慣、養成做事的好習慣，好的習慣能幫助孩子「簡約生活有效率」。孩子從小到大，需要家人的支持激勵，父母可以從「資源的支持」、「親情的支持」、「人際的支持」及「方法的支持」，幫助激勵孩子「活絡人脈多益友」。孩子的優勢智能明朗化，是學校教育與家庭教育的共同責任，父母要幫助孩子實踐「優勢學習」，從性向興趣、知識技能、人際情意及做事要領的優勢學習著力，督責孩子「努力好學定方向」，促進優勢智能明朗化，人人都有優勢專長。父母、孩子、家庭、學校四者的本位經營，統整「人」與「組織」的「本分」及「本業」，結合「在地資源」，經營「系統品牌」，能夠有效幫助孩子「善盡本分講系統」。

- 第八章　好的習慣論〈簡約生活有效率〉
- 第九章　支持激勵論〈活絡人脈多益友〉
- 第十章　優勢學習論〈努力好學定方向〉
- 第十一章　經營本位論〈善盡本分講系統〉

第八章 好的習慣論

〈簡約生活有效率〉

　　我國著名的心理學家柯永河先生，出版了一本國際有名的書——《習慣心理學》（柯永河，1994，1997），揭示了一句流傳世界的名言：「好的習慣多於不好的習慣，就是健康的人。」他主張人要健康成長，就要在生活上、學習上、人際上養成好的習慣，避免不好的習慣。人之所以會生病，無論是身體的病或心理的病，都是來自於「不好的習慣」累積而成的，例如：長期熬夜的人，容易感冒生病，因為熬夜是不好的習慣，身心休息不夠，身體的能量不足以承擔工作生活所需，身體就生病了。我們只要多關照孩子「好的習慣多於不好的習慣」，孩子就能夠健康成長，這是很容易實踐力行的。因此，本書將之列為「實踐作為篇」（八論）中的第一論，提供家長們參採運用。

　　本章分四節說明：第一節「生活的好習慣」，提列「遵時序、有規律」、「能定食、講適量」、「具動能、訂目標」及「求簡約、得品質」的生活好習慣；第二節「學習的好習慣」，敘述父母親應從旁協助孩子養成「專注的學習」、「探索的學習」、「優勢的學習」及「適配的學習」四大學習好習慣；第三節「人際的好習慣」，建議從「說好話」、「做好事」、「存好心」及「日行一善」，來經營人際的好習慣；第四節「處事的好習慣」，建議家長從「今日事今日畢」，「做完一件再一件」、「講究要領做事」及「設定標準作業程序」，來養成處事的好習慣。

第一節　生活的好習慣

　　人類生活的主要層面在家庭、學校、職場與休閒娛樂場所，生活的主題是以食、衣、住、行、育、樂、學習、工作為基調，本節探討孩子在「家庭」連結「學校」之間的生活好習慣。所謂「好習慣」指的是積極的、正向的、健康的、適力的、秩序的、有益的行為表現，而此一傾向的行為表現經常使用之後，逐漸會成為「習以為常的一致性動作」，因此好的習慣就是「好的習以為常的一致性動作」。孩子每天來回「家庭」與「學校」之間生活，最需要養成下列幾項生活的好習慣。

一、「遵時序、有規律」的好習慣

　　人類生活在時間與空間之中，「工作」或「學習」時就「拿物」、「做事」，「休息」時就在家「睡覺」，或從事休閒「娛樂」活動。所以近代的管理學，都從「人、事、時、地、物」探討人的「生活」管理與「做事」效能。好習慣的開始，要從生活依靠的「時空」開始，時空是有律則的，一天二十四小時不斷地循環，每週、每月、每年也周而復始地規律運轉；孩子每天到學校使用的空間地點也有每天、每週的秩序，回到家的生活空間也有大致的規律循環。是以「遵時序、有規律」是首要的生活好習慣。

　　父母可以輔助孩子優先建立下列幾項規律生活的好習慣：(1)上學回家有規律：早上七時至八時之間定時出門，傍晚五時至七時之間按時回家，這是最基本而重要的規律，父母協助孩子做得愈精準，對孩子的幫助就愈大；(2)睡覺起床有規律：不管孩子的課業多重，孩子的睡眠時間不能少於七小時（大人不能少於六小時，但大人會另加三十至六十分鐘的午休），是以孩子至遲應在晚上十一點以前睡覺，早上六點前後起床；足夠的睡眠才有足夠的動能，學習和工作方能有效能、效率；(3)作業休閒有規律：要

第八章　好的習慣論

協助孩子定時做完課業，再玩電動、看電視，從事休閒娛樂，在三十分鐘到二小時間先做完課業就是好習慣；(4)吃穿定時有規律：三餐固定時間吃飯，衣著在學校、家居、外出、作客有區隔，吃穿的規律秩序是健康的基石；(5)整潔秩序有規律：在食、衣、住、行、育、樂上愛整潔、守秩序也是重點規律生活，整潔清淨的人最美，守秩序有規矩的人最優雅；(6)行動安全有規律：人、事、時、地、物，任何行動組合，安全第一，並遵照「標準作業程序」（S.O.P.），有規律、有要領地做好每一件事。

二、「能定食、講適量」的好習慣

人類的基本生活型態（食、衣、住、行、育、樂），食排第一，最需要「有規律」的食。本書強調「能定食，講適量」在食的層面，「定食」有三義：(1)固定時間的食：三餐要有固定時間，一定要吃之意，少吃、不固定就是不好的習慣，有礙健康；(2)固定食材的食：就是各種套餐之意，套餐代表簡約之食的好習慣；(3)固定分量的食：套餐（定食）的總量有時超標，超過人的基本需求太多，就不能常吃，常吃就非好習慣，我們要的是適量的定食。

「講適量」的好習慣，也可用在衣、住、行、育、樂的層面上：購買衣服的總數要適量，住的使用空間要適量，用在「走路」、「行動」、「代步工具」的時間與經費要適量，花在休閒娛樂的時間、經費與體力也都要適量。適量的好習慣可以確保生活品質，可以維護家庭的創價平衡，可以增進父母與子女間的認同度與親密度。「能定食、講適量」的好習慣，就是生活上第二重要的好習慣。

三、「具動能、訂目標」的好習慣

生命之美，在於充滿活力，在於有生之年做了好多好多有意義、有價

值的事，因此人活著，就是要動、要做事。孩子從小到大，除了學習之外，還要做很多的事，食、衣、住、行、育、樂即是基本生活。「學習＋做事＋休閒」×「食、衣、住、行、育、樂」＝「物理知識」＋「事理要領」＋「人倫綱常」＋「時空律則」，或者等於「知識＋情意＋技能」，也可以等於「知識＋技術＋能力」。人類的動能，每天循環在做這些事，但有的人消極，被逼著做，得過且過；有的人較為積極，努力彩繪自己的一生。「具動能、訂目標」的好習慣，就是積極彩繪生命的人。

學習、做事、休閒都可以訂「每天的目標」、「每週的目標」、「每月的目標」及「每年的目標」，例如在「學習」的目標上：(1)每天除了按時完成老師們交代的課業（作業）之外，能多花三十分鐘，有計畫地複習主要科目，精熟核心知識與技術；(2)每週彈性應用每天多花的三十分鐘學習時間，用電腦完成一個學科之「核心知識及其技術」的知識管理；(3)每月產出一份較為完整的「學習作品」（教育產品）；(4)每學期利用寒暑假用電腦完成「學習檔案」，成為「學習知識系統」，管理自己的教育產品。

在「做事及休閒」的目標上：(1)每天用三十分鐘幫忙家務，用三十分鐘至一小時做運動；(2)每週陪家人到市場一次，或為家裡吸塵打掃、洗浴室一次；(3)每月與家人旅遊一次，或與隊友參加運動競技比賽一次。「具動能、訂目標」的好習慣，可以讓生活充滿活力，提高學習、做事、休閒的效率與品質，豐富彩繪人的一生。

四、「求簡約、得品質」的好習慣

當代的人要學的事（知識）很多，要做的事（工作）很多，要休閒的事（娛樂）也很多，食、衣、住、行、育、樂都講究、很複雜，每天的時間都不夠用，很是辛苦，好多好多的人很努力地生活，忙碌一生，賺了不少錢、做了不少事，也養活了自己及家人，但一生回顧起來，似乎只留下

「忙碌一生」的詮釋，談不上豐富精彩，也似乎沒有很具體、很大的意義、價值與尊嚴，就此忙碌一生罷了。人之所以如此，也是「不好的習慣」所造成的，「想要的太多」、「想得到的太多」、「想完成的太多」都不是好習慣。生活複雜忙碌而失去了品質，「適性」、「適量」、「適配」才是好習慣。綜合來說，「求簡約、得品質」才是生活上重要的好習慣。

　　簡約的生活是指單純而不雜亂、簡化而不複雜、做要事而不什麼都做、不忙亂而有質感、不辛苦而日有所進及擔責任且能有要領地完成任務。在簡約的生活中，生命的動能最具有效能、效率，家庭生活簡約，父母與孩子互動時間增加，提高共鳴性的了解，親密、關照更到位，是一個溫暖幸福的家。學習生活簡約，學習有質感，日有所得，學會、精熟當下的知識、技術與能力，是成功的學習。休閒生活簡約，每次的出遊旅行及各項娛樂活動，皆充滿著驚喜、珍貴與幸福。「求簡約、得品質」的好習慣，更可以避免人類成長過程中可能的「沉溺」與「迷失」，「誤入歧途」或「毒品危害」傷及身心，而難以自拔。因此，「求簡約、得品質」是當代人類至為重要的生活好習慣，是每一個人健康成長之「梯」。

第二節　學習的好習慣

　　孩子在邁向「成熟人」的歷程中，大部分的時間都用在「學習」，學習知識、學習技術、學習能力，與身體的發展交融整合，逐步邁向成熟。養成學習的好習慣，才能幫助孩子適時取得應備的知識、技術與能力，順利發展為「成熟人」、「知識人」、「社會人」、「獨特人」、「價值人」及「永續人」。「學習的好習慣」，學校的老師都會教，但因為學生的個別差異及家庭背景條件都不相同，學生有沒有用最好的習慣來學習，學校的老師們不一定逐一檢核，有賴父母從家庭生活中，協助孩子建立學習的

好習慣。作者認為，父母應協助孩子建立下列幾項重要的「學習好習慣」。

◢ 一、「專注學習」的好習慣

現代的父母常犯兩大「迷思概念」：一為孩子做功課的時間愈長愈好，代表孩子認真學習；另一為孩子學習才藝或補習愈多愈好，代表自己的孩子多才多藝、潛能無限。第一種迷思往往造成一邊寫功課，一邊玩玩具或兼看電視，時間花很長，卻不一定把課業做好，也有不少孩子故意把做功課的時間拉很長，因為只要孩子做完功課，許多父母親會要求再繼續「讀書」或「寫測驗卷」，時間到才可以休息或睡覺。第二種迷思則造成孩子忙於各種補習及才藝學習，「沒有輸在起跑點」，但是「中段不一定領先」，也不一定「贏在終點」。忙亂、沒有要領、沒有帶給孩子務實地學到東西，就不是好習慣。要跳脫這兩種「迷思概念」，就要協助孩子建立「專注學習」的好習慣。

專注學習的好習慣，可從下列幾個事項著力：(1)定時專注課業：如每天商定固定的「寫功課及讀書時間」（三十分鐘至二小時之間），功課做完，學習內容精熟，絕不再加長時間；(2)定量課外補習：孩子放學後到安親班或參加各類才藝學科補習及社團活動，要定量（一、二種），並以孩子主動需求為原則，專注在有興趣的知識技能最重要；(3)自我專注檢核：父母親可與孩子約定，每日功課做完，簽聯絡簿的同時，要有自我專注檢核欄位，導引孩子省思每天的學習情形，效果和效率好不好，是否有浪費時間，做了太多無效的學習；(4)定期展現教育成果：各種學習成果都能轉化為「教育產品」，最能夠引導孩子「專注學習，做出作品」，每週或每半個月看一次孩子的各種教育產品（含作業、習作、考卷、實作評量、畫作、用直笛吹首歌、作文、摺紙藝術、跳舞、各種完成的教育成果等），就是最佳「專注學習」的好習慣。

二、「探索（創客）學習」的好習慣

　　實作學習、體驗學習、探索學習、操作學習，做中學是目前比較流行的名詞，可以統稱為「探索式的學習」或「創客式的學習」。探索學習本身含有操作、體驗的意涵。創客學習是新近較夯的議題，是來自英文的maker，中文就稱之為「創客」，也是含有探索、體驗、操作、完成之意，因「探索」一詞大家比較熟悉，並含有嘗試、開展潛能的意涵，故本書使用「探索學習」，並將「探索學習」列為第二個重要的好習慣，以下說明其操作要領。

　　探索學習重在「知識主題」中「核心技術」的學習，學會操作知識裡頭的核心技術，就能完全理解與應用，掌控此一知識，並且成為自己帶得走的能力。任何學習都是「知識→技術→能力」的學習過程，探索學習在探索知識本身的原型、元素、成因、脈絡，探索巨觀知識及其與微觀知識之間的「系統結構」，知識內在的「原型、元素、成因、脈絡、系統」就是探索之後的操作對象，例如：學習「游泳」，游泳的核心技術包括打水、漂浮、憋氣、潛水、換氣、自由式、蛙式、蝶式等，學會這些核心技術，並整合串聯，就能學會游泳。探索學習（或創客學習）可使用在任何學科及藝能的學習上，但要教師引導及家長配合激勵。「探索學習」的好習慣，將為孩子帶來更具體豐厚的學習成就。

三、「優勢學習」的好習慣

　　桑代克（Edward Lee Thorndike）的「效果律」認為：有效果的學習能增進後續的學習效果。很多孩子的學習沒有預期的成果，他們雖然努力用功，但學習成績一直沒有起色，甚至於有落後的現象，主要原因在於孩子要學的「多而雜」，但卻欠缺「成功學習」的經驗，沒有充滿「我學會

了」、「我要繼續學」的經驗，這時的孩子就會十分辛苦；在學校的學習中，苦苦追趕著同班同學的學習，但就是落後，沒有亮點。這時的父母親最適合想到「多元智能說」及「三適連環說」的啟示，要順著孩子的性向興趣，從孩子的優勢面著力，激勵其適性、適量、適時的「優勢學習」，養成「優勢學習」的好習慣之後，孩子逐漸有相對的「優勢專長」，孩子就會有亮點，就可以進入效果律：有效果的學習能增進後續學習的效果，早日實現「優勢智能明朗化」。「優勢學習的好習慣」是學習上的好習慣之一，順著「自己的」優勢，比跟隨著「別人的」優勢還重要，本書第十章「優勢學習論」有更詳細的說明，請讀者參閱。

四、「適配學習」的好習慣

作者非常喜歡用「適配」一詞，在「三適連環說」之後提出了「適配生涯說」，主張人的一生有四大適配：適配的教育、適配的事業、適配的伴侶及適配的職位，四大適配就是幸福人生的關鍵指標。本節更從微觀的細節，主張「適配的學習」才是學習上的重要好習慣。所謂適配的學習，係指學習的項目、性質、內容及難度與孩子本身的「性向及能力」吻合。孩子能夠有效學習，孩子喜歡學習，孩子想要永續學習，學習之後能夠逐漸開展孩子的優勢專長，成為孩子的亮點。

「適配的學習」也意謂著「適合」及「配合」孩子現況的學習，要符合下列四大指標：(1)符合興趣：學習主題是孩子喜歡的、自願要學的；(2)符合能力：學習的課程教材，其難度要適中、孩子有能力學習的；(3)符合知識：學習的主體要帶給孩子知識、技術、情意或能力，不能與知識無關；(4)符合價值：學習的主題、項目、課程、教材、歷程，能夠增添孩子的生命價值者，才適合學習；不正確的知識或有負面作用、危害健康者都不適合學習。

第三節　人際的好習慣

　　孩子從小到大都必須與人相處，首先是家人，要和父母親及兄弟姊妹相處，上學後要和同學、老師相處，要和親戚、朋友及「沒有一點關係」的社會大眾相處，一起活在「相處」而不同的「系統」（組織）裡頭。人與人的關係稱為人際關係，人際關係好，才有穩定的生活、常態的學習及平順的工作，是以每個人都要經營好的人際關係，包括：家人關係、同儕關係、師生關係、主雇關係及群己關係都要好，才有幸福的一生。人際關係的經營，也是從「好習慣」開始的，佛光山星雲大師倡導三好運動：「說好話」、「做好事」、「存好心」，再加上教育部倡導「331運動」（每天三十分鐘閱讀、三十分鐘運動、日行一善）中的「日行一善」，也就是孩子「人際的好習慣」。簡要說明如次。

一、說好話・激勵共鳴

　　「說好話」就是說讓人聽起來很舒服的話，就是說讓人聽起來對你有好感的話，就是說讓人聽起來能夠產生共鳴激勵的話，就是說讓人聽起來有意願繼續再聽或進行對話的話。所謂「好話百聽不厭」、「不對盤的話半句嫌多」，父母親應協助孩子養成說下列好話的習慣：(1)問安與讚美：孩子遇到長輩、家人、老師、同學，見面第一句話就是問安，爸媽早安、老師早安、同學早安，或者讚美對方您好帥、您好漂亮、您容光煥發，一定有喜事喔！這些話都是好話，大家百聽不厭；(2)減歲與加價：「見人減歲，見物加價」也是好話，見人減歲可以給對方希望，見物加價可讓買東西的人覺得自己很有眼光，對講話的人有好感，視為知己；(3)共鳴與支持：「我認同您，我支持您」就是好話，不管人的觀點或主張是什麼，有人產生認同、支持、共鳴就是好關係的開始；(4)正向與希望：「我對您充滿希

望，您的未來會更好」更是好話，大家都想和有希望的人在一起，共創未來。「說好話」是好習慣的第一步，是所有人際關係的基石。

二、做好事・服務助人

「做好事」就是為他人服務的事，就是做了對方更為方便的事，就是做了對方會感謝您的事，就是做了大家都有好處的事。人非草木，誰能無情，經常被服務的人、被幫助的人，隨時會想回報，「受人點滴，湧泉以報」，人類社會就在相互的服務助人中，成就了今日的文明與文化。「做好事・服務助人」可以解釋成下列四義：(1)把自己的事做好：己立才能立人；(2)做好他人的事：幫助他人，也要把事做好；(3)做好大家的事：與大家有關或共同的事，搶先把它做好；(4)做好公益的事：做了，大家都會有好處，但不一定有人做，做好它就是公益的事。做好事，彼此交互服務助人，是經營人際關係的第二大「好習慣」。

三、存好心・積極正向

「存好心」就是存著我好、你好、大家好的心，就是存著給人希望、給人方便的心，就是存著明天會更好的心，就是存著解脫苦難、自由自在的心，就是存著成就自己也成就大眾的心。「存好心」都是積極正向的，希望自己更好、人類更好、世界更好，相信大家都存有好心，人人存有好心，人類才能和諧相處、共存共榮。「存好心」是人際經營第三個重要的好習慣，父母應示範下列「存好心」的事例給孩子模仿：(1)尊重包容的心：尊重多元價值，包容敵對立場的人，有心共存；(2)愛人愛己的心：自己有所發揮，也期待大家都能發揮，交互輝映，有心共榮；(3)濟弱扶傾的心：幫助弱勢，縮短落差，有正義之心；(4)公益利他的心：贊助公益，實踐公德，自我實現，同時，帶動大家成為有效智慧資本。

四、日行一善・實踐力行

「日行一善」就是每天做一件善事，就是每天做一件有幫助到他人的善事，就是每天做一件對大家都有好處的善事，就是每天都要有「推己及人」的善事，就是每天讓他人遇到我們時，都會覺得我們是樂於幫助他們的善事。「日行一善」的好習慣需要實踐力行，父母親必先示範給孩子看，孩子才會跟著真正的做，變成人際經營上的好習慣。父母可以找時間與孩子討論「善（好）事」的性質與類別及如何實踐日行一善。天下善事一籮筐，無所不在，孩子就學期間，可就下列幾項善事擇一實踐：(1)生活的善事：幫助家人的食、衣、住、行、育、樂，環境整潔，衣食無缺，行動便捷，都是生活上的善事；(2)學習的善事：熱心共學，服務班務，協助解惑，都是學習上的善事；(3)人際的善事：為有關係的人說好話、做好事、存好心，激勵他人，給人方便、給人信心、給人希望、給人自在，都是人際上的善事；(4)公共的善事：公車捷運上讓座給需要的人、遵守公共秩序規範、協助需要的人爭取公共服務、投入教育志工等，都是公共事務上的善事。

第四節　處事的好習慣

「生活、學習、人際、工作」是接受教育階段孩子的核心事務，四大核心事務都有好習慣，是本章最重要的旨趣。孩子的主要工作仍然是「學習」（每天至少要用八小時在學校中學習），本節所謂「處事」的好習慣之處事，係指學習之外的其他工作。工作習慣愈好，孩子的成長就會愈健康。

一、「今日事今日畢」的好習慣

今天的事今天做完，不留給明天，不把壓力放到明天，這是處事首要的好習慣。今天的作業今天做完，今天的飯今天吃完，答應要幫忙做的家事，今天就做完，答應老師要為同學做的服務工作，當天就執行。今日事今日畢的好習慣具有下列四大教育意涵：(1)有能力的人：每天都能證明自己是個有能力的人，有能力完成生活及工作任務；(2)有效率的人：每天都能完成每天的工作使命，就是有效率的人，做事有效率，將來成大器；(3)有信用的人：凡是承諾的事，每天都要按時做到，都在向家人及師長同學證明自己是有信用的人，有信用的人將來必有大用；(4)有毅力的人：今日事今日畢有時並不容易，有毅力的人才會堅持做到、總會想辦法做到，將來足以承擔更大的任務與使命。

二、「做完一件再一件」的好習慣

要做的事很多又很雜，要養成「做完一件再一件」、「逐件完成」的好習慣。做事情最忌諱「雜亂無章」、窮忙一場，一件事也沒完成。我們要專注心力，調撥資源，針對「較重要的」或「最容易的」著力施做，完成之後再做後續的事務。逐一完成的好習慣也具有下列四大教育意涵：(1)編序的思維：就像編序教學法一樣，編好秩序的工作，是完成任務使命的階梯，循梯而上即可達目標；(2)累進的思維：一件一件小事可以累增為大事，工作要先完成小事，小事完成不了，就沒有完成大事的機會；(3)效果的思維：桑代克（Thorndike）的「效果律」主張「有效果的學習能增進後續的學習效果」，做事也一樣，前面事務的效果會增進後續事務也能早日完成；(4)價值的思維：做完一件事，就有一件事的意義與價值，人是為了追求「成事」的意義價值而活的，「成事」無論大小都可以豐厚生命的價值。

三、「講究要領」完成每一件事的好習慣

做事「講究要領」也是非常重要的好習慣。作者從事公務生涯四十年，總心得是：公務人員做事的「要領」要比「苦力」重要。部分的公務員處理公務很有「要領」，每份「公事」都能一次辦對，辦到「到位」，建議的作法就是長官的「決策」，幫助組織「施政有效能效率」，這些公務員通常會獲得長官賞識，升官很快。也有部分公務員，處事較「沒要領」，消化公事很慢，每天辛苦工作，卻永遠忙不完，民怨四起，連存活都有困難。孩子從小到大，要做的事會愈來愈多，父母親要從小培養孩子以下幾項「講究要領」做事的好習慣：(1)先易後難：事情容易的先做，複雜困難的後做，小事往往是大事的基礎；(2)掌握關鍵：從最關鍵的人、事、時下手，事情很快會有明顯效果；(3)找到最佳作法：事情可能會有很多不同的方法可以完成，每一次都要找到其最佳作法或「標準作業程序」（S.O.P.），才可事半功倍；(4)形優輔弱：會的、有把握的、可以做好的多做一些，用優勢來彌補較弱的、做不來的事項。

四、設定核心事務「標準作業程序」（S.O.P.）的好習慣

核心事務是指，經常要做的事或是影響層面較大的事，有時也是事情本身的最關鍵環節，因為它太常做、太重要、影響太大，我們一定要有最準確、最好的順序步驟，用最經濟的時間與資源來做它、完成它，這就是「標準作業程序」（S.O.P.）的設定，例如：每天的吃飯、如廁、穿衣、交通行動，每天都要做，每一個人一定會發展成個別的行為模式，這也是小型的 S.O.P.。這些小型的 S.O.P.很好、很經濟簡約，事半功倍。生活有效率，就是好習慣，例如：每天上學回家後的家庭作業，是學習上最核心的事務之一，每天一定要花時間完成它，每個人都會發展成一簡約模式做完

家庭作業，自己的模式（S.O.P.）合理、簡便、很快做完功課，還有很多多出來的時間可以做其他事或休閒、休息，蓄積更好的學習能量，這就是好習慣。

當代的臺灣政壇出現了兩位S.O.P.專家，一位是臺北市長柯文哲，因為他原為臺大醫院急重症醫療中心主任醫師，每天都要急救病人，急救關乎病人的生命存活，時間都很緊迫，所以急救不同的病人，都要用不同的「標準作業程序」（S.O.P.），用對方法順序，病人的存活才有可能。柯醫師選上市長後，認為大大小小的事都應該有它的最佳作法，有它的S.O.P.，因此，市政的各項核心事務，要求各局處主管與同仁一定要用最佳的S.O.P.服務市民，做好每一項市政，被稱為S.O.P.市長。另一位是教育部常務次長林騰蛟，他在技職司司長及新北市教育局長任內，就大力推動教育工作的S.O.P.，在教育界也有一定的影響力，目前各級學校的處室核心事務也都訂定S.O.P.，用最佳的「標準作業程序」（S.O.P.）來服務師生及家長，故也被稱為教育界的S.O.P.先生。處事的好習慣要「今日事今日畢」，要「做完一件再一件」，要「講究要領的做好每一件事」，要講究設定核心工作的「標準作業程序」（S.O.P.）。

第九章　支持激勵論
〈活絡人脈多益友〉

　　孩子是父母親生的，「遺傳條件」及「學習成果」共同決定孩子的「發展程度」及其「發展績效」。望子成龍、望女成鳳是父母對孩子「天經地義」的期望。父母親對待自己孩子嚴厲，要求標準高，都是可以理解的；「放任孩子，從不關切其死活」的父母才奇怪，好像孩子不是他們生的，所以不須盡到養育及教育的責任。但我們也不希望父母親管孩子管得太嚴或太鬆，希望所有的父母親都能夠把自己的孩子「管得剛剛好」。要管得剛剛好有兩大策略：「養成好的習慣」及「支持激勵潛能開展」，本書第八章「好的習慣論」已詳細說明第一個策略，本章「支持激勵論」則接續論述第二個策略的重要內涵。

　　本章分四節說明父母親如何支持激勵自己的孩子，開展其潛在智能，邁向成熟人、知識人、社會人、獨特人、價值人及永續人的全人開展。第一節「資源的支持」，說明父母如何為孩子統整家庭、學校、社區及國家的社會生活及學習資源，過有效學習生活；第二節「親情的支持」，敘述父母提供給孩子四大類的親情支持，包括：「對話解惑‧了解共鳴」、「共同休閒‧彼此關照」、「認同現況‧交互激勵」及「一起挑戰‧溫暖慰藉」；第三節「人際的支持」，分析父母、教師、家人、同學、親戚、朋友、社會、大眾「等差之愛」的人際支持系統與內涵；第四節「方法的支持」，探討父母教導孩子「為人處事」的重要方法要領，支持激勵生活與學習的動能。

第一節　資源的支持

　　父母親要支持、激勵孩子，首要之務，在提供給孩子資源。資源是廣義的「生活必需品」，包括：食物、衣著、行動工具、休閒器材、金錢，以及相關的人力、物力、財力、自然文史、科技、智慧資源。資源無限寬廣，但家中擁有的卻都有限度，孩子真正需要的也十分有限。父母親提供給孩子的資源，宜以生活及學習兩大資源為主軸，若家庭經濟富裕多金，再擴增其「周邊資源」，使孩子更為快樂幸福。當代的父母，幫助孩子籌集資源，要跨越家庭，統整家庭、學校、社區、社會、國家的共同資源，才能幫助孩子有效生活及學習。

一、穩定的基本生活資源

　　「生理的需求」及「安全的需求」是基本的生活需求，食、衣、住、行、育、樂則是基本生活的主要型態。滿足基本生活的資源，要有「家」可以住，家的空間要夠住，並且活動順暢，也要有「學習、休閒」的角落。父母親的總收入足夠提供常態而穩定的基本生活所需，孩子的衣著乾淨整潔，也有一些玩具，每天定時有「標準化」的三餐，以及些許的「零用錢」。「創價平衡」的家庭經濟，才能維持全家人「常態而穩定」的基本生活資源，家人的食、衣、住、行、育、樂等資源，都要用父母親的薪資收入換來的，因此「量入為出」、「一枝草一點露」也是人類數千年來最重要的「智慧傳承」。無論父母親的總收入多少，「量入為出不貪心」，再結合政府的各種社會福利機制，每一個家庭都可以存活下來，穩定地永續經營，並且一日好過一日。

二、適量的自主學習資源

孩子學習上需要的書籍、簿冊、書寫紀錄的筆與用具，都是學習資源。廣義的學習資源包括學費、補習費、安親班費用、手機、電腦，以及與學習有關的各種數位產品和軟體，學習資源愈豐沛，孩子的自主學習愈便捷，再搭配「學習上的好習慣」，孩子的學習成長之路，似乎就不用再讓父母「過於操心」。目前政府的學校教育機制愈來愈進步，主要學習資源在學校中已十分豐沛，孩子只要配合「教、學」進程善加運用，即可「充分學習」，回到家裡後，父母提供「適量」的自主學習資源即可。

每個家庭能夠提供給孩子的自主學習資源，當然要考量「創價平衡」的問題，不必追求時尚與流行，電腦與手機的等級「適用」、「便捷」即可，「物盡其用」比「追求時尚」更為重要。倒是家庭每個月要為孩子準備「定額的」零用錢，提供孩子一般零用消費及購買自主學習的數位軟體、書籍、學習耗材、手機網路費用等支出。定額的零用錢，小學生約每週二百元，國中生約每週五百元，高中生約每月三千至六千元，大學生約每月八千至一萬六千元（這是一般公教人員家庭的行情，提供給各行各業家庭參考），零用錢的多寡當然要考量家庭總收入及總支出的創價平衡，並且要和孩子事先約定。

三、統合的家庭本位資源

父母親要教導孩子，家庭是一個「親情匯聚」的場所，要有「全家人共同經營這個家」的觀念與作為。全家人在一起，要親密、要相互關照，也要交互依存，彼此互為資源，這在管理學上稱為「本位管理」或「本位經營」，也就是以家庭為本位（主體），大家一起經營管理這個家的意思。「家庭本位」的資源，包括父母親及兄弟姊妹的人力資源，包括大家的事

業經營賺回來的「支持鷹架」，包括家人的親戚對這個家庭所產生的「支持鷹架」，包括家人帶回家的附帶可用資源，包括家中已經擁有的各種生活設施及娛樂學習軟硬體。愈富有的家庭，設備資源通常愈為豐沛，但也可能因為雙親比較忙碌，而相對較缺親情資源。總收入不很高的家庭，可能沒有很到位的設備資源，但如果多花時間在孩子身上，多關照孩子的生活學習，也會有較足夠的親情資源。統合的家庭本位資源，係指父母親會統整考量家庭內外所有的資源總量，適配地運用在每一個家人的身上，讓所有孩子都得到最有價值的資源支持，過最適配幸福的日子。

四、連貫的社區教育資源

「處處可學習、時時可學習」，是政府倡導「終身學習」的口號，事實上也是國家教育建設的具體指標。知識經濟時代來臨之後，國民所得超過二萬美元以上的國家，大多卯足全力建設「處處可學習、時時可學習」的教育環境，讓學生在學校得以充分學習，也讓教師適時「充電」，提供學習上的專業示範，能夠帶好每一位學生，一個都不少。

家庭裡的資源串聯社區的教育資源，可以為孩子提供更為完整的學習及生活環境，例如：公園提供休閒跑步之步道、社區圖書館提供閱讀自修之場所、籃球場與游泳池提供運動場域、鄰近的登山步道成為家族共同爬山聚會的聖地、社區的道場精舍或禮拜會所成為家人精神糧食充電站、YouBike腳踏車站可以便捷騎車悠遊各地。社區的公共教育健身資源與家庭資源串聯，確實可以為孩子的生活及學習，建構一個完整優質的資源支持系統。

第二節　親情的支持

物質與金錢的支持是一種資源的支持，資源的支持要夠用、要適量，對於孩子的激勵最大，支持的資源讓其有依靠，生活無憂，學習可以發揮所長。親情的支持是一種親密情感的支持，是孩子人際關係中，最濃郁、最重要的情感資源；親情的支持讓孩子有溫暖、有安全感、有被愛的感受，相信人可以依靠，相信努力向上是有意義、有價值的；親情的支持讓每一個家人都想儘早回家，家是親情的總基地，在家可以得到休息，可以得到親情的溫暖與慰藉。父母親給予孩子親情，對孩子的激勵最大，親情是孩子最基本、最原始，也是最長遠的激勵；孩子的一生，不管成就如何，他們都需要親情的永續支持。「親情」是什麼？親情的支持怎麼做？作者建議可從下列幾項具體行為表現著力。

一、對話解惑・了解共鳴

家人一回到家，就會很喜歡說話。孩子會告訴父母親，學校發生了什麼事，老師教他（她）學什麼，同學互動時又發生了什麼，有什麼對話讓他（她）覺得很有挑戰，他（她）需要什麼用品，他（她）的同學表現很卓越或很機車好玩。孩子這樣的對話，父母一定要聽，一定要花時間把它聽完，解除它的疑惑點，了解它的內容，給予共鳴的支持，這就是親情。大人也一樣，父母親一回到家，就會彼此傾訴職場的情事與自己的思維，希望獲致彼此的認同激勵；父母白天也會想小孩，想要愛孩子，一回到家就對孩子喋喋不休、問東問西，給予關照、給予孩子溫暖，這些都是親情，也是「家人」都想回家的「動能」所在。家人一回到家都要有「主動對話」的好習慣，大家都能「對話解惑・了解共鳴」，才能充分享受親情的支持。

◤ 二、共同休閒・彼此關照

家人在一起要做什麼事？吃、睡、娛樂休閒是主要，學習自修是次要，所以父母親要清楚一件事，孩子的主要學習場域是學校，「在家的學習」永遠是配套，不要讓孩子回到家之後，學習的壓力比在學校大，那是「管理偏差」、那是「愛過了頭」、那是「喧賓奪主」、那是「扭曲的親情」。家庭不是孩子學習的「主戰場」，家是孩子吃、住、睡、休閒、休息的基地，孩子會喜歡回家，因為他（她）可以休息、可以休閒、可以得到溫飽。如果家庭逐漸成為第二個學校，那他（她）會變成不喜歡回家。

家庭提供家人的共同休閒，例如：一起看電視，一起打電動，一起玩遊戲，一起出遊，一起旅遊，一起爬山，一起運動，一起參加藝文活動，一起參加各種展演競賽，在共同的娛樂休閒時間中，彼此關照，相互注意安全，交互示範正確技巧，互相扶持支援，關心彼此的感受，關照娛樂休閒運動對身體的健身、平衡、休息效果，了解彼此的身心狀況，相互提醒「適量・有品質」的休閒，這就是親情的支持。家庭是親情的基地，親情支持的第二個著力點在「共同休閒・彼此關照」。

◤ 三、認同現況・交互激勵

親情支持的第三個著力點在「認同現況・交互激勵」。孩子的學習與生活，有時順遂，有時會遭遇困難及挑戰，人際互動有時友善和諧，也有時荊棘蔽天，有時成功快樂、滿意高興，也有時百學不會、焦急萬分。父母及兄弟姊妹能認同孩子的現況，支持孩子當下的努力及成果，就是親情給予孩子最大的激勵。此時，孩子會這般思考：「不管我的表現如何，父母與家人都會支持我，都是我的依靠；只要我和家人分享我的當下與處境，他們都會認同、理解，都會給我支持與溫暖，增加我面對挑戰的能量，我的明天會更好，我的未來充滿希望」，這就是親情支持的力量。

　　父母親認同孩子的現況，包括認同他（她）當天發生的所有事情，認同他（她）已經發生的不好、不健康的行為，認同他（她）遭遇到的挑戰與傷害事件。認同現況，就是認同孩子已經發生的所有行為表現，並給予親情溫暖，給予親情支持，才能產生交互激勵，孩子才能明天會更好，未來也才會更有希望的動能。

四、一起挑戰・溫暖慰藉

　　親情支持的第四個著力點在一起挑戰下一階段的成功，並在挑戰的歷程中，彼此給予溫暖慰藉。人活著一輩子，要追求自我實現，要成為家庭、學校、社會、國家的有效智慧資本，人活著才有意義、才有價值，也才有「人之所以為人」的尊嚴。「自我理想」與「現實成就」之吻合適配就是自我實現的人，「有能力、願意做、擔責任、多創價」的組織成員，就是有效的智慧資本。兩者交織後，告訴我們：人的一生要不斷地追求成功，成功的人就能同時兼具「自我實現的人」及「有效智慧資本的人」，成功的事、成功的日子就是大家都想要過的日子。因此，人的一生都在挑戰下一階段（或明天）的成功，父母親要支持孩子挑戰下一階段的成功。

　　下一階段的成功，「成功」是廣義的，是指範圍寬廣的成功。學習上的成功是孩子最想追求的成功；生活上的成功，則是提高生活品質不得不追求的成功。學習上的成功，包括：下一階段的考試（段考），下一單元的學習，每一天有品質（學到東西）的成功，專長認證的成功，登臺展演的成功，完成教育產品的成功。生活上的成功，則包括：生活好習慣多於不好習慣的成功，每天說好話、做好事、存好心、日行一善的成功，今日事今日畢的成功，以及講究要領做事、日有所進的成功。

第三節　人際的支持

家庭對於孩子的支持激勵作用，第三個面向是「人際的支持」。所謂人際的支持，係指以家庭為核心，各種人際資源對於孩子產生的支持激勵作用，包括：父母與教師的鷹架作用、家人與同學的團隊動能、親戚與朋友的溫情支持，以及社會與大眾的倫理克責。簡要說明其具體內容如次。

一、父母與教師的鷹架作用

維高斯基（Vygotsky, 1962, 1978）在教育上最大的貢獻是提出了鷹架理論，該理論有兩大重點：(1)孩子有社會支持力量的學習，要比單打獨鬥的自主學習要好；孩子的社會支持力量包括好的父母、好的教師及好的學習環境資源；(2)孩子能否有效學習，必須在學習目標與學習基礎間建置學習鷹架（學習之梯），學生循梯而上，就能獲致更大的成功與滿意成果。

因此，父母與教師是孩子最大的鷹架。父母在家給予孩子資源的支持，給予孩子親情的支援，都是社會支持力量最核心的支持。教師每天對孩子實施教學，每天都在為孩子搭建「學習之梯」，讓孩子容易學習、順利學習、有效學習，提高學生每日學習的質量，日有所進，每天都過著學習成功、滿意、有所得的高品質學習生活。生活上有困難及需求時，父母是最重要的依靠，學習上有困難須解惑時，教師是最佳的解惑師及領航人。父母及教師的鷹架作用是孩子最主要、也是最珍貴的人際支持資源。

二、家人與同學的團隊動能

人際的支持，最核心的資源來自父母與教師，父母是孩子生活的鷹架，教師則是學生學習的鷹架。人際的支持，第二個層次的來源，來自家人與同學。通常每個人在家庭裡都會與自己的兄弟姊妹自成一個次級團體，父

母兩人是一小團體，孩子群則又是另一個小團體。孩子在學校的學習生活也是用「班級」、「年級」、「領域」、「分科」，都是以一種群組學習的方式在進行，班級之內再分為四至八人的小型群組（如學習共同體的群組），這種家庭與學校的「群組」，就是「建構團隊」，用團隊的互動，產生「交互作用，整合發展」，產生「知識分享」及「知識螺旋」的效應，產生每一個人的「知識基模系統重組」之成果，產生團隊動能，用團隊動能幫助孩子生活與學習，改變心智模式，提升知識基模水準。

是以孩子在家庭與學校的團隊愈優質，孩子就愈能夠健康成長，愈能夠在「學習任務」上達標。所以《荀子‧勸學》有「蓬生麻中不扶自直」的名言，意思是我們要關切孩子的「環境」與「同儕」的重要性與影響力。孩子在學校的學習，由學校的教育機制為孩子劃分在各種團隊中學習，家長無權選擇，但可以激勵自己的孩子：(1)積極參與團隊：任何團隊都有學習目標與任務，積極參與學習才可到位；(2)對團隊要有貢獻：激勵孩子不但要包容接納不如自己的同儕，更要以服務助人的心，積極投入團隊運作，做一個對多數團隊都是有動能貢獻的人；(3)感恩團隊成員的互助：團隊動能的積極意涵在「交互扶持，共同到位」，孩子的學習成功，超過一半的比重也來自於同儕的幫助，彼此感恩，方能永續經營。

三、親戚與朋友的溫情支持

行文至此，作者先與讀者分享自己的「溫情故事」。作者係雲林鄉下的農家子弟，父母務農，卻無田產，父母的職業是：「雇農」，父母依靠「做農工」賺錢，要養活全家八個孩子，是有一定的難度，生活非常艱困。父親在作者要就讀小學那年往生，母親帶著一群孤兒更是含辛茹苦。小學成績不錯，老師提供「免費補習」（隨班附讀、不用繳費），畢業時考上斗六初中，第一年的學費是媽媽向斗南街上的「親戚」借錢，才能夠勉強

讀初中。初中時成績優異，初一初二都是全校第一名，因不忍媽媽要養活我們幾個孩子太辛苦，又要籌學費，初二就申請保送士官學校（因為士校是全公費），後來廖武雄導師做了一次家庭訪問後認為，若作者讀完初中，應該有機會考上當時的「師範專科學校」；當時的師專也是全公費，師專畢業就是小學教師，對作者的生涯發展應比較適配。媽媽接受導師建議，要作者向學校撤回保送士校的申請，並好好用功，將來要考上師專。

接著，張翠玲老師知道此事後，發動學校募款為作者籌措初三的學費，並買了當時最有名的字典「辭彙」做為獎品送給作者，期勉作者繼續「讀下去」，老師及同學都會支持我。皇天不負苦心人，初中畢業後，真的考上了「臺北師範專科學校」，從此與「教育」結緣；師專畢業，回鄉教了小學五年，教育行政高考考上後，轉任教育部擔任教育行政工作長達十九年，在教育部服務期間，透過回流教育機制，持續在職進修，讀完學士（夜間）、碩士、博士，取得教育學博士學位後，才有機會回母校（現為國立臺北教育大學）擔任教授。一路走來，非常感恩親戚與朋友的溫情支持，親戚與朋友的溫情支持會讓每一個孩子走在更為適配的道路上。

四、社會與大眾的倫理克責

人際關係的正用就是「團隊動能」，人際關係的常態功能就是「倫理克責」，人際關係的偏用就會造成「團體壓力」。人際關係是有「等差之愛」的，家人關係最親，正面的團體動能最高，親戚和朋友次之，社會大眾再次之。倫理克責指的是大眾社會生活的法律規範（如紅燈停、綠燈行），指的是大眾生活上的「潛規則」（如捷運局曾有段時間推動捷運扶梯靠右站，左邊空出給趕時間的人使用，或是主動讓座給老弱婦孺的措施），本書關注社會與大眾的倫理克責，並且視同其為人際支持資源之一。

守秩序、愛整潔、行善事、幫同學、爭榮譽、生病戴口罩（避免傳給

他人），共創和諧平等的社會都是倫理克責。倫理克責是對大家有益的倫理關係，是有助於團體生活品質的行為好習慣；倫理克責的優化就是社會（團體）的組織文化，孩子從小到大，都要與社會大眾產生「親疏」關係，了解倫理克責，實踐倫理克責，成為「有教養」的人。大家都有教養，社會與大眾的倫理克責，就會是每一個人的人際支持資源。

第四節　方法的支持

支持激勵孩子的第四個要素是方法的支持。社會上曾流行一句俗諺：「教孩子釣魚的方法，比釣魚給他吃還重要」，意思是：直接提供孩子資源，還比不上教他生存的方法和技術。孩子的生活、學習、工作、休閒四大層面，都以「學習知識」為核心，孩子需要生活的知識，學習的知識、技能、情意、工作上的知識，以及休閒的知識藝能。從教師的立場看學生的「知識學習」，教師要教會學生：「覺察物理知識」、「覺察事理要領」、「覺察人倫綱常」、「覺察時空律則」（鄭崇趁，2014，頁213-217），從學生（孩子）的立場看這些知識的學習，「方法和技術」的取得，也遠比直接知識的取得重要。因為知識本身都含有可以操作的方法和技術，學會操作知識的方法和技術，才能成為「帶得走的能力」，對於學生（孩子）的支持激勵作用最大。

一、物理知識找元素

人類的生活、學習、工作、休閒都是「在不同的時空中拿物做事」，是以「人、事、時、地、物」伴隨者人的生命。探討生活、學習、工作、休閒層面發生的人、事、時、地、物之間的「系統關係」，就是「知識的探索」，也是形成人類「文化與文明」的根基。物有物理，事有事理，人

有人理（人倫綱常），時空也有律則，找到物理、事理、人理、時空律則的原型、元素、成因、脈絡、系統，就是找到知識的方法和技術。

「物理」知識是最「具體」的知識。物理知識的操作技術，在東西本身的原型及元素，分析「物體」本身的原型、元素、成因，就是找到操作物理知識的方法和技術。以汽車為例，汽車是頗為現代化的「物」，汽車係由很多重要的「零組件」系統組成的，例如：引擎、方向盤、變速箱、油箱、輪胎、冷卻系統、電機系統等，零組件的功能品質及其組合技術，就是汽車物理知識的元素，掌握汽車重要零組件（元素）的知識技術，就是掌握產製汽車的物理知識。再以原子筆為例，原子筆是當代頗具實用價值的「物」，原子筆的知識元素包括筆心、筆架、鋼珠及墨汁，這些零組件（元素）也組合成原子筆，提供所有教師及學生書寫時使用之「物」。掌握了鋼珠、筆心、墨汁、筆架的知識與技術，配合生產工具資源，就可以產製各種不同型態的原子筆，而且精緻化個別元素的功能與品質，就可以優化整支原子筆的市場競爭力。是以物理知識找元素，學習物理知識的最關鍵點，再找到這些知識的原型、元素、成因，並予以改善、優化。

二、事理要領重結構

人活著，很多行為舉動都在「拿物做事」，生活、學習、工作、休閒，也都在做事。食、衣、住、行、育、樂是事，知識、技能、情意的學習是事，各種行業的工作都是事，睡覺、休息、娛樂活動也是事，人生的多彩豐富，就是把每一個人自己的事做好，事有大有小，大大小小的事都做得好、做得對、做得有秩序、做得剛剛好，做得對個人及組織都產生最大價值，叫事理要領。能夠掌握事理要領的人，就能夠為自己及其所隸屬的組織系統，做更多的事，創造更大的價值，這就是所謂的「事半功倍」；相反的，做事沒有要領的人，往往事倍功半，自己辛苦忙碌，對組織的貢獻

度卻很難達到「期望水準」。

　　事理要領有很多種，一般人的看法與專家的看法有時會不一樣。所謂「外行看熱鬧，內行看門道」，熱鬧就是表象，門道就是要領。熱鬧是指事物的結果讓大家「參與、快樂」的事（湊熱鬧），門道則是指事物的核心技術及其所以吸引人的關鍵要領。「事理要領重結構」，每一件事都可以分解成幾個重要的步驟流程，讓這幾個「成事」的步驟流程脈絡化、系統化、結構化，就是完成這件事的要領，用現代語言來描述，就是核心事務（技術）的「標準作業程序」（S.O.P.），S.O.P.也要適時調整精進，才能最適化，並產生最大的績效價值。

三、人倫綱常分等差

　　「等差之愛」是我國儒家最經典的文化傳承。等差之愛認為「愛是有親疏等級差別的」，最親的人要「最愛」，次親的人要「次愛」，沒有親屬、同儕、朋友關係的人，才「博愛」；博愛是有限的，是行有餘力才能做的事，我們要把自己「愛的能量」先用在自己最親的人，例如：夫婦、父母、子女；次用在自己的家人、兄弟姊妹；然後才是親戚、朋友（同儕）；再有多餘能量才用在「群己關係」，博愛大眾，此之謂「等差之愛」。

　　等差之愛才是健康的愛，當前臺灣社會充滿著「博愛的迷思」，事實上並不是「健康的愛」，沒辦法為孩子提供正確的楷模示範。有不少人受到各種「宗教力量」的牽引，每天花很多時間「修持」、「打禪」、「念經」、「禱告」、「反省」，幾乎所有的假日都上山做功德，到醫院及養老院做志工，照護那些社會上需要幫助的人，很「博愛」自持，也獲得美德讚譽。但在這些「博愛志工」中，有不少比例，家有父母老人要關照，都不聞不問，有孩子親人需要陪伴支持，都疏於搭理，家中環境也髒亂一團，家人生活品質簡陋。「對沒有關係的人博愛」、「對自己至親關係的

人卻沒有愛的能量」，這是當今社會價值觀最大的迷失。是以作者倡議新五倫，並以「等差之愛」融入「核心價值觀」的研發與實踐（新五倫及其核心價值之論述，請參閱本書第6至7頁）。

四、時空律則譜旋律

前述掌握人際關係的方法是「人倫綱常分等差」，強調等差之愛及新五倫的層次秩序，才是健康的倫常與健康的愛，是人類之愛「正確方法和技術」的說明。掌握「時空律則」的方法要領更為抽象，一般書籍用「時間管理」、「空間設計」、「空間領導」（湯志民，2014）來說明，本書則統整為「時空律則譜旋律」，希望能「用親情譜一曲教育孩子的樂章」，讓父母親知道如何教育孩子「掌握時空律則」的方法和技術。

掌握「時空律則」的方法和技術可從下列幾個事項著力：(1)譜生活旋律：「日出而作，日入而息」是古代人的生活旋律，我們當代人的食、衣、住、行、育、樂有規劃，定時、定量、適性、循環的節奏和活潑的變化，也是一首美好的生活旋律；(2)譜學習旋律：專注的學習，盡情的享樂，今日事今日畢，預習、複習、考試檢核，精熟展演，有規律，歷程滿意，成果豐碩，也是一首快樂的學習旋律；(3)譜工作旋律：父母帶著孩子們適力經營本業（孩子的主要工作是學習），家庭能夠創價平衡，逐漸提高生活品質，並且日行一善，每天能夠說好話、做好事、存好心，更是一首「有能有用」的工作旋律；(4)譜休閒旋律：古代人的休閒是禮、樂、射、御、書、術，現代人的休閒是運動、爬山、度假、看電影、聽演唱會、逛博物館、逛街、逛夜市、參觀動物園、玩象棋圍棋、學書法繪畫、玩益智遊戲、玩樂高、打麻將、買彩券、看職業球賽等，應有盡有，多元並存；父母依據家庭經濟水準，培養孩子動靜分明，讓身心效能經由休閒調適，維持巔峰狀態，更是一首「有品味、有價值」的休閒旋律。

第十章　優勢學習論

〈努力好學定方向〉

優勢學習的教育意涵是：符合性向興趣的學習、順應相對專長的學習、發展特色風格的學習、善用環境配備的學習，以及統整資源系統的學習（鄭崇趁，2012），其時代意涵是：(1)優勢學習是多元智能理論的實踐；(2)優勢學習是開展人的專長及組織（學校）的特色；(3)優勢學習可以促成行行出狀元的理想境界；(4)優勢學習對人類的貢獻價值最大（鄭崇趁，2014）。作者在撰寫《教育經營學：六說、七略、八要》（鄭崇趁，2012）一書時，將優勢學習列為第十八章（第299-315頁），在撰寫《教師學：鐸聲五曲》（鄭崇趁，2014）一書時，又將優勢學習列為第十章（第181-194頁），讀者可以自行參閱。本書書名為《家長教育學：「順性揚才」一路發》，續以孩子為主體，以家長的視角，說明如何幫助自己的孩子（或學校的學生）實踐優勢學習，是以章名定為「優勢學習論」，副標題強調「努力好學定方向」。「優勢」就是孩子學習的方向。

本章分四節論述：第一節「性向興趣的優勢學習」，從孩子喜歡什麼、要學什麼、什麼較行及什麼最棒，探討優勢學習的焦點；第二節「知識技能的優勢學習」，從學習力、知識力、藝能力、品格力四大優勢，分析孩子（學生）學習的軸心；第三節「人際情意的優勢學習」，從新五倫的架構，闡述孩子（學生）各種人際關係與情意發展的優勢價值；第四節「做事要領的優勢學習」，從好習慣、好方法、好效率及好系統的四大績效，探究孩子（學生）優勢學習的內涵。

第一節　性向興趣的優勢學習

從整體教育的立場來看「優勢學習」的定義是：教育人員能從學生及環境最有利的層面著力，設計出最適合學生發展、教師發揮及行政運作的教育（教學）方案，來經營學校之謂（鄭崇趁，2012，頁299）。是以「優勢專長」是大家（每一個人）及所有組織單位都要關注的焦點：孩子（學生）需要優勢學習，發展出相對專長亮點；家長本身需要優勢學習，以自己的優勢經營志業及家庭；教師也要優勢學習，促成自己在教育上有卓越貢獻；家庭也需要優勢學習，傳承創新家庭的組織氣氛與品味風格；學校更需要優勢學習，發展學校教育的特色品牌，吸引學生前來就讀。本節論述孩子（學生）性向興趣的優勢學習，家長可從下列幾個指標觀察。

一、孩子喜歡什麼

我們先要了解孩子的「優勢」在哪裡？找到了孩子「真正的優勢」，才有辦法協助支持孩子的「優勢學習」，進而促成孩子的優勢智能明朗化。每一個人的「優勢能力」都是來自「遺傳條件」與「教育學習」交織而成的結果，「遺傳條件」是父母生他（她）的時候給的，孩子有很多地方會傳承父母親的性向興趣、喜好與部分專長，孩子也會傳承家庭經濟環境基礎與家庭事業技術基礎；「教育學習」則從養育、教育的歷程，激發孩子的多元潛能，順性揚才，發現優勢、確認優勢、優勢學習，才能促進優勢智能明朗化。

從性向興趣看孩子的「優勢在哪裡」？第一個觀察點是：孩子喜歡什麼？孩子出生滿週歲前後的「抓週」活動，就是在看他（她）到底喜歡什麼，而「間接」推論其將來的生涯發展。現代父母則有比較客觀與科學的方法來了解孩子喜歡什麼，進而確認孩子的潛在優勢在哪裡，例如：孩子

喜歡玩的遊戲、喜歡玩的電動遊戲內容、喜歡讀的學科領域、表現最好的課業學門、喜歡參加的社團、喜歡的休閒娛樂活動、喜歡參加的展演活動或競賽活動、喜歡閱讀的書籍（可從圖書館的借書類別及數量觀察）、心得感想最深的書籍、參與各種競賽活動的次數與名次、回家最喜歡與父母及兄弟姐妹分享的話題傾向、比較深層交往的朋友類型等。

二、孩子要學什麼

　　從性向興趣看孩子的「優勢在哪裡」？第二個觀察點是：孩子要學什麼？通常孩子想要學的東西（知識技能），多多少少會反映其內在需求，這就是他（她）的性向興趣所在，性向興趣的傾向就是優勢與相對專長的跡象。孩子想要學的東西，似乎就在告訴大人們，他（她）的潛在優勢在哪裡，例如：孩子想要學律動舞蹈、想要學打棒球、想要學打籃球、想要學打網球、想要學打桌球、想要學田徑運動，參加學校運動會興高采烈，各項競賽成績優異，代表孩子的「肢體運動」智能發達。持續經營之後，在同學中會成為優勢專長，例如：孩子想要學繪畫、想要學書法、想要學素描、想要學水彩、想要學國畫、想要到處寫生、想要參加寫生比賽、畫圖比賽、設計比賽、書法比賽，代表孩子的「空間感覺」特別敏銳，具有潛在的「繪畫優勢」智能。

　　又例如：孩子想要學音樂、想要學直笛、想要學彈琴、想要學拉小提琴、想要學各種樂器、想要學打擊樂、想要學唱歌、想要學聲樂、想要參加合唱團、想要參加各項音樂比賽、想要參加音樂展演活動，並從中得到快樂、得到成功、得到滿意，代表孩子的「時間感覺」特別敏銳，具有潛在的「音樂優勢」智能。再如：孩子想要參加閱讀教育、想要上說話技巧班、想要上作文班、想要參加說故事比賽，也想要讀完圖書館裡頭的所有書籍，借閱圖書無數，常得到學校的「閱讀王」，閱讀心得筆記常獲教師

高分肯定，喜歡和同學及兄弟姊妹分享閱讀心得，且想要舞文弄墨，想要投稿文章，想要有自己的讀書寫作產品，代表孩子的「語文智能」具有潛在優勢，極待持續地激發開展，使之優勢智能明朗化。

三、孩子什麼較行

多元智能理論告訴我們，在孩子的「智慧餅」中，有七、八種智能同時存在〔語文、數學、繪畫（空間）、肢體（運動）、音樂（時間）、人際、自省及自然觀察者〕，每一個人的智能結構與強弱都不一樣，我們要找出這七、八種潛在智能中相對優勢的智能，讓其有機會優勢學習，有機會優勢智能明朗化。是以父母親觀察的第三個焦點是：在孩子諸多喜歡的、想要的學習中，「什麼較行」，例如：孩子同時喜歡、想要學習的東西很多，學音樂、學美術、學運動、學語文、學數學，哪一類的學習較熱切、較滿意，成績相對較好，較有成果績效，得到同學及教師的肯定較多，有較多的、較強烈的持續學習。

「什麼較行」是每一個孩子在七、八種多元智能中的自我比較，有時父母親很難觀察準確，也有時往往誤判。作者在 2000 至 2005 年間，剛回母校（國立臺北教育大學）擔任專任教授，曾經教授音樂系及體育系的師資培育生「教育概論」之課程，曾經發現就讀音樂系的學生，他（她）們認為自己的優勢智能「不是音樂」的約有一半，就讀體育系的學生認為自己的優勢智能「不是體育」的約有 25%。作者曾經追問他們，那為什麼選讀音樂系、體育系？他（她）們直接或間接的表示，與「父母的期望」攸關。可見孩子的「相對優勢」、「什麼較行」頗難觀察，準確不易。作者建議，孩子在中小學階段，可激勵維持一至三種「較行」的智能傾向，等到大學選填系所時，再尊重孩子自己的意願，似乎較為保險。

四、孩子什麼最棒

　　從性向興趣看孩子的「優勢在哪裡」？第四個觀察點是孩子的各種表現「什麼最棒」？這包括兩個層次的「什麼最棒」：第一個層次是「類別」的比較，在七、八種智能中，哪一種最棒（較行的比較）；第二個層次是「項目專長」的比較，例如：在同屬運動肢體智能優勢的人中，打籃球最棒、打棒球最棒，或者桌球、羽球、游泳、滑冰、跑、跳、擲的項目最棒；在繪畫（空間）的優勢智能中，水彩最棒、油畫最棒、書法最棒、國畫最棒；在音樂（時間）的優勢智能中，鋼琴最棒、小提琴最棒、聲樂最棒、直笛最棒、橫笛最棒、黑管最棒、薩克斯風最棒、打鼓最棒、指揮最棒、古箏最棒，最棒的使用樂器項目可以明確顯示孩子的優勢專長。

　　目前的中小學有「教育 111 標竿學校認證」之政策（吳清山，2009），其中第二個 1 是「一生一專長」，參與的學校要發展五種以上的學生專長認證（小型學校有七、八種，中型學校有十一、十二種，大型學校則會有近二十種專長認證項目）。四年級以上的學生，家長可以鼓勵孩子參與「專長認證」，取得專長認證的學生，就代表學生有亮點，孩子的亮點就是相對專長，就是「優勢」之所在。我們要鼓勵孩子通過一至三項的「專長認證」，但也要避免要孩子爭取學校的所有專長認證，這樣的想法與作法違背「多元智能說」、「三適連環說」及「適配生涯說」，有可能造成孩子的「迷思」（我什麼都好，我是全能的人）與傷害（沒有必要的挫折）。

第二節　知識技能的優勢學習

　　孩子學習的實體稱為「知識」，廣義的知識包括「技術」、「藝能」及「情意」，學到的知識、技術、藝能、情意經由人的統整，轉化成為行

為表現，就變成了「行為能力」，或者簡稱為「能力」，教育就是教師指導學生「學習知識」並轉化為「能力」的歷程。本節探討「知識學習」的優勢，採用廣義的知識意涵，並結合學習者（孩子）的「基本素養」與「核心能力」之觀點（見本書第七章，第 154 至 155 頁），分別說明學習力、知識力、藝能力及品格力四者的優勢。

一、找到學習力的優勢

學生的「學習力」，從整體教育的立場來看，包括兩大核心能力：「閱讀寫作的能力」及「數學資訊的能力」。兩大核心能力的內涵（觀察指標），如表 10-1 所示。

表 10-1　學生「學習力」的核心能力及其內涵

核心能力	內涵
閱讀寫作的能力〔學習力〕	・熟悉各階層教育（小學、國中、高中、大學）的基本識字量。 ・能夠順利閱讀各階層教育的教科書與參考書。 ・能夠通過一至十二級各年級國語文基本能力檢測。 ・大學畢業生能夠取得本國語文及一種以上的外語能力證照。 ・寫作及口語表達能力符合各階層教育之教學目標。
數學資訊的能力	・順利通過一至十二級各年級數學及資訊基本能力檢測。 ・大學理工商學院學生能夠通過數學必修課程，例如：微積分與工程數學。 ・大學生均能操作基本統計軟體。 ・各階層的學習者均能善用其數學及資訊能力，增進其知識、藝能、情意的學習效能。 ・學生能運用相對之數學資訊能力，提升生活品質。

資料來源：鄭崇趁（2014，頁 172）

　　學習力是指學習的基本能力，也就是一般人通稱的「聽、說、讀、寫、算及資訊」的能力，聽、說、讀、寫、算及資訊能力都很重要，但每一個人相對具備的能力並不均等，有的讀好，有的寫好，有的算好，有的資訊好，能夠用自己最好的部分，「形優輔弱」來學習，就是找到學習力的優勢。

二、找到知識力的優勢

　　學生的「知識力」是不斷累積的，從整體教育的視角來看，包括兩大核心能力：「通識經驗的能力」及「專門學能的能力」。兩大核心能力的內涵（觀察指標），如表 10-2 所示。

表 10-2　學生「知識力」的核心能力及其內涵

核心能力	內涵
通識經驗的能力	・學習者本身見多識廣，容易從生活經驗中淬取知識及能力。 ・學習者能夠將課堂知識與生活經驗結合。 ・學習者對於「人」與「事物」之間的知識取向較不明顯，較能均衡關照。 ・學習者對於同儕事務的意見表達，具有較高的共識性，較能處理公眾事務。 ・學習者具有相對較佳的全人格（處理情緒→表達情感→孕育情操）之行為表現。
〔知識力〕 專門學能的能力	・具有潛在傾向的優秀學能（知識）。 ・表現相對專長的學術能量（知識）。 ・中小學學生具有相對優勢的領域知識。 ・大專以上學生主修系所的專門知識能量。 ・社會青年再學習的潛在能量。

資料來源：鄭崇趁（2014，頁 172）

　　知識力是指認知學習的主要成果，也就是布魯姆（Bloom）認知教學目標的六大層次：知識、理解、應用、分析、綜合及評鑑。「知識、理解」是懂了、知道了；「應用、分析」是會操作了、會運用了；「綜合、評鑑」是能夠遷移、能夠創新了，成為帶得走的能力。這六大層次（三階段）的「知識力」同時存在每一個人身上，但每一個人對每一個層次的強弱程度也都不一樣，有的第一階段好，有的第二階段好，有的第三階段好；好階段的核心能力內涵，就是孩子知識力的優勢。

三、找到藝能力的優勢

　　學生的「藝能力」比較偏向技術操作的學習，從整體教育的思維來看，包括兩大核心能力：「時空美感的能力」及「個殊才藝的能力」。兩大核心能力的內涵（觀察指標），如表 10-3 所示。

表 10-3　學生「藝能力」的核心能力及其內涵

核心能力	內涵
時空美感的能力〔藝能力〕	・是一種對美的感受力與敏銳度。 ・能夠對時間、空間展現美的表現能量。 ・能夠對人與物建構更唯美的和諧關係。 ・能夠在學習組織與環境中找到適合自己發展的才藝潛能。 ・時空美感的能力足以支持與發展個殊才藝的表現程度。
個殊才藝的能力	・是一種藝能表現的潛在能量傾向。 ・喜歡琴、棋、書、畫，並有相對優質表現；喜愛體能活動（球類、舞蹈、體操），並有相對傑出的表現。 ・喜愛藝文或運動類書籍，並將專長知能系統整理，常與同儕朋友分享。 ・對於個殊才藝具有相對廣博深入的研究，能以深層結構表達個殊藝能的本質意涵。

資料來源：鄭崇趁（2014，頁 173）

藝能力是指運動、音樂、美術、舞蹈、藝文等，與時空美感有密切關係的能力，可以經由「操作」（做中學）的學習歷程而來。整體的藝能力也同時存在每一個人的身上，但專長（優勢）的項目也有不同，有的運動好、有的舞蹈好、有的音樂好、有的美術好，我們要找出孩子真正的優勢項目。

四、找到品格力的優勢

學生的「品格力」是人際關係的綜合行為表現，從整體教育的立場來看，品格力包括兩大核心能力：「優質習慣的能力」及「服務助人的能力」。兩大核心能力的內涵（觀察指標），如表 10-4 所示。

表 10-4　學生「品格力」的核心能力及其內涵

核心能力	內涵
優質習慣的能力	・好的習慣多於不好的習慣（係柯永河教授用語）。 ・能有生活好習慣，規律生活，勤奮好學，動靜分明，身心健康。 ・能有學習好習慣，計畫選課，專注學習，當下學會，作業即時完成。 ・能有處事好習慣，積極任事，勇於承擔，追求績效，盡情表現。 ・能有反省好習慣，勤記札記省思，用心生活與學習，且有質感與效率。
服務助人的能力	・是一種我為人人、人人為我的和諧共榮生活態度。 ・關照自己身心健康，能夠順暢成長發展，避免成為他人包袱。 ・擁有協助同儕的意願與能力，能夠適時分享學習成果，幫助大家有效學習。 ・熱心參與各類型服務團隊，積極傳播人類的愛與希望。 ・實踐「人生以服務為目的」，積極儲備服務能量，篤行助人淑世的願景。

〔品格力〕

資料來源：鄭崇趁（2014，頁 173）

　　品格力是指個人與團體互動後「情緒→情感→情操」的行為表現力，展現在個人「好習慣」的養成及組織「服務心」的實踐。好習慣又分為生活好習慣、學習好習慣、工作好習慣及人際好習慣，服務心也具「等差之愛」，有親人之愛、同儕之愛、同事之愛、朋友之愛、師生之愛、主雇之愛及群己之愛。「好習慣」與「服務心」也都同時存在於每一個人身上，找出孩子最佳的好習慣及服務助人的主要對象，就是孩子品格力的優勢所在。

第三節　人際情意的優勢學習

　　作者倡導「新五倫及其核心價值」，以作為品德教育及情意教學的發展趨勢，是學生（孩子）人際情意學習的新軸心。「新五倫」乃人際關係類別的劃分：第一倫「家人關係」、第二倫「同儕關係」、第三倫「師生關係」、第四倫「主雇關係」、第五倫「群己關係」；新五倫與過去的五倫（父子有親、君臣有義、夫婦有別、長幼有序、朋友有信）相比較，較適合當代的「人際類別」劃分。「核心價值」在本書第一章有較詳細的說明與舉例，新五倫各類人際關係的「核心價值」是可以持續研發的，每一個人在每一類的「優勢價值」也會有不同，父母也應觀察孩子，思考孩子在各種人際關係上的行為表現，找到孩子的「優勢價值」，促其「優勢學習」、「形優輔弱」。

一、家人關係的優勢價值

　　家人關係的核心價值有「親密」、「關照」、「支持」及「依存」，核心價值是全家人之所以在一起生活的價值取向，是大家都要一起做到的，但因為父母、子女、兄弟姊妹之間的「角色任務」不同，能夠為家人付出

的「能量」也不同。前述四種核心價值的實踐，隨著年齡之增長與角色責任之轉移，每一個人的「優勢」價值也會調整，例如：夫妻兩人在家最優勢的價值是「親密的性關係」；父母對孩子最優勢的價值是「關照」與「依存」；兄弟姊妹之間的優勢價值在「支持」；孩子對父母最優勢的價值，小的時候是「親密」（讓父母有子有女萬事足），就學階段是「支持」（支持父母親對家庭的經營），長大成年有事業之後是「關照」及「依存」（父母年紀大，需要孩子的關照，要依靠孩子）。父母親對自己的孩子，能夠適時解說家庭發展及每一階段的優勢核心價值，並示範給孩子看，讓孩子學習運用自己的優勢價值，可以為家庭提升人倫綱常的品質，經營適配幸福家庭。

二、同儕關係的優勢價值

同儕關係包括「同學」和「同事」，同儕關係的核心價值有「認同」、「合作」、「互助」及「共榮」。認同指的是認同組織單位及彼此的身分，與有榮焉，不看不起他人，自己也不卑不亢。合作指的是能夠共同協力把事做好，一起合作、達成任務。互助的價值在有「生命共同體」的體認，能相互支援彼此工作上的銜接及互補，整體而言大家都省力而效果最大。共榮則是指大家能夠一起努力共同為組織創造績效價值，倡旺服務單位或就讀的班級、學校。這四個核心價值每一位組織成員本該都要投入、都要積極實踐，但在學習中的孩子尚未完全成熟，對於四大核心價值的意涵理解與實踐能量會有「個別差異」：有的優勢在「認同」強烈，深沉而牢不可破；有的優勢在「合作」，對於同學及同事總會產生團隊動能，不斷為組織創價；有的優勢在「互助」，有部分的人要其獨挑大樑不容易，但互助、銜接的角色功能很強；有的優勢在「共榮」，能共同促進組織興旺，共同創新績效價值，也共同享有組織榮耀。引導孩子體認階段性的優勢價

值，進而具體實踐，才能真正為孩子創造「適配幸福」的一生。

三、師生關係的優勢價值

　　師生關係的核心價值有「責任」、「創新」、「永續」及「智慧」。責任是指教師有責任教會學生，學生也有責任善盡努力學習之責；創新是指教師及學生每天都在創新知識，遞移知識；永續是指教師與學生的教與學都按計畫執行，教育事業是永續經營的事業；智慧是指教師與學生的關係，不只是傳遞知識，更在傳遞智慧，謀求人類的適配幸福。孩子在求學的歷程中，教他（她）的教師有數十名，甚至上百名，每一位教師與孩子的師生關係，有的親、有的疏，前述的四大核心價值會有不同的比重出現，有時甲教師「責任」價值較優，有時乙教師「創新」價值較優，有時丙教師「永續」價值較優，有時丁教師「智慧」價值較優。只要孩子與教師互動時，都能夠找到「優勢價值」，孩子就能夠從每一位教師身上學習到應學到的知識、技能、情意，學到帶得走的能力。

四、主雇關係的優勢價值

　　新五倫的第四倫是主雇關係，也就是老闆與員工之間的關係。孩子大學畢業後，一定要進入職場，不是當員工，就是當老闆，無論是老闆或是員工，都有「主雇關係」的存在。主雇關係的核心價值有：「專業」、「傳承」、「擴能」及「創價」。人具備了組織單位需求的「專業」能力，老闆才會聘為員工。員工能夠「傳承」組織單位的核心技術，持續為公司（老闆）「擴能」與「創價」，老闆才有可能繼續聘為員工，給予應得的薪資與待遇。

　　「職業、事業、志業」三業一體，持續優化了每一個人的主雇關係：任職之初，是職業，優勢價值在「專業、創價」；職業中段是人的事業，

優勢價值在「傳承、創價」；事業的巔峰稱為志業，優勢價值在「擴能、創價」。主雇關係是現實的，有「專業」的條件，能夠為老闆「創價」，才會有「基本的」主雇關係（有職業）；優勢價值持續提升到「傳承、創價」及「擴能、創價」，才會有「深層的」主雇關係；有深層縝密的主雇關係，才能成為人的「事業」與「志業」。以前的五倫沒有主雇關係的強調，也沒有核心價值的探討，較為可惜。

五、群己關係的優勢價值

群己關係的核心價值有：「包容」、「尊重」、「公義」及「博愛」。當代的社會受到「現代化」與「後現代」的交織影響，多元價值並存，每一個人的意識形態迥異，工作價值觀與貧富落差愈來愈大，大家要和諧地活在地球上、生存在現實的社會中，就要彼此「包容」、相互「尊重」，一起追求「公平正義」，大家都要有「博愛」的精神。

群己關係的優勢價值與個人的「條件」、「能力」及「情操」有關，例如：家庭收入在國民所得平均數以下者，通常會流於被「包容」、「博愛」的對象；而家庭收入超過國民所得平均數以上者，才有條件及能力「包容」、「博愛」不如自己的社會大眾。更何況當前社會中最富有的人（如資產前 5 至 10%的人）往往缺乏「博愛」與「公平正義」的情操，才會造成今日群己關係的緊張。

作者想到國父孫中山先生的名言：「人生以服務為目的。」能力足以服務家人者，便要為家庭盡力服務；能力足以服務千百人者，就要經營專門事業為千百人服務；能力足以服務千萬人者，就要出將入相，為千萬人服務，共同實踐包容、尊重、公義及博愛的核心價值。父母親要示範自己的優勢價值，並告訴孩子依自己的條件、能力及情操素養，選擇自己群己關係的優勢價值。

第四節　做事要領的優勢學習

　　孩子用「潛在智能」來學習「知識」，發展成為生活、做事、人際的能力，創新生命的績效價值，精彩過一生。學習的軸心以「知識」為主，廣義的知識包括「做事的要領」，做事要領好的人，事半功倍，績效價值顯著；做事要領不好的人，則往往事倍功半，辛苦勞累一生，卻沒有明顯的事功成果，處在最低限度的「人之所以為人」之意義與尊嚴中，有時也會成為人類文明與文化進程上的包袱。「做事的要領」也需要「優勢學習」，從做事的習慣、方法、效率、系統，探討其優勢要領及可以著力的焦點，逐一闡明如次。

一、好習慣的優勢

　　本書第八章「好的習慣論〈簡約生活有效率〉」，分四節說明「生活的好習慣」、「學習的好習慣」、「人際的好習慣」及「處事的好習慣」，總共提列了十六項具體的好習慣（第 169 至 182 頁）。這十六項「好的習慣」是共通的、是應然的，並非每個人都能「均衡」地做到，有的生活好習慣較優，有的學習好習慣較優，有的人際好習慣較優，也有的處事好習慣較優。本節討論「做事要領的優勢學習」，是延續處事的好習慣之論述，期待能從「處事的好習慣」中找到優勢學習的著力點。

　　好習慣持之以恆，就會成為優勢，作者舉兩個自己的經驗實例供大家參照。作者小學及初中學習階段的成績都算傑出，現在回想，當時有一頗為特別的「好習慣」：上課時專注聽講，一有不解或沒聽懂「立即發問」，所以作者的「問題」是全班最多的，被戲稱是「問題學生」，但此一「好習慣」，讓作者「當下學會」，減少了很多複習的時間，所以成績能夠一直維持在前面。作者年逾六十，近四年能夠每年出版一本專書（共約八十

萬字），同事及學生們都很好奇，作者是怎麼做到的，事實上是兩個「好習慣」促成的：第一個好習慣是每天五點至六點之間起床，每天都先「寫作」約一小時左右再做其他事，另外在教學、跑行程之餘，每天再找一個時段（半小時到一小時）持續「寫作」。第二個好習慣是每天有約一小時「定量的運動」，每週至少五天，通常用早上七點至八點之間，這一好習慣讓作者「動靜分明」、「身心平衡」，有較佳的身心與心智能力，能持續在工作上及寫作上耕耘。這兩個好習慣持之以恆，就是作者的優勢。加上寒暑假期間調撥部分時間「專心寫作」，因此每一年都能出版一本教育專書。

二、好方法的優勢

做事要領找方法：方法對了，天下無難事；方法對了，再難的事都能迎刃而解；方法對了，可以很快把事做好，節省下來的時間和精力，可以再做其他很多的事，所以同事之間，有人的工作產量（績效）與品質是其他同事的數倍，但依舊顯得輕鬆愉快，主要原因在於善用「好方法的優勢」。每一件事都用「最好」、「最對」的方法要領做它，並且能夠「系統思考」（觀照全面、掌握關鍵），從事物的關鍵焦點著力，讓完成的事物在整體事業中產生最高的績效價值。

「訂目標、有計畫」最能夠發揮「好方法的優勢」，父母親可以輔助孩子每週（甚至每天）訂定生活、學習、工作及休閒的具體目標（要做哪些事，做到什麼程度），然後有計畫的執行它、實踐它。「有計畫」是幫助孩子「找到最好的」做事方法與要領，用最經濟而有效的時間和精力完成生活學習核心事務。每天、每週都能發揮「好方法的優勢」，天天都能在快樂中學習，都有滿意幸福的生活。

■ 三、好效率的優勢

　　桑代克（Thorndike）的效果律，是作者最為推崇的學習原理之一，但是在當前的臺灣並沒有被廣泛的運用，來增加「教」與「學」的效果，也讓作者百思不解，似乎是我們擔任師資培育課程的教授們沒有「把課上好」，所以「教師不會真正操作效果律」，「家長也不知道採用效果律來激勵孩子」。效果律的定義很簡單：「有效果的學習可以增進後續的學習效果。」因此，教師要運用（操作）效果律並不困難，每一堂課的教學都要讓學生學到具體的東西（知識、技能及情意），讓學生覺得每一堂課都有收穫，「日有所進」，期待明日的後續學習。在學習上，好效率的優勢指的是效果律在實際實踐後，為每位學生營造的學習優勢；「效果律」本身是優勢學習要領之一。

　　父母在家庭中也可以運用「效果律」，來激勵孩子增加生活上及學習上的要領優勢，例如與孩子約定「效果三律」：(1)每天在一小時內完成課業（含教師交代的預習、複習工作）；(2)每天做一件家事（不逾三十分鐘）；(3)每天分享一則最有心得的故事（不逾十分鐘，含生活、學習、工作、休閒、行善的心得）。只要孩子的三項約定都有做到，就給予適當的物質或精神上的獎勵，逐漸累積「好效率」的優勢。

■ 四、好系統的優勢

　　把事做好，不只是將該辦的事情完成而已，還要看這些事情完成以後的結果所帶來的價值是什麼？有多少？高還是低？做事通常都是有目的的，達成目標就有完事的價值。把事做好的另一個重要意涵是：事情的成果是美的，美的事物（務）都具有「系統結構」。好系統的優勢是指，引導大家都把「事情」有系統地完成，把每一件事都辦成「有系統結構」的成品，

做事有系統，就是要領、就是優勢。好系統的優勢，可以幫助人用最好的方法要領與步驟流程來做每一件事，幫助每一個人把事做成「美好的」、「有質感」的成品。

　　例如：寫作文，好的文章是有系統結構的，要寫成好的文章，也要有一定的步驟流程與系統結構。目前坊間出版的中小學作文書籍，都在教導學生如何依「系統結構」仿寫；又如：學校辦運動會，它是大事，是一連串的大小事與表演節目統整起來的，運動會的成功與否在於「系統結構」（節奏旋律）明顯不明顯，系統結構愈好的愈成功；再如：「擬定計畫」也是一件事，訂出來的計畫，其「目標」、「策略」、「項目」三者要呈現系統結構，可以用表或圖來呈現其「縝密關係」（環環相扣）者，才符合優質計畫的指標。教育的目標、課程、教學、環境、師生、資源都有好的系統機制，才能真正辦好教育。好系統的優勢可以從個人，發展到家庭、學校、社會、國家，我們要引導孩子學習好系統的優勢。

第十一章　經營本位論
〈善盡本分講系統〉

　　經營本位論是指從自己的本位做起，經營好自己本身，經營好自己的家庭，經營好自己的課業與事業，經營好自己的班級、自己的學校，經營好自己的土地、自己的家園之謂。作者在《教育經營學：六說、七略、八要》（鄭崇趁，2012）一書中，依據「本位管理」的觀點，將「本位經營」列為「實踐要領」的第二要（第十五章，第 255 至 268 頁），並認為「本位」具有「本分」（法定職責）、「本業」（核心績效）、「在地」（資源統整）及「系統」（品牌特色）四個層次的教育意涵。本書希望由「本位管理」的基本觀點，探討個人及家庭的「本位經營」，然後強調父母協助孩子「經營本位」的要領與作為。因此，章名的副標以「善盡本分講系統」來揭示經營本位的方向。

　　本章分四節論述經營本位的要領與作法：第一節「孩子主體的本位經營」，敘述「珍愛生命」、「勤奮學習」、「服務助人」及「承擔工作」的經營內涵；第二節「家庭主體的本位經營」，闡明「恪守本業」、「親密溫暖」、「計畫經營」及「簡約實踐」的經營策略與內涵；第三節「學校主體的本位經營」，分析「認同教育機制」、「配合教育特色」、「實踐校本課程」及「參與藝能社團」的重要性與經營措施；第四節「教育主體的本位經營」，申論銜接國家教育機制的適配經營，包括：「就讀適配的學校」、「選擇適配的系所」、「開展適配的專長」及「永續適配的學習」。

第一節　孩子主體的本位經營

探討孩子的本位經營，要先分析孩子的「本分」、「本業」、「在地」及「系統」四大層面的指標意涵，再解析其本位經營要領。孩子的「本分」是生活、學習、成長、發展；孩子的「本業」是經營自己，發展為成熟人、知識人、社會人、獨特人、價值人及永續人；孩子的「在地資源」是遺傳條件、家庭經濟水準及物力人力資源、就讀學校及社區生活與學習資源；孩子的「系統品牌」指的是孩子實際生活、學習、工作、休閒的綜合行為表現，並且是讓一般人認為的品味風格，也就是獨特人與社會人之間的綜合體，是外人感受到的系統品牌。孩子主體的本位經營要領，可朝下列幾個事項著力。

一、珍愛生命，創新生活價值

生存是人的本分之一，每一個人都要珍愛生命、善待自己，開展自己與生俱來的潛能，讓自己的潛能明朗化，成為自己的學習能力及工作能力，創新生命、生活及生涯價值，邁向「人之所以為人」的意義與尊嚴。生命是父母親給的，具有遺傳的特質，生活是從家庭開始，孩子就學之後，學校的教育機制及社會文化才會逐漸產生對孩子生命發展的影響力。

珍愛生命需要實踐力行，才能永續創新生活價值，具體作法如下：(1)感恩父母：生命是父母給的，現代的社會，養兒育女十分辛苦，已有多數的年輕人不想結婚，不願意生小孩，自己的父母還願意生下我們，我們要感恩父母給我們生命，願意養育我們、教育我們；每天早上起床、放學回家都要向父母問安，向父母通報，讓父母安心，他們給的生命依舊安好，在快樂成長之中；(2)認同遺傳：認同自己從父母親身上生下來的所有條件，只要在自己身上就是最好的，我的存在最美，我的父母對我最好，我的家

庭最溫暖，能不計較長相美醜及家庭經濟，充滿自信與希望地活下去；(3)愛家行動：家庭是生活的總基地，是每個人食、衣、住、行、育、樂的出發點，家人關係最大的價值在親密、關照、支持、依存；我們要喜歡回家，每天都有愛家行動，能積極實踐四大核心價值；(4)不卑不亢：每一個人的父母、每一個人的家庭是「比不得」的，不管自己的父母是販夫走卒或是富商高官，自己的家庭是半下流階層或是半上流階層，我們都要不卑不亢地活下去，珍愛生命得之不易，永續創新生活價值。

二、勤奮學習，豐厚知識技能

孩子的本業工作，集中在「學習」，所謂「幼稚期長，可塑性大」，學習是所有人類一輩子的志業，學習得好，精彩過一生，學習不順遂，生命與生活就會出現適應問題，潛能就不一定能夠充分開展，影響人的價值貢獻。人類的生活就是在不同的「時空」中拿「物」做「事」，所以我們要學習人、事、時、地、物的知識，有豐厚的知識技能，才能提升生活品質。

勤奮學習要講究要領，好的方法要領，才可以奠定有績效、滿意、成功的學習。可參照下列幾項作法：(1)找到最專注的時段：用每天最有精神、專注力最佳的三十分鐘至一小時，做最重要的學習活動，精神不佳的時段不使用在學習；(2)找到最順手的習慣：每一個人都要有生活及學習的好習慣，但在諸多的好習慣中，自己執行起來最順手、最習慣、最常用、最有效果的就是最好，例如：「清晨即起，讀書寫作」就是作者最順手的好習慣；(3)找到最合理的順序：任何一件事情都有它最佳的邏輯順序（系統結構），學習各種課業也有順序系統，從最合理的順序使力，學習效果最好，例如：有人適合先做完語文作業再寫數學作業，有的人適合先做數學再複習文史；(4)找到最適配的方法：用哪一種方法讀書最有效果，因人而異，

適合自己的最好，例如：作者曾經是「走讀型」的人，對於重要需「背誦」及「反覆思考、回想」的議題焦點，作者是一邊看書，走來走去，看一下，想一下，走一下，再看一下……的循環，同學都說這是「走讀型」的方法，它是作者最適配的學習方法，幫作者突破很多瓶頸。

三、服務助人，涵養品德情操

如何與人互動，也是孩子需要經營的本業之一，孩子要學會與家人相處、學會與同學相處、學會與教師相處，也要學會與親戚和朋友相處。人與人的相處互動稱為人際關係，很多人一輩子的人際關係都很和諧順暢，但也有很多人的人際關係不好，拖累一輩子的事業，生命的光亮遜色許多；還有些人不但人際關係不好，更拖累了他人，造成整體社會之不和諧。人際關係與個人的品德情操攸關，其原始的要素在「好習慣」與「服務心」。孩子從小到大，養成服務助人的心態並積極實踐，就可以進而涵養品德情操，過厚德優雅一生。

服務助人的實踐要領，可參照下列幾項作為：(1)服務學習：父母鼓勵孩子，積極實踐學校的服務學習課程，在服務他人中學習，也用學習主題服務助人；(2)日行一善：每天做一件對家庭或學校或同儕朋友有意義價值的好事，用服務他人、助長他人亮點來布建優質人際關係；(3)三好運動：說好話、做好事、存好心，我好、您好、大家都好，自然會有和諧且安穩的人際關係；(4)服務梯隊：目前的高中及大學，都會利用寒暑假期間，鼓勵學生成立各種服務梯隊，到偏鄉地區辦理公益梯隊，服務偏鄉地區的中小學學生，實踐社會公平正義，拉齊城鄉教育差距。

四、承擔工作，扮演責任公民

人的一生，為了生活、為了學習，也為了工作，生活與學習都是為了

工作，有工作賺錢，才能支付生活的基本需求，生活中若沒有工作，生活就缺少了意義與價值。人類學習一生，為了習得專業專門的知識及技術，為了謀求「適配的工作」，有適配的工作，努力經營之後，才有可能成為事業及志業。因此承擔工作，扮演責任公民，是學生（孩子）本位經營的焦點，「每個人都應承擔工作」，經營自己，成為將來的責任公民。

　　孩子要承擔哪些工作？父母親可以參照下列幾個事項，激勵孩子選擇承擔：(1)承擔精緻卓越學習：孩子的主要工作是學習，要自我承擔精緻卓越的學習；(2)承諾分擔家務工作：孩子與家人在一起生活，要圓滿實踐家人關係的核心價值（親密、關照、支持、依存），就不能只出嘴巴，毫無執行力，每個孩子都要承諾分擔家務工作的責任；(3)承擔學校及班級服務助人工作：學生都能認同為班級、為學校的服務助人工作，當作自己份內之責任；(4)承擔參與展演競賽：成果展演與競賽活動都是「神聖的工作」，扮演得好，扮演得光彩亮麗，扮演得獲致好評，就會有學習遷移，孩子的將來就會是一位責任公民。

第二節　家庭主體的本位經營

　　家庭主體的本位經營，係指以自己的「家庭」為本位思考，全家人共同經營好自己的家庭，每一個人都以「家庭」的功能與核心價值（親密、關照、支持、依存）為努力的目標，把自己的家庭顧好，再以家庭為基地，結合學校、社區、社會、國家的機制與資源，擴展家人的生活與能量，成為「社會人」與「知識人」。家庭主體的本位經營，父母親是主角，全家人都要共同參與，每一個家中成員都要為自己的家庭奉獻心力。「本位」係指同一「組織」（系統）中的所有「人、事、時、地、物」。

一、恪守本業，提高家庭生活品質

父親與母親的事業，合起來就稱為家庭的本業。家庭的本業是家庭經濟的主要來源，家庭中每一個人的食、衣、住、行、育、樂的基本生活消費，都要由「本業經營」所得的薪資待遇來支付。恪守本業，讓家庭的收入與支出能夠「創價平衡」，為全家人提供一個安定、安全、平穩且能永續發展的家庭，是家庭「本位經營」的首要任務。

「恪守本業」仍然有更為積極的作為與要領，能夠持續增加家庭收入，逐次提高家庭生活品質：(1)核心技術：任何行業或產品都有重要的核心技術，了解掌握自己本業的核心技術，才能夠持續為老闆（公司）創價；(2)關鍵要領：以智慧型手機為例，其高功能零組件的串聯方法和技術就是產製手機的關鍵要領，能夠掌握公司產品關鍵要領的員工，老闆永遠需要；(3)標準程序：任何行業之核心事務都會發展「標準作業程序」（S.O.P.），以標準程序為公司盡力、為顧客服務，績效價值最高；(4)時空律則：找出經營本業的節奏與最喜歡的「旋律」，順勢運用「時間」和「空間」資源，適度擴能。以作者撰寫本書及「經營教育之學」為例，除了「清晨即起，閱讀寫作」的好習慣之外，並能夠充分運用零碎的「時空」資源，在高鐵上、飛機上及等車時段，「抓住就寫」、「三五百字都好」。這也是作者運用「時空律則」經營本業的要領。

二、親密溫暖，營造家庭人際情趣

家庭就是供給家人親密及溫暖的場域，家人想要回家，就是為了休息，為了有親情溫暖的休息，所以經營家庭的人際情趣就是家庭第二大的「本業」。家庭裡的組織氣氛優質，大家「很親」、「彼此關照」、「相互支持激勵」、「凝聚力強」，這個家庭必定和諧幸福、潛力雄厚，孩子多能

健康成長，有效學習，成才成器，出人頭地。

　　家庭人際情趣的營造，也是有要領的，父母親可以從下列幾個事項著力經營：(1)問安習慣：家人早上要出家門，或是從外面回家，一定要相互問安、彼此關照，這是「親」的開始，大家都要養成習慣，家人才會「親」；(2)親密關係：夫婦要有適當親密的性行為，父子母女也要常有擁抱、疼惜的親密行為，親密關係的投入與用心，代表家人真的「很親」，大家都努力地扮演，就會親、就會真的感覺很溫暖；(3)四分鐘的關注：家人從外面回家，彼此見到面，能夠給妻子、孩子「四分鐘的關注」，分享在外頭發生的事情及彼此的心情，最能產生共鳴與溫暖的支持效果，家人才會愈來愈親；(4)尊重自主：家人的關係需要親密及溫暖，要有凝聚力，但也不能太黏，親也不能要求對方都要和自己一樣，是以夫婦更要彼此尊重自主，父母對孩子也要尊重自主，適性生活、順性揚才，親密與溫情才能永續經營。

三、計畫經營，規劃家庭任務目標

　　四十、五十年代的臺灣人，對於「家庭計畫」是一個耳熟能詳的名詞。當時流行「333」，指的是結婚三年生第一個孩子，每三年生一個，三個孩子恰恰好。「家庭計畫」就等於是青年人結婚的「生育計畫」，本書也主張「家庭計畫」，然而是更寬廣、更系統思考的「家庭發展計畫」，內容包括：結婚、生育、生活標準、購車、買屋、子女教育、事業發展及家庭娛樂等，以「家庭」為本位的「經營計畫」。

　　中國人擁有源遠流長的文化歷史，但很少有「家庭計畫」。夫妻結婚生子，組成一個家庭，就「幸福快樂」地過一輩子，老死之後財產留給子孫。生老病死，揮一揮衣袖，不帶走一片雲彩。家庭中的「計畫經營」主要是在家庭核心事項之「階段任務目標」的設定，以及如何實現階段任務

目標之「資源與方法」的規劃。家庭的計畫經營要注意下列四大原則：(1)「創價平衡」原則：要以家庭收入總量，財力資源足以承擔的範圍，規劃可達的任務目標，避免在孩子面前談論「做不到」的希望；(2)「逐步漸進」原則：「由儉入奢易，由奢入儉難」是人類千古以來最大的通病，家庭的總收入豐裕，也要遵循「簡約生活」的基調，再「逐步漸進」提升家人生活品質；(3)「任務分等」原則：如五至十萬元之間的建設，按季規劃（三個月只能添購一項）；二十至三十萬元之間的建設，按半年規劃（六個月之內僅能添購一項）；一百萬元以上的建設，按年規劃（同一年度不能有第二件百萬元以上的建設）；(4)「物盡其用」原則：家庭發展計畫要將現有的家庭設施及擬添購之貴重精品，設定「物盡其用」的使用計畫，避免「精品閒置」，沒有實質提升家人生活品質，形成「資源浪費」。

四、簡約實踐，實現家庭適配幸福

家庭本位的經營，中國人常犯的最大迷思是「東西愈多愈好」，以至於「家中堆滿了東西，雜亂無章」。這樣的家庭，家人不會喜歡回家，就是回來了也不親，因為家裡的大部分空間都被東西占滿了，人際的互動就是「親不起來」，類似這樣的家庭，可以說就是失敗的家庭，或者沒有「真正經營」的家庭。真正有用心經營的家庭，是有要領的，是要講究方法和技術的，這也是作者撰寫本書的主要目的之一。

「簡約實踐」是作者認為「經營家庭」的重要核心要領之一，家人生活的橫軸是「食、衣、住、行、育、樂」，食的縱軸是「柴米油鹽醬醋茶」，再加上衣、住、行、育、樂的縱軸，再乘以「家人的人數」，家庭的生活需求就十分龐雜。唯有「系統思考」、「簡約實踐」，用「簡易」、「基本」、「關鍵」、「核心」及「永續」的前提，添購家庭建設，家中的「物品」愈少愈好，有用、夠用即可，留出來的「空間」才是家人親密

互動、彼此關照、相互依存的場域，才能實現家庭的適配幸福。

第三節　學校主體的本位經營

　　我們從家庭的本位，轉移到學校主體的本位，家庭的經營，要如何配合學校為主體的本位經營呢？學校是國家教育機制的實踐場域，也是孩子學習的大本營，學校經營有教育特色及校本課程，學校也開設了多元藝能社團，舉辦諸多教育活動、學習成果展示，以及藝文、運動、藝能競賽賽會，唯有配合孩子學校教育的節奏與旋律，才能輔助孩子譜一曲帶有親情的教育樂章。

一、認同教育機制，順勢系統學習

　　認同教育機制就是認同國家的「計畫教育」，所謂計畫教育，就是孩子以學校教育為主軸的整體有計畫性之教育學習系統，例如：學制（六三三四制）、課程（七大領域統整分科）、師資培育系統、學校設備基準、每天授課時間設定、年度學校教育計畫、學校教育環境設計等。父母帶領孩子接受學校教育，更要帶領孩子認同教育機制，才能支持激勵孩子系統學習，協助孩子習得配合其年齡增長應具備的基本能力與知識技術。

　　認同國家教育機制，是要實踐力行的，有實踐力行的具體行為表現，才是真正的認同，有真正的認同，才能協助孩子接受適配的教育，作法如下：(1)儘量選擇公立中小學：公立中小學是實施基本教育的主調，基本教育階段的私立學校，多為「副歌」；學習唱對主調，遠比副歌重要；(2)就近就學：公立中小學，其師資、課程、環境、資源、設施都超越設備基準的規定，孩子就近就學，相對價值高；(3)避免過度補習：認同教育機制，更要認同學校正式常態的教育便可教好孩子，不必要有太多的補習；目前

的學校教育一直縮減教學時數，而補習班卻愈來愈旺，實是一種喧賓奪主的假象；(4)銜接學習：在家自修課業，以銜接學校學習為主軸，不再旁生枝節，避免學者以多方喪生。

二、配合教育特色，表現教育品牌

學校教育有特色，是學校師生及家長們的共同願景，因為學校教育有特色，代表學校教育具有品牌系統，可以吸引家長送孩子來校就讀。學校的教育特色大致有下列四大來源：(1)順應教育政策：如桃園市曾頒布「閱讀教育」、「資訊教育」及「品格教育」三大教育白皮書，許多中小學深耕其中一項，發展成為學校特色；(2)教師專長發揮：如新北市福和國中的國文領域教師聯合起來推動「詩詞吟唱」教學，自編詩詞吟唱教本，每年舉辦八年級班際詩詞吟唱大賽，結合書法、音樂、舞蹈，演出比賽時社區萬人空巷，家長都到學校爭睹自己孩子的表演，成為學校教育特色；(3)善用在地自然資源：如部分學校運用學校附近的自然生態資源，開闢學習步道，開發遊學溯溪、高空彈跳育樂課程，成為學校教育特色；(4)傳承創新文化：如宜蘭縣寒溪國小傳承創新泰雅文化教育，編輯泰雅語字典，成立泰雅文物館，每年舉辦狩獵及舞蹈課程表演活動，讓原鄉文化教育永續經營。父母激勵孩子積極參與學校特色，實踐學校教育特色品牌，也將是孩子的相對專長之一。

三、實踐校本課程，統整本土文化

學校依據「課程統整」的精神，結合社區的自然及文史資源，設計成各類領域的系列主題課程，稱為「學校本位課程」，簡稱「校本課程」。廣義的校本課程包括下列四個層次的學校本位課程：(1)教師本位課程：教師依據自己的專長及教育理念，結合本土文化資源開發的主題教學之教材

及教案，稱為「教師本位課程」；(2)學校課程發展委員會決定的「學校本位課程」：通常一個領域每一個年級都會有系列的二至四個主題單元名稱，以及配套的教材、教案；(3)同一地區學校跨校策略聯盟共同發展的「鄉鎮本位課程」或「縣市本位課程」；(4)學校特色課程：前述三個層次的本位課程，在深耕經營之後，有精緻卓越成果，值得他校觀摩學習者，稱之為特色課程。這四類廣義的校本課程，都在統整本土文化，對孩子實施「有根」的、「在地」的教育，可以啟迪學生熱愛自己的鄉土。

四、參與藝能社團，培育創客專長

學校主體的本位經營，第四個面向呈現在學校的社團設計。只要是中大型的學校，通常都會配合學校規模，設置多元展能社團，最大型的學校有時多達數十種之多，孩子參加藝能社團，可以培育創客專長。學校社團定位在「半正式課程」，通常具有下列四大特質：(1)提供探索、體驗、操作式的學習活動設計，實踐「做中學」之原理，學生喜歡，符合需求；(2)彌補正式課程「課程統整」之不足，由社團活動，讓學理與經驗統整到位；(3)培育藝能專長：部分學校試辦「教育111」政策的「一生一專長」認證，社團多扮演提供專長藝能學習及專長認證的教育媒介，可以點亮學生專長的亮點；(4)實踐創客教育：會操作知識中的核心技術之人稱為創客，社團是培育各種藝能創客的搖籃，教師是創客，學生也是創客，大家都在實踐創客教育。

第四節　教育主體的本位經營

教育主體的本位經營，係指以整個「教育機制」為本位，思考如何幫助孩子得到最好、最有價值的教育。要教育好孩子，要有「多元多層次」

本位的系統思考，才能統整輔助孩子選擇「適配的教育」，開展優勢潛能，用優勢專長找到「適配的行業」，過適配幸福的一生。以教育為主體的本位經營，猶應關注下列幾項適配教育的抉擇。

一、就讀適配的學校

由於少子化及傳統升學主義的影響，家長都重視孩子的教育，常為選擇學校大傷腦筋，並且陷入了兩大教育迷思：一為「私校優於公校」；另一為「需要接送的學校較好」（有點像是遠來的和尚會唸經）。這兩大教育迷思事實上都不一定能對孩子產生較高的教育價值，例如：私立學校的教師，從來就沒辦法證明他們比公立學校教師優質，為什麼大家要把孩子拼命往私校送？又如：孩子上下學的時間每天要花掉約一、二個小時，真的值得嗎？教育一窩蜂的現象，事實上並沒有讓孩子得到最好的教育（或是最有價值的教育）。

我們還是要用「適配」的觀點來討論，基本教育階段之孩子最適合就讀的學校，作者提供一些比序的優先順序給父母親參考：(1)走路可以到達的學校：如果孩子走路三十分鐘內可以到達的學校，就近就學是第一優先；(2)孩子自己喜歡的學校：孩子喜歡就是認同，自己認同的學校就會有較好的學習投入；(3)規模適中的學校：規模太小，孩子沒有群育，缺乏教育競爭力；規模太大，經營效率降低，孩子容易像孤鳥；(4)學校特色品牌教育與孩子性向興趣吻合的學校：家長宜先了解學校的特色與校本課程，再思考自己孩子的潛在性向興趣，愈吻合的愈優先。父母親真的要以「孩子」為本位，幫助他（她）決定最適配的學校。

二、選擇適配的系所

高等教育階段，孩子的「身心靈」已接近完全成熟階段，優勢智能明

朗化的程度，雖然個別差異很大，有的明顯度僅約百分之五十，有的已有七、八成，我們要相信孩子有能力為自己選擇最適配的系所，不宜用父母的想法及期待，威權式地幫孩子決定系所志願的選填。父母親可以表達父母親的期望，但要留供孩子自主決定，讓其自己選擇自認為適配的系所。

父母親可以與孩子討論分析適配系所的內涵及優先順序，下列幾項焦點提供參照：(1)國高中階段，功課成績表現最亮眼的領域學科：有好的過去，孕育著優勢的未來；(2)孩子最喜歡與家人（父母和兄弟姊妹）分享的課業主題心得：津津樂道的知識技能，往往就是優勢潛能之所在；(3)孩子在基本教育階段最喜歡的社團：社團多為半正式課程，可以調節彌補正式課程全面激發能量的缺角，也是選填志願的參照點；(4)孩子參與過的教育競賽及展演活動最卓越的表現：卓越表現的教育成果，若有機會永續經營，就會成為個人的優勢專長。

三、開展適配的專長

專門知識、專業技術、專長能力是一體三面，人要習得專門知識素養，習得專業知識裡面的技術操作，變成自己的專長能力，再用自己的專長能力，深耕探索學門深層知能，用專長能力謀求適配行業，人盡其才、才盡其用，行行出狀元，個個有相對優勢亮點，適配幸福過一生。

適配的專長對人的一生最為重要，具有下列幾項特質：(1)多元潛能中的最優勢：每個人最優勢的專長才是真專長；(2)專長是學習來的：由學習激發內隱潛能外部化，成為人的能力專長；(3)專長是最順暢的學習成果：適性教育、順性揚才，最順暢的學習成果代表每個優勢的秉性專長；(4)每個人的專長能力均有限度，且具個別差異：最適合自己秉性的開展程度，稱為適配的專長。父母要依據前述四大特質，輔助自己的孩子，開展適配的專長。

四、永續適配的學習

這是一個「知識經濟」的時代，也是一個終身學習的時代。「創新」是知識經濟時代的核心價值，代表人要不斷地創新知識、創新技術、創新產品、創新服務的滿意度、創新顧客的滿意度，唯有創新才能永續創價、才能存活。「創客」是終身學習時代的「教育目標」，創客是指能夠創新知識的人：教師在教學生學習知識，是創客；學生每天在學習新知識，也是創客。創客是指能夠操作知識裡面技術的人（著作、研究、文章、教材、教具），人為了當創客，為了永續創新知識，就必須終身學習，就必須持續適配的學習。

永續適配的學習，具有下列幾個意涵：(1)學習專業知能：本業的知識技能必須與時俱進，是終身學習的主要對象；(2)學習生活休閒知能：隨著人的成長、成熟、衰老，休閒生活的比重日益增加，必須學習生活休閒知能；(3)學習使用數位科技的技術及方法：讓自己的生活及工作都能適應時代的訴求；(4)學習生命哲學及修持知識：人在邁向成熟、邁向巔峰的前半段，與邁向壯年、逐漸衰老階段的生命哲學是不一樣的；前段積極入世，中、後段不再積極，明哲保身，需要適時學習生命哲學的智慧及配套的修持技術。這四者可謂終身適配的學習。

實踐作為篇
（八論・下）

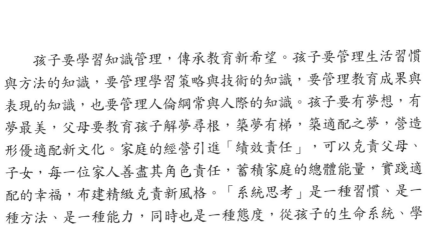

　　孩子要學習知識管理，傳承教育新希望。孩子要管理生活習慣與方法的知識，要管理學習策略與技術的知識，要管理教育成果與表現的知識，也要管理人倫綱常與人際的知識。孩子要有夢想，有夢最美，父母要教育孩子解夢尋根，築夢有梯，築適配之夢，營造形優適配新文化。家庭的經營引進「績效責任」，可以克責父母、子女，每一位家人善盡其角色責任，蓄積家庭的總體能量，實踐適配的幸福，布建精緻克責新風格。「系統思考」是一種習慣、是一種方法、是一種能力，同時也是一種態度，從孩子的生命系統、學習系統、知識系統及人際系統四大層面進行「系統新思考」，為孩子創發「交互整合新人生」。

第十二章　知識管理論

〈傳承教育新希望〉

「知識」是教育的核心，學生的學習、教師的教學，都在探討知識、創新知識，促進「知識遞移」。所謂「知識遞移」，係指教師要能夠將自己身上的知識遞送轉移到學生身上，成為學生帶得走的知識及能力。學生能否經由知識遞移，學到（學會）核心知識和技術，具備帶得走的能力，就要學會知識管理；知識管理得愈好，帶得走的能力愈豐沛，生命的豐富度愈高，人之所以為人的意義、價值與尊嚴也就會跟著提升。

本章分四節闡述說明知識管理的主要意涵，及其在家庭經營上的運用。第一節「知識管理的意涵」，分析知識的性質、來源、分類、脈絡及知識管理與應用的重要名詞；第二節「孩子的知識管理」，闡述家長輔助孩子自我知識管理的焦點；第三節「父母的知識管理」，探討父母親應該示範哪些知識的管理，提供孩子學習；第四節「家庭的知識管理」，以家庭為本位，分析家庭應管理的核心知識及傳承創新的基本要領。

第一節　知識管理的意涵

知識管理最簡易的定義是：「管理好自己已經學到、看到的知識，將其儲存在自己的身體裡面（成為內隱知識），或儲存在手機、電腦、影音媒材中（成為隨時可用的外顯知識）。」知識管理的意涵有下列四大重點：(1)知識的實體到底是什麼？(2)哪些知識需要管理？(3)不同角色任務的人與組織，要管裡哪些不同的核心知識（例如：本章的父母、孩子及家庭）？(4)知識管理的方法與具體操作事項是什麼？本章各節的主要內容都在探討

分析這四大重點的答案，答案多為作者的經驗及系統思考後的建議，不見得最好，但希望它對家長有學習參照之價值。

一、知識管理的性質與來源

對知識進行管理叫知識管理，在學術用語上，較為嚴謹的意涵是：「組織成員能夠運用現代資訊科技，對於組織中的知識，進行搜尋、組織、儲存、轉換、擴散、創新、分享及運用的過程，以促進組織知識的持續創新與再生」（鄭崇趁，2011，頁75；2012，頁284）。日本的學者Nonaka與Takeuchi（1995）發表了全世界都共同使用的知識管理公式（如下），此一公式獲得管理學界及教育學界專家學者們的認同，主導了知識管理的探討與發展。聚焦知識管理的關鍵事項，孕育「知識分享」的重要性，並產出「知識螺旋」的深層意涵與價值。

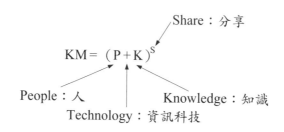

$$KM = (P + K)^S$$

Share：分享
People：人
Technology：資訊科技
Knowledge：知識

此一公式的中文為：知識管理＝「人」用「資訊科技」管理自己組織「知識」的「分享」次方。其核心意涵有五：

1. 人與知識的匯通是管理的基礎。

2. 人用資訊科技進行知識管理。

3. 人與知識是否能有效管理，決定在「分享」的因素。

4. 知識分享占知識管理成果的（累積與乘積）「次方角色」，代表知識分享平臺愈暢旺，知識管理成果愈好。

5. 資訊科技是知識管理的工具，而知識分享機制則是知識管理的方法策略。

■ 二、知識管理的分類與脈絡

Nonaka 與 Takeuchi（1995）將知識分為「內隱知識」與「外顯知識」，並提出「知識螺旋」（Knowledge spiral）的觀點。「內隱知識」是存在人身體之內的知識，有的人說存在肚子裡，所以有學問的人，被形容為「墨水多多」；也有人說存在大腦中，所以知識見解獨到的人，常被稱為「智多星」。內隱知識看不見、摸不著，我們要從每一個人的「行為表現」間接推估這個人的內隱知識多寡。「外顯知識」是人表現出來的知識，是看得見、摸得到、聽得清楚的知識，例如：書籍、論文、研究報告、PPT 等都是用文字寫成，都是看得見的外顯知識，教師上課的講義、教材、輔具及「說明」都是看得見、可以操作、聽得到的外顯知識。在「教」與「學」歷程中，教學者將自己的內隱知識「外部化」，變成學習者看得見、聽得見的外顯知識；學習者持續的將看到、聽到的「外顯知識內部化」，並與自己的內隱知識產生「對話」、產生「交互作用」、產生「系統重組」的歷程，此稱之為「知識螺旋」。知識螺旋效應愈好，學習者學到的知識愈多、愈精準、愈豐富。

「知識」無所不在，只要會詮釋它、會操作它，它就存在，我們也可以說「知識就是生活」，「知識就是人類文化的代名詞」。人的「食、衣、住、行、育、樂」都可以用知識來說明表達，宇宙中的「人、事、時、地、物」也是靠著「知識」的詮釋而存有。廣義的知識頗難界定與分類，作者在《教師學：鐸聲五曲》（鄭崇趁，2014）一書中，探討「教師傳知」時（第 213 至 217 頁），將知識分為「物理現象的知識」、「事理要領的知識」、「人倫綱常的知識」及「時空律則的知識」，較為簡明扼要，讀者

可以參照。

三、知識管理的名詞與關係

「知識管理」本身內在歷程的名詞包括：知識搜尋、知識組織、知識獲取、知識儲存、知識分享、知識應用、知識創新及知識擴散。與「知識管理」外在攸關的重要名詞有：「知識螺旋」、「知識基模系統重組」、「知識遞移」、「知識領導」及「知識教育學」等。內在歷程的名詞屬於知識管理的步驟流程，可以直接從文字上了解其意涵；外在攸關的重要名詞，則有必要註解及說明，大家才能界定其彼此之間的關係。

「知識螺旋」係指知識分享時，「內隱知識外部化」及「外顯知識內部化」所產生與「教、學」者既有知識的「交互作用、整合發展」之效應，稱之為知識螺旋。知識螺旋之作用，讓學習者「有所感」、「有心得」、「能回饋」、「能表達」及「有產品」，是知識觸動知識的螺旋歷程。「知識遞移」係指教學者能夠將知識「遞送轉移」到學習者身上，學習者不但「了解、知道」知識的意涵，還要能「操作、運用」知識裡面的核心技術，成為學習者帶得走的能力。知識遞移的績效價值就代表有效教學的程度，有知識遞移的成果，才有必要進行知識管理。

「知識領導」是新近領導學上的新興名詞，概有二義：(1)指個人的專門及專業知識足以領導所有組織員工；(2)指運用「知識管理」來領導組織成員傳承創新組織的核心技術及運作模式；兩者都很重要。「知識基模系統重組」係作者借用皮亞傑（Piaget）之「認知基模」的概念，詮釋知識教學中，由於「知識螺旋」效應產生的「知識基模」「系統重組」，在「學習型組織理論」就稱之為「改變心智模式」或是「提升知識基模」，「能夠系統重組知識」或者「提升知識基模」，就是最佳化的「知識管理」，例如：作者近四年來連續出版四本書：2012 年《教育經營學：六說、七

略、八要》、2013年《校長學：成人旺校九論》、2014年《教師學：鐸聲五曲》，以及2015年《家長教育學：「順性揚才」一路發》（本書），都是「知識基模系統重組」的成果，對作者個人而言，就是個人最有價值的「知識管理」（用出版品管理自己的知識、技術、要領及智慧，並且可隨時流通運用）。

四、知識管理的實踐與要領

知識管理有三大步驟：「知識蒐集儲存」→「知識分享運用」→「知識創新擴散」。作者在《教育經營學：六說、七略、八要》（鄭崇趁，2012）一書中有專章（第十七章，第283至297頁），詳細說明這三個實踐步驟的經營要領，茲摘述其要點供家長參考（能直讀原書，心得必當更為豐富）。「知識蒐集儲存」的經營要領有五：(1)系統思考與「博觀而約取」的應用：有關照全面的視野寬度，更要掌握關鍵的約取知識；(2)研讀經典大師的新近論著；(3)整理主題知識，講究系統結構；(4)善用數位科技資訊，建置核心知識檔案及系統資料庫；(5)定期檢視、更新核心知識的主要內容及系統結構。

「知識分享運用」的實踐要領有六：(1)著書立說：將自己的內隱知識寫成文章或書籍，公開出版發表；(2)札記省思：記錄學習心得、反思批判與創意點子；(3)經驗分享：在會議及合適場合，分享重要的經驗與知識探索心得；(4)演講論述：將知識、技術、要領及智慧系統整理，分享給參與者；(5)網頁交流：定期展示不同主題核心知識，激勵同事、同儕、師生上網分享經驗心得；(6)學習社群：適度參與專業學習社群，適時提升個人專業素養及組織核心知能。

「知識創新擴散」的實踐要領有四：(1)核心知識的系統重組：個人及學校組織均有需要，教育人員至少每年要系統重組一次；(2)知識螺旋平臺

的布建：讓經驗分享與知識交流常態化，成為創新擴散知識的有效機制；
(3)心智基模的標準檢測：實施一至十二年級學生基本能力檢測，了解心智
基模水準，輔以獎勵及補救配套措施；(4)智慧資本的活化創價：活化家庭
及學校智慧資本，大家都「有能力」、「願意做」、「擔責任」及「多創
價」，積極創新擴散知識。

第二節　孩子的知識管理

　　「人」與「組織」都需要知識管理，每個人都要管理自己需要使用的
「核心知識」，也要管理自己所隸屬組織單位（如家庭、學校、班級、社
群）的核心技術。本書為「家長教育學」，就人的對象而言，以孩子及父
母為主要對象，就組織的對象而言，以家庭為主要單位，是以本節分析論
述「孩子的知識管理」，第三節及第四節再分別闡明「父母的知識管理」
及「家庭的知識管理」。

　　孩子要管理哪些知識？如果以學校教育為軸心，孩子就是學生，學生
應管理前已述及的「物理現象的知識」、「事理要領的知識」、「人倫綱
常的知識」及「時空律則的知識」。如果以家庭生活為軸心，學生就是孩
子，孩子在家庭裡應管理「生活習慣與方法的知識」、「學習策略與技術
的知識」、「教育成果與表現的知識」及「人倫綱常與人際的知識」。簡
要說明如次。

一、生活習慣與方法的知識

　　「生活習慣」與「做事要領的方法」也是「知識」，並且是「實踐知
識」，要「身體力行」與「毅力堅持」才能進行有效管理與實踐。孩子要
管理「生活習慣與方法」的知識，本書第八章「好的習慣論」總共提到了

十六項好的習慣，本書第九章「支持激勵論」的第四節「方法的支持」（第193 至 196 頁），標示了四大方法：物理知識找元素、事理要領重結構、人倫綱常分等差、時空律則譜旋律。因應「章節主體」的轉移，再予以綜合統整為下列四項：(1)「具動能，定目標」的好習慣：做一個積極彩繪生命的人，按日、按週、按月、按季、按學期、按年度訂定生活目標，管控進度，務實實踐，用知識彩繪生命之美；(2)「存好心，做好事」的好習慣：心存善念，日行一善，用知識服務助人，自我修持，並努力營造和諧社會；(3)「遵時序，重秩序」的好習慣：置物有定位，處事有邏輯，待人恰時機，時空譜旋律，為自己譜一曲知識生涯樂章；(4)「講要領，求簡約」的好習慣：要領的知識在最佳化「標準作業程序」（S.O.P.），生活簡約標準化，會為個人帶來更加豐碩多彩的知識生涯，過適配幸福的一生。

二、學習策略與技術的知識

孩子的知識管理，首要管理「生活習慣與方法」的知識，次要管理的是「學習策略與技術」的知識。「學習策略與技術」的知識本就存在宇宙之間，但不一定人人都選用，不同的人會選用不同的策略與技術，只要與自己適配，學到該學的知識與技能，就是好的策略。但也有不少人沒有管理好自己最佳的學習策略與技術，以致於學習效率不佳，沒有得到應有的績效與成就。

「學習策略與技術」的知識雖然因人而異，但共通性強且較具效果的幾個策略，仍然值得孩子進行知識管理、備以致用，簡述如下：(1)當下學會策略：當代社會生活複雜，學生要學習的知識技能繁多，但能夠真正學習的時間有限，當下學會是最有價值的策略；(2)定時學習策略：正式課程、自修時間、補習課程，都要定時學習，固定循環，才能日有所進；(3)精熟學習策略：對於核心知識及其技術，務必練習到精熟，精熟學習是後續學

習之梯；(4)學用合一策略：學以致用，能用出來的知識才是真知識，知識也才有具體價值。

🔳 三、教育成果與表現的知識

孩子應管理的知識，第三個是「教育成果與表現」的知識。現代的教育成果評量，已採用多元實作評量，孩子留下這些實作的教育產品，隨時可以播送運用，也可以當做補強精進的基點。這些「教育成果與表現」的知識，除了參與學校的展示演出之外，宜在家加以「管理」，並用數位科技，系統儲存「教育成果與表現」的知識，是每一個人學習檔案及生涯適配發展的基點。

孩子「教育成果與表現」的知識，應優先管理下列幾個事項：(1)學期學年的學習成績表：學習成果的總體成績，可以觀察到孩子的優勢智能傾向；(2)基本學力檢測成績的相對地位分析：由各領域基本學力檢測成績的相對地位分析，可以觀察孩子在團體的位置及領域學科能力的消長起伏，以做為後續學習的著力點；(3)學習成果展示作品及同學作品數位影片：自己的作品代表自己的學習價值，同學的作品可以提供優化知識的參照；(4)競賽活動紀錄影片：參賽就是榮譽，榮譽的知識值得珍藏及多次與人分享，猶應管理妥適。

🔳 四、人倫綱常與人際的知識

孩子的知識管理，第四個要管理的是「人倫綱常與人際」的知識。人際關係與品德教育、情意教學攸關，人際關係的穩定和諧是人類健康成長的基石，每一個孩子都要以「家庭」及「學校」為軸心，布建其人脈及其人際關係。以家庭為主軸的人際關係要擴展至親戚和朋友，以學校為主軸的人際關係要擴展至教師及同儕。以整體社會為主軸（本位）的人際關係，

較為固定的有主雇關係及群己關係。

　　孩子應管理「人倫綱常與人際」的知識，包括：(1)新五倫及其核心價值：家人、同儕、師生、主雇及群己關係及其核心價值內涵之知識；(2)三親等親戚和朋友互動紀錄：親戚和朋友有親有信，有互動往來，具有交互支援、互助相依的情誼，其間的知識記載，值得管理珍藏；(3)禮尚往來大事及互惠額度記載：受人點滴，湧泉以報，紅白帖價值往來紀錄，做為感恩回饋依據，以及判讀親疏遠近的基礎；(4)情緒、情感、知識之串聯：引導孩子適當表達，成為「七情俱」、「致中和」及「成風範」的傾向，讓多數教育人員認同。

第三節　父母的知識管理

　　知識管理先流行於現代化的「競爭型企業」，再流行於一般優質的「營利事業單位」，約在二十世紀末進入學校，大學及中小學才開始注重知識管理，「知識管理」的題目才開始出現在「校長、主任考試」的考題，出現在「校務評鑑」的評鑑指標中。因為「人」與「組織」都需要知識管理，家庭是最基本的組織單位，父母是家庭的核心人物，本書為「家長教育學」，知識管理的專章，要介紹探討「父母的知識管理」及「家庭的知識管理」，至少讓為人父母者「知道」知識管理的重要，以及如何在家庭中做好知識管理的事項。

一、父母應管理「本行專業」的知識

　　父母親都有自己的職業，任何職業都有行業本身的專業知能，父母親首要管理的知識就是「本行專業」的知識。以教師為例，教師要管理「教育專業」的知識；以「律師」為例，律師要管理「法學專業」的知識；以

醫師為例，醫師要管理「醫病專業」的知識；以廚師為例，廚師要管理「美食專業」的知識；以汽車維修技師為例，技師要管理「汽車專業」的知識。無論父母的職業為何，「本行專業」的知識，自我管理得愈好，愈能夠成為「本業達人」，行行出狀元。

「本行專業」知識的管理，要管理該行業的必要核心知識。以廚師為例，「廚師達人」的核心知識至少有四類：「食材性質」的知識、「優質食譜」的知識、「配料原理」的知識及「標準炒法」的知識。每位廚師應都能將本行專業的四大類知識列表，做成數位檔案管理，再輔以現代美食節目影片的觀摩學習，跟著餐廳主廚學習，二、三年的經驗均可成為廚師達人。

■ 二、父母應管理「個人專長」的知識

每一種行業，因為學門知識太過於廣博精深，每個人在行業中，不可能萬事皆通，不可能「細節都專長」，大部分的組織，都會由從業人員的「個人專長」，安排「職務」來為顧客服務，才能提升整體公司對客戶的服務品質。以醫師為例，有的專長內科、有的專長外科，現代醫院的門診分得更細，例如：眼科、骨科、牙科、家醫科、心臟科、腸胃科、皮膚科、小兒科、婦產科、泌尿科等，愈來愈多。醫師本人就要管理「個人專長」科別的知識，才能為自己的病人提供更高品質（更精緻）的醫療服務（對症下藥）。

再以廚師為例，現代的餐飲店分為中餐、西餐，中餐有小吃店，有不同特色專門的店，例如：魯肉飯、米粉湯、擔仔麵，蚵仔煎、鼎邊銼、清粥小菜、自助餐、簡餐、套餐客飯、半席桌餐、全席桌餐、廣東菜、四川菜、湖南菜、泰國菜、越南菜、日本料理等，應有盡有，廚師若要有自己專長料理的知識及技術，就要針對自己「專長料理」的知識（含技術）進

行知識管理。

三、父母應管理「經營家庭」的知識

父母是家庭中的主人，負有「經營家庭」的責任，例如：家庭經營規模的考量、家庭經濟來源與支用平衡的規劃、養育兒女的經營、家人生活品質的安排、家人就業就學的動線系統思考、家人共同時間的設定及必要的時間管理、孩子課業階段目標的商訂、家庭重點建設（如買車、購屋、就業、轉換工作等）發展計畫等，都是經營家庭的知識。這些知識都是可以學習的，學會之後，如能再予以知識管理，適時提出使用，家庭的經營就能持續暢旺，家人都有溫暖、適配、幸福的一生。

「經營家庭的知識」在哪裡？如何管理是另一個層面的問題，很多家長並不在意有無所謂經營家庭的知識，也就沒有所謂知識管理問題。作者建議：(1)摘記家庭的重要事件〔如兒女結婚時，他（她）們製作的生命史與相遇的故事影片〕；(2)嘗試擬定「家庭中長程發展計畫」，以計畫項目導引家庭經營的軸心與焦點；(3)網路蒐集這些重點工作的「標準作業程序」（S.O.P.），並與家人討論，作為「本位經營」最佳的「標準作業程序」（S.O.P.）；(4)將計畫、執行、實踐歷程的成果資料（多為照片、影片、簽名簿）數位系統儲存，編目典藏，此即為「經營家庭」的知識管理。

四、父母應管理「教養子女」的知識

「養兒育女，教養孩子」是父母親的天職，自己生的孩子要自己養，家庭功能的「養育」大於「教育」，父母親要先善盡「養育」的責任，再輔以「教育」的責任。孩子上學之後，雖然白天多留在學校接受正規教育，晚上才回家休息，教育孩子的責任多由「學校」負責，但依常理看，孩子留在家庭裡的時間仍然多過學校。「養育」及「教育」具有不可分立的特

質，父母對孩子也要「邊養邊教」，養他（她）長大的同時要輔以教育；教師則要「邊教邊養」，教他（她）知識的同時，也要幫助他們健康成長，身體及心智同時邁向成熟。因此，父母要管理「教養兒女」的知識。

「教養兒女」的知識，隨著時代文明與文化進程愈來愈專業，市面上的「親職教育」書籍琳瑯滿目，廣播節目與電視臺多有兒童育樂及教育節目，但也充滿吊詭：教育專業人員很少出書，也不上節目談論「專業導向」的親職教育，因此一般家長要學習到「正確而專業」的教養兒女知識就難上加難，是以作者在「長官朋友」（潘文忠部長）的激勵下撰寫本書，用「一觀、六說、八論」提供父母知識管理的參照。

第四節　家庭的知識管理

「知識」不只是學科領域知識，廣義的知識泛指「人、事、時、地、物」有關的理則與結構關係，家庭的知識管理，要管的知識就是廣義的知識。家人的基本生活是「食、衣、住、行、育、樂」，並且要向外學習、工作、休閒，縱軸與橫軸交織後，「人、事、時、地、物」的知識就相當可觀。作者系統思考「家庭的知識管理」，既要「觀照全面」，更要「掌握關鍵」，因此將之統整為四大知識，包括：「家業的核心技術」、「家產的資源配置」、「家人的人際脈絡」及「家史的榮耀典範」。簡要說明如次。

一、家業的核心技術

家庭經營的事業叫家業，通常父母親從事的行業就是家業。家業是家庭經濟的主要來源，部分的家庭必須要靠家業的傳承，才能永續經營，確保子孫生活無虞。家庭的知識管理就要管理「家業的核心技術」，以Apple

手機產業為例，無論是蘋果總公司，或其下游零組件的代工企業，其從業人員都必須學會負責「零組件」之核心技術，有能力組裝串聯零組件，強化整部手機的使用功能，維持手機在市場上的競爭力。這些零組件的核心技術，對從業人員的家庭而言，就是家業的核心技術。

　　再以餐飲業家庭為例，父母親開餐廳，父親是主廚，母親擔任服務人員兼管帳，餐廳愈開愈大，孩子有意克紹箕裘、傳承家業，家業的核心技術就更為重要了。餐飲業的核心技術在食譜、配料、炒法及火侯，父母親要帶著孩子「實習」示範操作這些核心技術給孩子看，並分解說明每一步驟流程的要領及注意事項，孩子要多練習幾遍，並用相機數位留存這些核心技術與要領，做好家業核心技術的知識管理。

二、家產的資源配置

　　家產是「有價資源」，屬物，談不上「知識」，但資源的存放、配置及統整、運用，就是廣義的「知識」。每一個人的家產落差極大，有部分貧窮家庭，不但沒有家產，還債留子孫，後代相當辛苦。小康之家，父母親也不一定有「家產」留給後代，一些「退休金結餘款」，上百萬元存款罷了。大富人家才有所謂的「家產」，動輒幾十億元、數百億元，有豪宅、有土地、有股票、有工廠、有現金存款。家產不管多寡，有責任的父母親也都會明確的告訴孩子，並且提示「知識管理」的原則，例如：在遺囑中寫明財產分配原則及實際額度，這也是家庭知識管理的一部分。

　　家產資源配置的知識管理，不應只管「總數額度」及「其存放點、管理人」，更應該管理「配置的原因」、「經營的方式及要領」、「經營核心技術」及「資金運用計畫」，家產「知道總數有多少」是一種管理，「家產的創價技術」更需要管理。中國有句古訓，富不過三代，主要原因在於家產的轉移過程中，只轉移數量及額度，沒有轉移其持續創價的核心技術，

也就是多數的家庭沒有做「家產的知識管理」，或有管理而沒到位，這些家產在移轉中便會流失殆盡。

三、家人的人際脈絡

父母親留給孩子的，有的是家業知能，有的是家庭資源，有的卻是「人際脈絡」。人際脈絡也是廣義的「知識」，因為知識存在於人的身上，有人就有活的知識，父母親的人脈資源往往會傳給孩子「繼續使用」，人脈資源的價值有時超越有形的家產「千倍」或「萬倍」。家人的人脈資源與家人的社會地位、專業程度及人際圓融攸關，例如：「功成名就，門庭若市」、「家道中落，門可羅雀」。

「人際脈絡」的知識管理要依下列幾項原則進行數位建檔：(1)系統原則：如父親的人脈、母親的人脈、兄弟姊妹的人脈，有系統的建置；(2)核心原則：如果人力資源太多，則只建核心人脈（挑總數的前 20%建置）；(3)專業原則：在各種行業領域中，最專業的人建置在最前頭，並且以附檔摘述其專業貢獻；愈專業的人愈可能用得到；(4)等差原則：人脈資源有親疏之別、等差之愛，愈親的人愈可能交互支持、相互依存。

四、家史的榮耀典範

家庭的知識管理，第四個重點在管理「家史」的知識。家的歷史有家譜，包括家的重要發展史，主人行業的轉變，家人參與公職或教師甄試榮獲錄取，取得公教人員專門職業資格，或是家人榮獲大獎，例如：模範父親、模範母親、優秀公務人員獎、師鐸獎、圍棋比賽冠軍、田徑賽獎牌、公司產品獲得國家品質獎、家人作品參加校級、縣級、國家級的公開展演，家史的榮耀典範都應該有「知識管理」，數位儲存，留供後代「與有榮焉」、「傳承創新」。

　　家史的榮耀典範之知識管理，宜參照下列幾項要領建置：(1)年度大事紀要：家史不容易管理，如能每年留下大事年表，再由大事年表中摘取榮耀典範的事件，系統建置最佳；(2)善用生日節日：榮耀典範的慶祝活動，結合父母、兄弟姊妹家人的生日或節日辦理，並錄影儲存較為完備；(3)經濟成長額度：創價額度是家庭發展階段的關鍵因子，家庭收入的升級跳躍，也是榮耀典範；(4)註解價值意涵：榮耀事件都有意義價值，對重點家史要留下價值論述，賦予榮耀事件對家庭的意涵。

第十三章　築夢踏實論

〈形優適配新文化〉

　　本章的章名，讓作者「考慮」了許久，本來想用「有夢最美論」，因為有位前總統使用「有夢最美，希望相隨」的口號標語，選上了總統，任期長達八年。「有夢最美」一詞用得太好了，也有很多「夢想」的名句常被人使用，例如：「有夢想，才有改變」、「夢想，改變了世界」、「夢想，成就人類的偉大」等。但後來改變了，因為另一句話更能貼近作者的想法：「人生有夢，築夢踏實」。尤其是「築夢踏實」的意涵與實踐方法長期被忽視，是以國人「執行力」（實踐篤行的表現）不佳，國家社會「興旺程度」不如預期。最後採用「築夢踏實論」，副標題則強調「形優勢配新文化」，期能改變迷思，健康築夢。

　　本章分四節闡述築夢踏實的四大節奏。第一節「有夢最美」，分析生命之夢、能力之夢、事業之夢及功名之夢；第二節「解夢尋根」，主張有夢就有根（不是幻覺），解夢要尋遺傳秉性之根、要尋學習效能之根、要尋文化傳承之根，更要尋知識通達之根；第三節「築夢有梯」，敘述築梯的要領，包括：築生活安定之梯、築專長技術之梯、築專門學能之梯及築人脈鷹架之梯；第四節「適配之夢」，認為夢是可以經營實現的，經由適配的經營，追求適配的幸福，實現適配的貢獻，享有適配的人生。

第一節　有夢最美

　　人生有夢，有夢最美，夢是人的希望，夢是人未來的希望，夢是將來想做的事，夢是每個未來想要達到的理想境界。夢也有消極的意涵，夢代

表現在做不到，但未來想要做到的事；代表現在還沒有發生，但希望它發生的事；也代表現在還沒做得很好，但不久的將來，一定會有好的成果與價值的事。所以，人生有夢，有夢最美，父母要帶著孩子一起作夢、一起解夢、一起築夢，一起追求「適配之夢」。本節從「作夢」開始，人類的夢有生命之夢、能力之夢、事業之夢及功名之夢，分析如次。

一、生命之夢

人活著的身體叫做生命，一輩子的生老病死叫人生，人生是「人的生命」之簡稱，人生有夢，第一個向度的夢就是生命之夢。每一個人對自己的生命，都期待四個大夢：「健康之夢」、「色彩之夢」、「光亮之夢」及「希望之夢」。「健康之夢」是人的最大夢想，孩子從未成熟邁向成熟，從成熟逐漸衰老、甚至死亡，最根本、最大的夢想，就是健康成長，身體健康、心智健康，身體與心智能力維持在顛峰狀態。「色彩之夢」是指人的生命是彩色的，不是黑白的，具有色彩的生命是豐富多彩的生活：有稱心如意的伴侶，有興旺創價的事業，有自我實現的感覺，也有智慧資本的貢獻，每一個人都期望自己有多彩繽紛的生命。

「光亮之夢」係指「生命有亮點」，大家看得到，生命有專長發揮，家人、同儕、親戚和朋友（甚至社會大眾）都看到此一光點，或者受到此一亮點的溫暖照明，增加了生命的價值，每一個人都期待做一個「光亮之夢」，被大家看到的夢。「希望之夢」係指「相信下一步會更好的夢」，係指有願景、有目標、有核心價值設定的人生之夢，希望之夢帶給每一個人「活在當下、策勵未來」的積極動能。

二、能力之夢

人生有夢，有夢最美，第二個作夢的向度在「能力」。每一個人都期

待自己能夠有「超能力」，能夠做一般人不容易做到的事，增加自己的事功，增加自己的生命價值，所以「無敵鐵金剛」、「不可能的任務」、「007 系列電影」、「金庸武俠系列」都膾炙人口，大家喜歡看、喜歡討論，津津樂道主角的「超能力」，津津樂道劇情，啟動大家的「能力之夢」。「超能力」可能不存在，因為它超越了「能力」的範圍，但「優能力」及「好能力」一定存有。人只要做的是「優能力之夢」或「好能力之夢」，夢一定是真實的，夢想一定可以實現。

　　能力之夢概可分為下列四類：(1)敏銳的學習力；(2)厚實的知識力；(3)個殊的藝能力；(4)優秀的表現力。敏銳的學習力，期望自己學習得比他人快、比他人準確。厚實的知識力，代表自己知道、會用的知識比一般人多。個殊的藝能力，彰顯自己有優勢專長，專長優勢技能的發揮，具有行行出狀元的機會。優秀的表現力，可以很快地讓大眾及長官了解自己的能力，優先被拔擢。

三、事業之夢

　　人生有夢，有夢最美，人生之夢的第三個向度是事業之夢。人有了「職業」，養家活口沒問題之後，總會有夢想，總會希望目前的「職業」逐步發展為自己的「事業」，事業經營得成功，成為自己一生的「志業」。事業之夢可以用四大夢建構：「專門的行業」、「專業的技術」、「專長的優勢」及「專利的產品」。每一個人的事業，都希望它是「專門的行業」，專門的行業有學術的理論基礎，有學理致用的串聯，是經國濟民的尊貴行業，大家都期望自己的事業是被尊重的專門行業。「專業的技術」是指事業的實體（如產品）擁有核心技術，學會核心技術才能產製產品；每一個人的事業，都夢想它有專業的技術，自己能夠永續經營，是一種榮耀。

　　「專長的優勢」有下列兩大意涵：(1)為事業的核心技術與自己的優勢

專長吻合，可以盡情發揮；(2)為事業產品在競爭市場中，取得專長優勢的地位，上述兩者都是每一個人在事業上的「共同夢想」。「專利的產品」是指自己的事業有具體的「產品」，且產品能夠取得專利保護，專利的產品能夠為事業永續創價，也是每一個人共同的「事業之夢」，例如：賈伯斯（Steven Paul Jobs）一輩子的事業之夢就是產製 iPad 及 iPhone 系列的「專利產品」；又如：作者辛勤地撰述「經營教育之學」（指《教育經營學：六說、七略、八要》、《校長學：成人旺校九論》、《教師學：鐸聲五曲》及《家長教育學：「順性揚才」一路發》），也在構築「事業之夢」。

四、功名之夢

人生有夢，有夢最美，第四個作夢的向度是功名之夢。人生的價值建立在「功成名就」，功名之夢本來崇高珍貴，也是文明與文化前進的「動力」，然因「失意政客」及「有志未申」之徒自我解嘲、刻意醜化的結果，清高聖哲避談「功名利祿」，而成為人類潛意識的消極反動，實不足取。人生有夢，人人皆有「功名之夢」，功名之夢的表現在四高：「高官」、「高名」及「高峰」。「高官」是指取得政府體制中高位官等的「公務員」，或私人機構中「高職位」的職務，如總經理、執行長等「關鍵職位」；「高官」位極人臣，可以決定政策，可以調撥資源，可以有更高的收入，可以有能力為人民服務，功成名就，誰都想要。

「高名」是指獲得口碑、聲望崇隆的人，例如：對人類社會有重大貢獻的人，獲得諾貝爾獎的人，或者是在專業領域有傑出表現，獲得師鐸獎、金鐘獎、金曲獎、金馬獎、金像獎、教學卓越獎、校長領導卓越獎的人。傑出表現代表「功成」，得獎激勵代表「名就」，這是各行各業工作者的共同夢想，大家都想證明自己是最有貢獻的人，證明自己是表現傑出的人，功名之夢真的可以改變世界。「高價」則是指「賺很多錢」、「創造更高

「價值利潤」的人，有錢可以做更多的事，可以為更多的人服務，可以帶動國家的經濟繁榮，「高價值錢」是功成名就的基石。

「高峰」概指人的事業高峰，對事業本身而言，自己站上專業的「最高位」，對事業的影響力最大；對事業外圍而言，事業產能「最高峰」，並且賺最多的錢，專業高峰，績效價值最大。這是人生「事業之夢」的極致，同時帶給個人「功成名就」，也是「功名之夢」的極致。人生的「高峰」愈長愈好，每個人都要「用心」經營。

第二節　解夢尋根

人生有夢，有夢最美，夢都是美的，可以實現的夢、做得到的夢，當然美，因為我們看到了它的存在，存在的東西就有美。有的夢我們一輩子都沒有實現，有的夢我們窮一輩子的力氣，都沒辦法做到，沒有辦法實現或沒有辦法做到的夢，就成為「空笑夢」，對於一個人的人生沒有實質的幫助。「有夢」→「解夢」→「築夢」→「適配之夢」，是避免「有夢」而成為「空笑夢」的重要方法，作者認為「解夢尋根」及「築夢有梯」是「適配之夢」的要件，本節先討論「解夢尋根」的參照作為。

分析「夢」是怎麼來的？「夢的意涵是什麼」？叫做「夢的解析」。佛洛伊德（Sigismund Schlomo Freud）的《夢的解析》（*The Interpretation of Dreams*, 1913）一書流行全世界，所有的心理學家都把它當作經典教科書來拜讀研究，簡稱為「解夢」。本書的「解夢尋根」專指第一節「有夢最美」中的十六個大夢「如何解釋」？「需要哪些基礎」？「如何才能實現」？作者主張「解夢」必須「尋根」，尋遺傳秉性之根、尋學習效能之根、尋文化傳承之根及尋知識通達之根，逐一說明如次。

■ 一、尋遺傳秉性之根

「莊周曉夢迷蝴蝶」，莊周是蝴蝶之夢？抑或蝴蝶是莊周之夢？是莊子流傳後人的謎題，是「人有夢」還是「夢裡人」？怎麼講都通，怎麼講都對，也可以說怎麼講都美，有夢最美。「美夢成真」是作者撰寫本章的主要意涵，是以章名用「築夢踏實論〈形優適配新文化〉」，希望天下人的所有「美夢」都能「成真」，避免它留在「空笑夢」的困境。解夢尋根的第一要義，是尋遺傳秉性之根，例如：「性別與抱負」、「能力與標準」、「家業與輔導」及「美麗與哀愁」，都是父母生給孩子的，他們關係著美夢能否實現。

「性別」在父母親生下孩子時就決定了，男生與女生經營事業與理想抱負會有顯著的區別，順性揚才、順性築夢、順性圓夢，是父母親協助孩子作夢的要旨。「能力」也多半是父母親遺傳下來的，智力與能力的高低，決定學生（孩子）完成任務、實現目標的標準，遺傳條件佳的，標準高，遺傳條件不好的，標準調降。「家業」更是父母留給兒女的，家業的興隆或衰微，直接影響孩子作夢的方向與價值取向。「美醜」更加現實，孩子生下來「美麗」與「哀愁」立現，「美麗」占盡人際優勢，「哀愁」督促務實深耕，可成另一優勢。我們要了解面對遺傳秉性之根，超越美麗與哀愁，經營做得到的美夢，構築看得見的美夢。

■ 二、尋學習效能之根

解夢尋根的第二要義，是尋學習效能之根，每一個人的學習成就與效能會與「夢境」攸關，學習效能愈佳者夢境愈美，夢裡的情境往往是下一階段學習的希望，是以有夢最美，解夢尋根，要循學習效能之根。學習效能之根在於「學習好態度」、「學習好習慣」、「學習好方法」及「學習

好績效」。「學習好態度」指的是孩子對於學習之重要性有正確的認知：「不學無物」，有努力學習的準備，有持續深耕的態度。學習好態度是人生有夢的開始，也是築夢的第一梯。

「學習好習慣」是指孩子能夠實踐好的學習習慣，例如：專注學習、創客學習（探索學習）、優勢學習及適配學習等，都是學習的好習慣（可參閱本書第九章），好習慣的學習是學習效能之根，也是築夢之梯。「學習好方法」是指孩子能夠運用好的方法要領進行學習，學習歷程也能系統思考，「觀照全面，掌握關鍵」，在相對較短的時間內，精熟應備的知識技能。「學習好績效」是指孩子的學習，歷程是滿意的，學習是成功的，學習成果是有價值的，單元性、階段性的學習好績效，可以增進後續（下一單元、下一階段）的學習成果績效。這些都是學習之根，同時也都是築夢之梯。

三、尋文化傳承之根

解夢尋根的第三要義，在尋文化傳承之根，我們可以從不同族群的「流行歌曲」看到族群的夢想，也可以觀察到不同族群「文化傳承」之根的差異，臺語歌、國語歌、原住民族的歌、客家歌，都有他們的夢想，都反映了各自文化傳承之根。文化傳承之根展現在四大型態：意識形態、生活型態、育樂型態及祭典型態。「意識形態」是指孩子的認同主體，例如：當前臺灣兩黨的政治形態認同主體的落差，影響「築夢」的方向與內容，各築各的夢，實質的建設就困難重重。

「生活型態」是指孩子的食、衣、住、行、育、樂之主要基調，例如：原住民族多居住於山區，「狩獵」與「農作」仍然是他們生活的主要型態，不同的生活型態就會構築出不同的夢想，彩繪不同的夢境。「育樂型態」是指孩子的主要休閒娛樂活動，都會區的孩子多喜歡球類運動、游泳、

KTV、看電影、網咖、爬山、旅遊；原住民族則仍然保留狩獵、舞蹈及山歌對唱為主要育樂；育樂活動的內涵（如歌曲的歌詞）會透露人民的心聲與夢想。「祭典型態」是民族文化傳承的具體表現，祭典是民族生命哲學的反射，祭典中的儀式代表文化底蘊的真實思維，祭典中的歌舞就是族人構築夢想與實踐夢想的具體表現；原住民族的豐年祭、客家人的「義民節」、漢族的中元普渡，都是文化傳承最經典的祭典。

四、尋知識通達之根

解夢尋根的第四要義，在尋知識通達之根。人類之夢，建構在「知識學習的結果」，知識學習有具體的心得，就會有新的夢想；知識學習小成，夢想就會有知識通達（大成）的一天；知識學習大成（通達），夢想就會布施濟世。知識通達之根通常是指下列四大類型的人：「悟道」之人、「傳要」之人、「布施」之人及「創客」之人。「悟道」之人最容易了解，六祖慧能禪師勤誦金剛經，因「應無所住而生其心」之名言而悟道，終成一代大師，我們一般人雖然勤讀詩書、鑽研知識，然「悟道」不易，大多數的人只是比較靠近道，學者專家雖有碩士、博士學位，也大多「學有專精」、「悟道之半」。「悟道」是知識通達層次的最高階，大多數的人「雖不能至，而心嚮往之」，「悟道」的深淺、程度，都是人類探索知識者的共同願景（夢想）。

「傳要」之人是指傳遞知識要領的人，也就是教給他人物理知識及事理要領的領航人。學習的方法要領，有時比知識的本身還重要，方法要領用得對，可以學習更多的知識、可以做好更多的事務、可以構築下一步的「夢想」。「布施」之人是指能夠供給他人食物、錢財、衣物、生活必需品的人，「知識通達」後的布施，超越了財務的布施，強調布施知識、布施智慧、布施要領、布施恩惠。「創客」之人是指創新知識的人，是指會

操作知識的人，教師帶著學生天天學習新知識，師生都是創客。創客也泛指有知識產品的人，有知識產品的人，對於自己專研的領域就會有新的夢想。悟道、傳要、布施、創客就是知識通達之根，解夢尋根，尋這些知識通達之根。

<h2 style="text-align:center">第三節　築夢有梯</h2>

「解夢」在分析夢境與作夢的因素、背景，是以解夢尋根，就要從遺傳、學習、文化及知識的四大方向尋根。「築夢」在探討實現夢想的方法、策略與要領，我們都希望每一個人「美夢」都能「成真」，也都相信「築夢有梯」，只要用對方法要領，搭建每一個「美夢」之「好梯」，所有的「美夢」真的都會「成真」。「好梯」在那裡？作者建議，築生活安定之梯、築專長技術之梯、築專門學能之梯及築人脈鷹架之梯。逐一說明如次。

一、築生活安定之梯

築夢有梯，首先要築生活安定之梯，有安定的家庭生活，才會有進一步發展的夢想，很多很多的夢，都是從「生活安定之梯」爬上去的。生活安定的家庭可以從下列四個指標觀察：(1)固定伴侶的家：當代社會男女關係複雜，性又是人之大慾，固定伴侶的家是生活安定最核心的要素，也可以說是各種「夢想」的「啟動器」；(2)常態和諧的家：家人都有回家，食、衣、住、行、育、樂以家為基地軸心，家人和諧相處、關係親密、彼此關照，這是常態和諧的家；常態和諧的家才有生活安定之梯，全家人才會築夢有梯；(3)創價平衡的家：家庭的總收入要與支出平衡，並且漸有餘裕，生活小康而安定，家人在安定中築未來的夢想；(4)積極幸福的家：父母要激勵家人，在生活安定幸福的同時，要積極生活、充滿活力、站穩當下、

邁向未來，積極為將來的事業與理想抱負築夢。

二、築專長技術之梯

築夢有梯，第二個要築的是「專長技術」之梯，有專長技術的生活與事業，才能夠永續經營，才能夠創發原有的事業版圖、擴展量能，持續創價。築專長技術之梯，可以從下列四個層面經營：「生活情趣」的專長技術、「運動休閒」的專長技術、「事業工作」的專長技術及「特色亮點」的專長技術。「生活情趣」的專長技術是基本，指的是家人一起生活，食、衣、住、行上的生活做事要領與互動情趣，例如：最會煮飯炒菜，最會洗碗及整理廚房，善於吸塵及清理浴室，一起吃飯時，最會講幽默笑話。「生活情趣」的專長技術可以活化日常生活品質，是溫暖和諧幸福的起點。

「運動休閒」的專長技術是平衡身心效能的法寶，例如：作者每天都需要約一小時左右的運動休閒時間來平衡身心效能，靈活運用跑步、爬山、打網球、「投籃球+夫婦對打排球」等四、五種運動休閒的專長技術，讓每天的工作、上課、演講、寫作都有高峰的心智效能。「事業工作」的專長技術，是指父母及孩子的本業工作（孩子的本業是學習），有核心技術及個人專長，事業上的核心技術愈深層，愈是不可取代的行業，學習藝能有專長，可以誘發優勢智能明朗化，都是父母及孩子築夢的重要催化劑。「特色亮點」的專長技術，是指每一個人被大眾認定的「專業風格」，例如：校長是「教育人」、「有能人」、「厚德人」、「質感人」及「品味人」（鄭崇趁，2013），這五種人就是中小學校長「特色亮點」的專長技術，也叫「專業風格」。具備專業風格的人生，也是人類共同的「大夢」。

三、築專門學能之梯

知識伴隨人的一生，人因為有知識而存在，「知識力」是人的生活、

工作、學習及休閒的共同關鍵力。「知識力」來自下列兩大核心能力：(1)通識經驗的能力；(2)專門學能的能力。通識經驗的能力多從生活經驗統整而來，例如：有些人的基本學歷並不高，但人際關係很好，博通古今，讓人覺得才高八斗，可以為大家做很多事。「專門學能」的能力多從專門學程研修而得，例如：碩士學程、博士學程、各類專門職業人員的專業學習社群。築專門學能之梯，是指當代的人類至少要有學士學位的專門學能（大學畢業），並且配合行業的性質與職位的需求，要能持續進修取得碩士學位，甚至博士學位，是故學位是重要的築夢之梯。

部分行業的工作者，因為環境條件受限或碩博士學程不普及，沒有機會在職進修，攻讀碩士、博士學位，此時應積極參與各種專業社群活動（如讀書會、工作坊、專題演講等），讓自己的專門學能與時俱進，提升「知識力」的等級位階，運作厚實的知識力，優化工作服務品質，優化企業產品競爭力，擴展工作服務能量，創發組織及個人更高的績效價值，作為築夢的梯。

四、築人脈鷹架之梯

築夢有梯，第四個要築的是「人脈鷹架」之梯。人際關係是「人」的鷹架，是一種社會支持力量，從人脈資源支持我們做好事、圓好夢，協助支援我們挑戰更高的夢想，實現人生的大夢，是故人脈資源是重要的築夢之梯。築人脈鷹架之梯，可以從下列四大族群著力：「親戚朋友」族群、「專業同行」族群、「公益團體」族群及「志工人力」族群。「親戚朋友族群」的人脈鷹架，指的是以家庭為軸心，平時與親戚和朋友多聯絡、多互動，互通有無、禮尚往來，建立縝密的親戚和朋友關係，必要時一起訂計畫、一起執行任務、一起作夢、一起築夢、一起圓夢。

「專業同行族群」的人脈鷹架最為珍貴，指的是事業工作上，最有專

業專門學養與能力的人，平時要有專業人力資源庫，要針對事業上的需求及創新發展需要，普建核心諮詢顧問，並定期互動，保持聯繫。「公益團體族群」的人脈鷹架，指的是定期要與公益組織（如財團法人、文教基金會）保持聯繫，需要時結合基金會的財力及人力資源，共同築夢、圓夢。「志工人力族群」的人脈鷹架，則指個人平時要多參與志工團體活動，獲得志工團體認同，願意必要時結合事業發展任務，支援人力資源，共同促成。「公益團體族群」以出錢支援為主，「志工人力族群」則以人力支援為主，兩者合作，可以共同做很多夢，共同築夢與圓夢。

第四節　適配之夢

　　「順性」→「全人」→「專長」→「適配」是本書的四大主張，也是全書最精華的亮點。「順性」是指「順性揚才觀」（第一章）；「全人」是指「全人發展說」（第二章）；「專長」係指「優勢專長」（第三章、第十章）；「適配」則指「適配人生」（第五章、第十三章）。「適配生涯說」（第五章）主張適配的教育、適配的伴侶、適配的事業及適配的職位。本章「築夢踏實論」，則強調「適配之夢」，意思是「作夢也要適配」（用臺語唸較傳神）。茲從「適配經營的夢」、「適配幸福的夢」、「適配貢獻的夢」及「適配人生的夢」加以闡述討論。

一、適配經營的夢

　　「作夢也要適配」，第一個適配是「適配經營的夢」。本書第四章「三適連環說」係依據何福田教授的觀點，重視適性、適量、適時的三適連環教育。第五章進一步提出「適配生涯說」，用適配來歸結「妥適的教育」，適配就是要適配人的潛在遺傳，適配激發優勢智能明朗化，適配經營家庭

及事業，經營「適配的夢想」。適配之夢是有理想的夢、是做得到的夢、是看得見的夢，也是比現在更好的夢。

適配的夢也是經營來的，適配經營的夢要符合下列幾項原則：(1)本業的夢：夢的方向與內涵要與本業攸關，是本業經營發展的理想，是本業的優化；(2)專長的夢：夢的本質與場景要符合個人優勢專長的發揮，是讓既有的優勢專長更為發揮光亮的夢；(3)努力的夢：黃粱一夢離開現實太遠，是以夢過就不存在了，適配之夢，是努力可達的夢，離現在不太遠，但努力經營下去就可以實現的夢；(4)適力的夢：夢也要符合自己的能力，適力經營即可實現，不宜做用力過猛而仍然遙遠的夢。

二、適配幸福的夢

「作夢」也要適配，第二個適配係指「適配幸福的夢」。作夢是為了家人更幸福，家人都能獲得更加幸福的夢，才是好夢、才是適配的夢；帶有太大風險，危及家人幸福感的夢，不做也罷。適配的幸福係指：(1)全家人都住在一起，共享親密、關照、支持、依存；(2)基本生活品質持續提升，簡約而精緻；(3)家業（父母的職業）興旺發達，家庭收入豐厚，能夠關照孩子適配的教育；(4)家庭的文化溫暖、和諧、積極、活力，具有溫雅的氣氛及向上的動力。

適配幸福的夢也是經營來的，下列幾項要領應可參照：(1)安定的幸福：家人有個安定的家，家人都想回家，以家為基地，家是親人親密、相互關照、交互依存的家，大家都要安定的幸福；(2)滿足的幸福：家庭能夠提供生理需求、安全需求、愛與隸屬需求及尊榮需求的滿足，過滿足的幸福生活；(3)成功的幸福：家人能夠分享彼此的成功、學習的成功、事業的成功及生活效能的成功，大家都享受成功的幸福；(4)尊榮的幸福：家人的人際關係優質，夫婦相敬如賓，父子母女親密關照，全家人也都能享受尊榮的

幸福。安定、滿足、成功、尊榮，構築適配幸福的夢。

三、適配貢獻的夢

「作夢也要適配」，第三個適配係指「適配貢獻的夢」，意思是每一個人要對自己有貢獻、對家庭有貢獻、對學校有貢獻、對任職的單位有貢獻、對國家社會有貢獻，但貢獻的程度及能量要剛剛好，剛剛好適合每一個人都可以做得到的範圍，剛剛好讓每個人都能「人盡其才」及「才盡其用」。「適配的貢獻」在本書第六章「自我實現說〈成就人的尊嚴價值〉」以及第七章「智慧資本說〈開展人的動能貢獻〉」中有較為詳細的論述說明，讀者可以前後參照。適配貢獻的人是一個人盡其才的人、是一個才盡其用的人、是一個充分自我實現的人，同時也是一個有效智慧資本的人。

適配貢獻的夢也是經營來的，下列幾項著力點可以參照：(1)有人生目標的規劃：人生有夢，有夢最美，適配的夢就是人生目標的規劃；(2)有經營策略的設定：解夢尋根及築夢有梯，可以幫忙系統思考，設定實現人生目標的有效經營策略；(3)有實踐要領的機制：適配貢獻的人生大夢，多與個人的優勢專長攸關，都可以在「目標策略」及「優勢專長」交織之間，找到實踐要領，找到具體經營的工作項目與方法；(4)有品保回饋的配套：適配貢獻的夢是一種有品質的貢獻，有幸福感的貢獻，有做與沒做不一樣的貢獻；它是一種積極而創意的生活與工作，是以要定期的檢核回饋（反省實踐作為），確保它的意義度、價值度及貢獻度。

四、適配人生的夢

「夢想，可以改變人生」，夢想希望把人變成怎麼樣的人生？功成名就的人生？事業巔峰的人生？財富天下的人生？權勢獨攬的人生？都是，但也好像都不是。每一個人所要的人生是適配的事業、適配的財富、適配

的權勢及適配的功名。它是適配的經營、適配的幸福、適配的貢獻，合起來的總稱，我們稱之為適配的人生。人生有夢，有夢最美；解夢尋根，築夢有梯；尋根爬梯，大家都能做適配人生的夢，過適配的人生。

　　適配人生的夢可以從下列四大指標觀察：(1)順性揚才的人生：順個人之性，揚本然之才，尤其是優勢智能明朗化；(2)全人發展的人生：是一個成熟人、知識人、社會人、獨特人、價值人及永續人，六種角色全人發展的人；(3)專長亮點的人生：每一個人優勢智能明朗化之後，都有個人的專長亮點，在生活上、學習上、事業上展現行行出狀元的亮點；(4)責任公民的人生：「適配的人生」要由他人（社會大眾）認同，每個人都要在善盡本分本業的同時，經營適配的人際關係，實踐新五倫及其核心價值，己立立人，己達達人，也善盡社會責任，有適配的貢獻，扮演責任公民。築夢踏實論，期待經由「有夢最美」→「解夢尋根」→「築夢有梯」→「適配之夢」，經營「形優適配新文化」。

第十四章 績效責任論

〈精緻克責新風格〉

績效責任原本是企業及公部門機構（含學校）在經營管理時的焦點議題。由於組織系統龐大，分部門（次級系統）及附屬單位分工辦事，各次級系統單位及單位主管（含成員）要依職能擔負「績效責任」，而績效責任指的是「標準的產能及標準的品質」。有產品的企業就會要求各單位有責任產製公司預定的產品產量，並且產品的品質都要符合標準以上；沒有實物產品的部門就要依照「標準作業程序」（S.O.P.）為同仁及顧客服務，服務的數量要達到標準以上，並且顧客滿意。

我國的教育很少談績效責任，以致於教育品質不太整齊，競爭力有待提升，是以作者出版《教育經營學：六說、七略、八要》（鄭崇趁，2012）一書時，將「績效責任」列為八個「實踐要領」之一，專章（第二十章，第 335 至 352 頁）說明教育人員及教育組織的績效責任，並將教育單位績效責任的經營要領，歸納為下列五大步驟：(1)明確分工：職務編配系統化；(2)承擔責任：工作任務責任制；(3)績效評鑑：成果考評標準化；(4)獎勵績優：薪資待遇績效制；(5)負責到底：責任承擔法制化。「家長教育學」要不要談「績效責任」？更是一個有趣的議題。有個好朋友曾經對作者說：現代的人，父母孩子都很忙，大家都累得要死，回家睡覺都不夠用了，還談什麼「績效責任」，大家莞爾一笑便分開了。作者認為，也因為大家都很忙碌，但是生活品質並不高，代表生活、學習、做事都沒有好的要領，因此更要以家庭為主軸，闡述一下績效責任在家庭組織及成員上的運用，是以副標題採用：「精緻克責新風格」，代表家庭也開始培養克責的新文化風格。

　　本章分四節說明：第一節「父母的績效責任」，敘述父母在家應示範給孩子看的績效責任；第二節「孩子的績效責任」，分析孩子在家庭中，應盡的生活、學習、工作與人際的責任；第三節「家庭的績效責任」，探討在家庭運作功能上，對家人應承擔的績效責任；第四節「學校的績效責任」，兼敘孩子學習的核心單位──「學校」，其應盡的績效責任，供家長及孩子串聯統整運用。

第一節　父母的績效責任

　　家庭的「人與組織」最單純，也最基本。男女兩人結婚，組成家庭，開始的家庭，僅夫婦兩人，有小孩之後，家人的人數增加，才有「父母及孩子」，大部分的家庭多只「三人至五人」之間。父母是家庭的主人，也是家庭中最核心的人物，父母負有經營整個家庭的責任與義務，如果他（她）不願負擔家的責任，他們就不應該結婚成家。登記結婚成家的父母，就表示他（她）願意承擔經營家庭的基本責任。家庭運作的責任繁多，身為父母角色者，尤應克盡下列四項責任。

一、經營本業與創價平衡的責任

　　父母對家庭的首要責任是：經營本業與創價平衡的責任。經營本業是指好好做好目前的工作，讓自己的職業工作，能夠逐漸成為自己的事業以及一輩子的志業。做好本業工作才能有「穩定的薪資」，豐厚家庭的經濟收入，養活自己也養活家人。深耕本業，增加收入，則可以改善提升家人的生活品質，支持孩子的教育學習需求；經營深耕本業也可以增進自己的自我實現，讓自己成為公司（老闆）有效的智慧資本。

　　創價平衡的責任，就是家庭的總收入要和家庭的總支出平衡，量入為

出，以家庭的總收入額度，規劃食、衣、住、行、育、樂的生活消費等級。如能與家人討論商定「家庭年度發展計畫」最好，可依據家庭的年度總收入，設定每月（每週）的生活基本消費、交通與零用支出、孩子的教育學習費用，再有經費，才規劃年度家庭重點建設項目（例如：買車、國內外旅遊、換冰箱或電視等）。家庭經濟是全家人生活的命脈，家庭經濟能夠創價平衡，是父母最重要的責任。

二、關照家人與溫暖幸福的責任

父母對家庭的第二個責任是：關照家人與溫暖幸福的責任。父母要關照家中的每一個人，關照家人的身體健康與成長情形，關照生活基本需求的滿足，關照學習生活的成效與困難，關照人際生活的脈絡與情趣，關照家人回家之後的互動與親密共鳴，關照家人的實質能力表現及其在職場社會中的相對地位，給予共鳴性的了解，給予無條件的親情支持。

父母要給每一個家人都有溫暖幸福的感受，溫暖幸福的感受來自下列四大元素：(1)有愛的：父母對孩子有愛，而且是天經地義的愛、血濃於水的愛，愛孩子健康，愛孩子不受傷害，愛孩子快快長大，愛孩子成才成器，愛孩子功成名就，只要是孩子有表現，父母都愛；(2)有親情：家人在一起很親，父母要主動親近孩子，給孩子親情，早晚相互問好，外頭回來彼此關照，每天都實踐「四分鐘的關注」，彼此表達關照的親情，有事共同面對，彼此分享心事，共同歡笑；(3)有支持：獲得認同與支持的人最幸福，家人回到家，就是要尋求家人的認同與支持，不管在外頭的工作與學習多競爭，回到家就有溫暖幸福的感覺；(4)有依靠：家人關係的核心價值有「依存」，就是相互依靠而生存；幸福溫暖的感覺就是回家有依靠，父母要提供孩子經濟的依靠、生活的依靠及教育的依靠，讓孩子有溫暖幸福的感覺。

三、繁衍生命與養兒育女的責任

父母對家庭的第三個責任是：繁衍生命與養育兒女的責任，也就是要生小孩，並且養育他（她）們長大，教育他們成為成熟人、知識人、社會人、獨特人、價值人及永續人，成為完整（全人）發展的人。有生小孩，繁衍生命，個人的角色才會由純家長發展成為人的「父母」，父母角色也是經營來的，男女結婚成家，就要生小孩，讓自己變成父母，有人叫爹娘的父母。當代的青年有部分選擇「頂客族」，不婚不子，實是時代巨輪下的最大迷思，不宜效法。生命繁衍生命，人類才能永續經營。

養育兒女的責任是父母最神聖的使命，有兒女可以養育，也是人類一輩子最大的驕傲。有人說，上帝為每一個人開了一扇自主生長發展的窗，臺語也有一句俗諺：天無絕人之路，一枝草一點露。只要父母願意生育孩子、認同孩子、愛護孩子，願意承擔養育及教育的責任，天無絕人之路，父母一定能將孩子養育成人。經濟較不寬裕的家庭，配合國家的社會福利政策，以及學校弱勢族群教育措施的支持系統，每一個家庭至少均可養活孩子，並且接受十二年國民基本教育。孩子高中畢業之後，如果選擇要讀大學，靠助學貸款、獎助學金及邊讀書邊家教或工讀，都有機會完成大學學業。

四、自我實現與智慧資本的責任

父母對家庭的第四個責任是：自我實現與智慧資本的責任。自我實現是經營一個「理想」與「現實」吻合的人生，自我實現是經營一個適配幸福的人生，自我實現是一個用優勢專長就業、經營事業的人生，自我實現也可以是階段性的，依計畫取得高中學歷、大學學士學位、碩士學位、博士學位，都是階段性的自我實現；每天在生活上及學習上完成既定任務，

生活有質感，任務達標，就是生活上的自我實現。父母能夠示範自我實現的人生給家人看，就是最好的身教與言教，是孩子最佳楷模學習的對象。

　　智慧資本是指對組織具有動能貢獻的人力資源。人活在各種相屬關係的系統組織單位中，例如：家庭、學校、工作單位、事業機構、社區、國家等系統，對於自己所隸屬的單位系統能夠產生動能貢獻者，稱為有效智慧資本；如果只是組織成員之一，沒有具體貢獻者，稱為靜態的智慧資本。每一個人都能扮演組織的有效智慧資本，組織就能興旺發達，充分發揮其目的與功能。本書第七章「智慧資本說」，將智慧資本的教育意涵界定為：有能力、願意做、擔責任及能創價的人。父母能在家庭與事業工作上，示範有效智慧資本的實踐，對孩子而言，也是最好的楷模學習，孩子的楷模以自己的父母親開始，也是本書出版的重要目的之一。

第二節　孩子的績效責任

　　「責任公民新教育」一直是作者的教育理想，作者相信教育是可以經營的。教育工作在培育「責任公民」，是以 2014 年的《教師學：鐸聲五曲》一書，曾揭示教師造就學生成為責任公民的教育措施，如下幾項：(1)將「責任」列為各級學校品德教育的核心價值；(2)從生活及學習中實踐「責任承擔」；(3)激勵服務助人的習慣與態度；(4)培育大仁、大智、大勇的情操及智慧。茲再以家庭為軸心、孩子為主角，系統重組孩子應備的績效責任，包括：規律生活與專注學習的責任、遵守秩序與乾淨整潔的責任、分擔家務與服務同學的責任，以及善盡本分與發展專長的責任。概要說明如次。

◆ 一、規律生活與專注學習的責任

孩子首要的績效責任，在實踐規律生活與專注學習的責任。規律的生活是一種生活的好習慣，本書第八章曾強調「遵時序、有規律」的生活好習慣，孩子自己要養成下列幾個習慣：(1)上學回家有規律；(2)睡覺起床有規律；(3)作業休閒有規律；(4)吃穿定時有規律；(5)家務時間有規律；(6)行動安全有規律。規律生活的養成與遵守，是孩子應盡的第一個績效責任。

孩子也要盡專注學習的責任，本書第八章也曾強調「專注學習的好習慣」，父母要督責養成並承擔下列幾項專注學習的責任：(1)定時專注課業：如每天一至二小時；(2)定量課外補習：以一至二種為限；(3)自我專注檢核：每天均有檢核回饋反省的機制；(4)定期展現教育成果：激勵「專注學習、做出作品」，每週、每月看一次，並留下數位影片，進行教育績效成果的知識管理。孩子專注學習的責任，在確保有質感的學習，有質感的學習自能日有所進，避免終日忙亂，學者以多方喪生。

◆ 二、遵守秩序與乾淨整潔的責任

孩子接續的績效責任，在遵守秩序與乾淨整潔的責任。有不少家長會認為孩子還小，什麼都不懂，要他（她）一定要遵守紅綠燈及穿著乾淨整潔的衣服，似乎過於勉強，此宜列為父母的責任，而非孩子的責任。作者認為：孩子尚未就學（6歲）以前，父母及孩子都有責任，而父母的責任多些，孩子上學以後，幾乎全都是孩子的責任，父母責任的比例少之又少（例如：根本沒有乾淨的衣服供孩子換洗）。孩子一定要遵守紅綠燈，一定要排隊上下車，一定要遵守交通規則，上課守秩序、休閒娛樂守秩序、勞動服務守秩序、團體活動守秩序，有秩序才能安全，圓滿成事，遵守秩序是孩子應盡的責任，克責給孩子自己，孩子才能真的實踐遵守秩序的好習慣。

相同的，「愛乾淨、好整潔」也是孩子本身應盡的責任。孩子未上學前，可能還沒辦法釐清真正的乾淨與真正的整潔是什麼，大人們安排怎麼樣的環境，他（她）們就怎麼樣的生活，有食物就吃，有玩具就玩，大人帶孩子到有溜滑梯的育樂場所就拼命玩，玩得滿身是汗，玩到精疲力盡才滿意，才覺得快樂幸福，談不上「愛乾淨、好整潔」。孩子上學以後，已經有能力分清楚什麼是乾淨，什麼是整潔，「愛乾淨、好整潔」就會成為孩子自己應盡的績效責任，孩子要吃乾淨的食物，要穿乾淨整潔的衣服，書本文具要乾淨整潔，桌椅抽屜要整潔，玩具球具休閒娛樂器材要整潔，到百貨公司或是使用室外育樂場地，都要有乾淨整潔的責任。乾淨整潔是孩子自己應盡的責任，克責給孩子自己，孩子才能真正的養成「愛乾淨、好整潔」的好習慣，成為孩子帶得走的能力。

三、分擔家務與服務同學的責任

孩子還有「工作」上的績效責任：分擔家務與服務同學的責任。「少子女化」的潮流席捲全世界，臺灣每年的新生兒已降低至十八萬人上下（約十五年前的六成），每個孩子都是「媽寶」，都是「家寶」，更是「阿公阿媽寶」，孩子在家都寶貝得要命，有父母愛他（她），有阿公阿媽寵他（她），集三千寵愛於一身，孩子自己不得不寶貝。媽寶（家寶）的孩子只需要做兩件事：好好活著及好好學習，其他的一概由家人代勞，什麼事都可以不用做。這樣長大的孩子，沒有「人應該做事」及「人應該為別人服務」的觀念，因為「家寶」讓他（她）沒有機會「體驗學習」，很難成為真正成熟的人，很難成為「責任公民」。

孩子應從小就要養成分擔家務的好習慣，將分擔部分的家務當作自己應盡的責任，例如：每天負責晚餐的洗碗，或者每天傍晚的澆花，或者收衣服、摺衣服，或者定期吸塵、定期清理浴室，將幫忙家務當作「日行一

善」來實踐篤行，當作自己應盡的責任。孩子在學校與班上同學一起讀書學習，也要養成為同學服務的好習慣，例如：主動擔任服務股長，幫忙蒐集整理學習作業和講義，幫忙班級勞務，幫忙抬送營養午餐飯菜，擔任打菜服務員，幫忙整潔教室，幫忙布置教室等，這些都是孩子應盡的責任，將來的「責任公民」，要從孩子「分擔家務與服務同學的責任」做起。

四、善盡本分與發展專長的責任

孩子的第四個績效責任是：善盡本分與發展專長的責任。孩子的本分是認真生活、認真學習、認真工作及認真休閒。認真生活要有常態的食、衣、住、行，要有生活的好習慣多於不好的習慣。認真生活要關注自己的身體，關注自己的生活品質，也關注家人，共享家庭親情的溫暖。認真學習要天天想上學，要沒有一天輟學，要專注於課堂學習，要按時完成課業，要分享學習心得給父母或兄弟姊妹聽，要留下學習成果或作品，要積極參與各種教育成果展演或競賽活動。認真工作在學生（孩子）時代，指的就是承擔「分擔家務」與「服務同學」的責任；大學畢業進入職場之後，更要積極投入自己選擇的職業，認真經營、努力深耕，讓工作由職業成為事業及一輩子的志業。認真休閒則指孩子該休息的時候就要休息，休息時的各種休閒娛樂活動也要專心投入，避免一邊在休息，一邊還想著工作或學習上的事，若不能真正休息，會產生壓力過大、體力與心智能力無法負荷的現象。認真休閒才能獲致真正的休息，身心動靜平衡，體力與心智能力才能維持巔峰狀態。認真生活、認真學習、認真工作及認真休閒都是孩子的本分責任。

孩子在一邊學習的同時，要一邊發展自己的專長，將發展自己的專長當作自己的本分責任之一。父母要在孩子的學習路上，不斷地提醒孩子，「找到專長，就可以優勢智能明朗化」，「找到專長，以後可以行行出狀

元」，「找到專長，是孩子自己的本分責任」。提供機會、提供資源、提供親情支持是父母的責任，但尋找專長、發展專長亮點，是孩子自己的責任。孩子自己要從性向興趣、喜愛熱衷的傾向、表現最好的領域學科，以及同儕共學的成就，統整思考，善盡發展專長亮點的責任。

第三節　家庭的績效責任

　　「人」與「組織」都有績效責任，人都能盡到責任績效，組織才能充分發揮功能，興旺發達。組織績效更好，賺的錢更多，分給員工，組織成員也跟著收入更多，更有能量經營家庭及支援孩子。前面第一節談父母的績效責任及第二節談孩子的績效責任，都是以家庭中的「人」為主體論述，本節及第四節繼以「組織」為主體論述，第三節談「家庭的績效責任」，第四節談「學校的績效責任」，因為「家庭」及「學校」都是孩子成長與學習最重要的「組織」機構。家庭的績效責任，最核心的四項為：安定每位家人、提供生活資源、支持教育需求及暢旺家庭功能。分別說明如次。

一、安定每位家人的責任

　　家庭是全家人基本生活的場域，家庭的首要績效責任就是安定每位家人。家庭提供每位家人「安定的生活」、「安定的經濟」、「安定的關係」及「安定的氣氛」，所以每個人都想回家，回家就有依靠，從此安定。「安定的生活」是指安定的食、衣、住、行、育、樂，滿足每個家人的生理需求及安全需求，沒有匱乏之虞，基本生活條件滿足，每一位家人才能夠自主發展，追求各自的自我實現，拓展鴻圖大業。「安定的經濟」是指家庭的總收入與總支出能夠創價平衡，家庭有簡易的「家庭年度發展計畫」，每個月的收入都足夠家裡所有人固定的支出及共同的支出，並有盈餘，累

積成為家庭重點建設之用；安定的經濟，家人才有固定的生活品質，是家人生存發展的實體資本。

「安定的關係」是指家人的人際關係及其反應的核心價值。新五倫第一倫是家人關係，其核心價值是：親密、關照、支持及依存。家人之間有親密行為、相互關照、彼此支持，家庭成為家人最大的依靠。有安定的關係，家庭才有溫暖，有親情，家人才會想回家。「安定的氣氛」是指家庭已有固定的組織氣氛與運作模式，是有家庭文化的，全家人共同積極的彼此關照、交互扶持，用親情創發溫暖、和諧、幸福、努力、活力的家庭氣氛；安定的氣氛可以蓄積家庭的動能貢獻。

二、提供生活資源的責任

家庭的第二個績效責任，在提供每一位家人足夠的生活資源。當代人的生活資源，定義十分寬廣，多而複雜，包括：人力資源、財力資源、物力資源、自然資源、文史資源、科技資源及智慧資源，應有盡有。資源也普遍存有，到處都可取得，但取得資源要為個人或家庭所用，都須用錢買來，且通常都是有價資源。況且資源雖多，家人真正需要者不一定很多，提供過多的生活資源，給家人也是浪費，也沒有必要。是以具有績效責任的家庭功能，提供家人的生活資源要符合下列四大原則：(1)夠用的資源；(2)定量的資源；(3)質感的資源；(4)功能的資源。

「夠用的資源」是指要能夠滿足家人食、衣、住、行、育、樂的基本生活需求，不能不夠，不能顯得寒酸，如果家庭總體收入太差，要尋求必要的社福機構救助。「定量的資源」指的是基本生活需求，簡約勝於奢華，提供給家人的生活資源要定時、定量、定次，讓孩子（家人）有更佳的能量使用在工作與學習之上。「質感的資源」是指資源的給予及使用要慎重，要當一回事，例如：好好吃飯，吃飯是有感覺、有質感的，穿整潔的衣服

要珍惜，優雅大方，不輕易弄髒，騎單車代步要守秩序、從容不迫，愛車愛物愛其他行人；質感的資源，才能讓生活有意義、有價值。「功能的資源」是指凡所提供的資源，不管多寡，都要發揮資源的既定效益與功能，不能提供無效資源或過剩而浪費資源。

三、支持教育需求的責任

　　家庭的第三個績效責任是支持家人的教育需求。學習是孩子的第二生命，父母當然要提供孩子基本教育階段的所有教育需求；家人包括配偶，夫婦兩人如因「在職進修」關係，有教育需求，家庭也要全力支持。以孩子為主體，教育需求的主要內容有下列四項：(1)學校教育學雜費：基本教育雖然標榜「免學費」教育，但是孩子每學期入學時的雜費及代辦費、家長會費仍要繳交；(2)營養午餐費：孩子全天上課，午餐要在學校中食用，家長要負擔繳交營養午餐費用；(3)安親、補習、才藝社團費用：指孩子上安親班、學科補習、自主才藝社團的學習費用；(4)購買書籍、參考書、測驗卷及文具紙張等學用品支出。四項需求都屬教育經費需求。

　　以家人的在職進修為主體，教育需求也有下列四項：(1)學費雜費：進修學分課程、參加專業社群工作坊、學術研討會、專門主題演講等，都要付費，付費的進修才會珍惜，才是真實的進修（不是政令宣導）；(2)時間體力：在職進修要額外調撥自己的時間及體力，家庭要支持家人因進修教育而衍生的需求；(3)代理本業：在職進修時，本業工作仍需同仁代理經營，不能間斷，家庭亦須調整資源配置，使本業工作及家庭運作順暢永續；(4)撰寫論文或技術報告：如要完成學位論文及工作相關之技術報告，就要增加蒐集資料的時間，加購電腦數位軟體，並花時間和精力撰寫完成。四項需求除了經費資源之外，還要有時間、空間、設備及體力等資源的支持。

四、暢旺家庭功能的責任

　　家庭的第四個績效責任是暢旺家庭功能，也就是讓全家人都享受幸福的家庭生活，讓外人看我們家很像家。怎樣的家才像家？暢旺家庭功能的家，就會很像家，家庭最重要的四大功能是：(1)親密溫暖的家；(2)繁衍子孫的家；(3)養育教育的家；(4)家業發達的家。「親密溫暖的家」是家庭最重要的功能，家人回到家，就是要享受親情的溫暖，有親密的互動及溫情的支持，家人才能真正的休息，隔天才能充滿著希望來面對職場及學校的挑戰。

　　「繁衍子孫的家」也是家庭的最根本功能，男女結婚成家，從古到今，都是為了繁衍子孫，生兒育女，用生命創造宇宙繼起的生命，永續經營人類的命脈。「養育教育的家」也是家庭的根本功能之一，父母將孩子生下來，就要將他（她）養大，並且教育他（她）成為有教養的人，養育長大成為健康成熟的人，教育長大成為有知識的人，成為信守人倫綱常的社會人，同時也是獨特人、價值人及永續人，統稱為有教養的人。「家業發達的家」也是家庭的重要功能，家庭主人的本業稱之為家業，家業蓬勃發達，家庭收入增加，直接豐厚家庭生活的各項資源；家業發達的家，在左鄰右舍的眼裡，這個家更像家。

第四節　學校的績效責任

　　父母了解學校的績效責任，對於孩子的成長發展與學習效果，會更釐清責任，知曉孩子的盲點與優勢，知曉孩子今日的表現「之所從來」的因素。探討學校的績效責任，提供父母教養孩子時的參考，可以順著學校教育機制，補充輔助自己的孩子，得到最適配的教育。學校的績效責任，重

要者有四：「帶好每位學生」、「發展校本課程」、「經營學校特色」及「彰顯教育價值」。逐一說明如次。

一、帶好每位學生的責任

「帶好每位學生」在教育界已流行一陣子，1996 年「教育改革總諮議報告書」提出來之後，教育界把它當作「共同願景」在討論、在實踐。2008 年臺北市推動「教育 111 標竿學校認證」，教育 111 的政策包括三個 1：「一校一特色、一生一專長、一個都不少」，帶好每位學生的教育理想就獲得具體實踐。如果學校有特色，學生都有一個以上的專長，並且一個都不少，就是帶好每位學生。但也有更狹義的說法，「一個都不少」就是帶好學校中的每位學生，因為一個都不少有兩個消極指標：「沒有體罰」及「沒有中輟生」，代表學校教育沒有少了誰，零歧視；並有三個積極指標：對弱勢族群學生有「生活支持」、「學習支持」及「適應支持」方案，一個都不少，實踐社會公平正義，讓所有學生都有均等的教育機會，接近「帶好每位學生」的理想。

作者是教育 111 政策的認同者、擁護者，也是積極協助推動者，因為「教育 111」是當前國民教育階段最好的教育政策之一，它明確規劃三條經營軌道，學校據此三條軌道，就可以把教育經營好、辦理好，帶好每位學生，讓臺灣教育邁入精緻教育的時代。但對於「帶好每位學生」，作者主張再加三個積極指標：(1)「一生一專長」也「一個都不少」：也就是所有的孩子都有一個「相對的專長」，百分之百達成（就連智能障礙者也有他自己認為的專長）；(2)對弱勢族群學生有輔助的方案，也要有優化的方案：輔助的方案補偏救弊，拉齊均等；優化方案全面帶好每位學生；(3)每位學生都能通過年級領域的基本能力檢測：基本能力檢測證明學生是否有學到帶得走的基本能力，用國家標準驗證學校是否有帶好每位學生。

二、發展校本課程的責任

我國從 2000 年起，由於國民中小學課程綱要以「領域統整分科」，並要求學校實施本位管理的課程統整，是以學校必須依據本位管理的理念，發展學校本位課程及特色課程。所謂學校本位課程，係指學校課程發展委員會依據課程綱要規範、學生背景需求、社區教育資源、教師專長及學校辦學理念，系統思考學校學生最有價值的課程設計，是以每年全校學生總體課程學習總表，就是學校本位課程設計，簡稱校本課程。狹義的校本課程，專指學校教師依據社區在地資源而自編的主題統整單元教學教案。學校本位課程做得很精緻、具特色，別的學校不一定有的或達不到的，才稱之為學校特色課程。

由於我國中小學教育階段，教師碩士化之比例已逾百分之五十，學校教師每位均可進行行動研究，實施國際教育及自編教材。當前的小學、國中及高中，都有豐富而多元的學校本位課程，教師使用自編教材的比例約為 5 至 15%之間，而最理想的學校本位課程（教師自編教材）的比例為 10 至 25%之間，其中至少有 5%左右為學校特色課程。發展學校本位課程為學校的第二大績效責任。

三、經營學校特色的責任

學校的第三大績效責任在「經營學校特色」，讓學校教育具有特色品牌，讓社區家長及社會大眾都普遍知道學校的教育特色。學校的「特色教育」必須符合下列四個觀察指標：(1)教育性：學校的特色主題要具有教育的價值，也就是主題的內容要與學生學習攸關；(2)課程化：學校的特色有系列的校本課程在實施，是有實際強化教學的教育；(3)普及化：全校師生普遍參與，社區家長也都認同，大家都知道學校特色，並了解特色教育課

程及活動的大要；(4)卓越化：特色教育的精英團隊有卓越的表現，各項競賽得獎無數，媒體大幅報導，他校參訪頻仍。

在經營學校特色的歷程中，曾發現下列兩大迷思現象：(1)將學校的教育卓越表現當作學校特色：如棒球隊學生獲得全國比賽冠軍，合唱團連續比賽都得特優，就把棒球教育或合唱教育當作學校特色，但這是不足的，因為沒有全校性的「課程化」（全校學生都可以學），以及普及化不足，少數學生的傑出表現不足以當成學校教育特色；(2)學校特色與校本課程及特色課程混淆：直接把學校本位課程或特色課程就當作是學校特色，這也是另一個層面的不足，校本特色課程要有「普及化」實施及「卓越化」表現，才稱得上是學校特色。

四、彰顯教育價值的責任

教育在教「人之所以為人」，教育是有目標價值取向的活動設計，學校教育要依據各級學校法所訂的教育目標辦學，彰顯教育價值，例如：國民教育階段的學校，就要以培育「德、智、體、群、美五育均衡（適性）發展的現代國民」為宗旨。學校的最終績效責任，就是要在「發展校本課程」、「經營學校特色」及「帶好每位學生」之後「彰顯教育價值」。2011年教育部頒布的《中華民國教育報告書：黃金十年，百年樹人》，揭示我國的教育願景（Vision）為：新世紀、新教育、新承諾；核心價值（Core Value）有四：精緻、創新、公義、永續。

作者長期探討臺灣教育的核心價值，認為二十一世紀臺灣教育的共同核心價值在：人文、均等、適性、民主、創新、永續、精緻、卓越，並以人體做隱喻，如圖 14-1 所示。

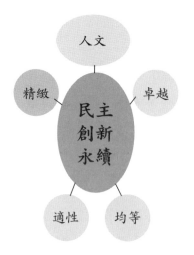

人文在頭部，居總指揮，均等、適性在雙腳，代表兩條明確的軌道，軀體是歷程，裝著民主、創新、永續，雙手用精緻、卓越，代表教育成果。

圖 14-1　二十一世紀臺灣教育的核心價值

資料來源：修改自鄭崇趁（2014，頁 113）

　　是以二十一世紀的臺灣教育，以「人文」的思維引導，踏著「均等」、「適性」的腳步前進，追求「民主」、「創新」、「永續」的歷程，邁向「精緻」、「卓越」的教育成果。學校教育的績效責任，就是在彰顯「人之所以為人」的教育核心價值。

第十五章　系統思考論

〈交互整合新人生〉

　　「系統思考」是學習型組織理論中的「第五項修煉」。學習型組織理論強調五項修煉：自我超越、改變心智模式、建立共同願景、團隊學習及系統思考。學習型組織理論在 1980 年出現，主導了二十世紀後二十年，以及二十一世紀前二十年的「企業革命」與「組織再造」，是所有領導人及知識分子都要學習的「組織創新」理念。在五項修煉中，系統思考具有「整合」前四項修煉之意，前四項修煉：「自我超越」的修煉，在強調個人要不斷學習，超越自我；「改變心智模式」的修煉，在主張個人的成長要不斷的「知識基模系統重組」，提升自己的心智模式（觀點與作為）；「建立共同願景」的修煉，在強調用「願景」（Vision）來凝聚同仁的向心力與努力的方向；「團隊學習」的修煉，則在強調如何運作「群組學習系統」，激發團隊動能，提高組織整體的生產能量。第一個及第二個修煉是屬於「個人」主體的，第三個及第四個修煉是屬於「組織」主體的，第五項修煉「系統思考」則銜接個人與組織，使之交互整合；對組織而言，達成「組織再造」（再生）的使命，對每一個成員來說，因為「自我超越」及「改變心智模式」後，又具有「團體動能」，都會有「交互整合新人生」。

　　作者主張，系統思考是「觀照全面」→「掌握關鍵」→「形優輔弱」→「實踐目標」的歷程（鄭崇趁，2012），運用在計畫擬定、讀書求學、應考作答、做人處事、生活習慣等都十分貼切。系統思考愈佳的人，在各方面皆會有傑出表現；反之，欠缺系統思考的人，在各方面的表現較不容易看見成果。系統思考是一種態度、是一種習慣、是一種能力，同時也是一種修養。

本章是全書的最後一章，作者有意將「系統思考」作為全書總結之意，期待家長都能擁有「系統思考」的能力，都能系統思考如何針對自己的孩子「順性揚才」，如何實施「優勢學習」、「適配教育」，如何經營「家庭本業」、「形優輔弱」，增益孩子「全人發展」，準備做一個「責任公民」。

本章分四節探討孩子四大系統的新思考。第一節「生命系統新思考」，歸納為全人發展的生命、順性揚才的生命、自我實現的生命及責任公民的生命；第二節「學習系統新思考」，強調四大焦點：珍愛生命的學習、生活習慣的學習、做事要領的學習及人倫綱常的學習；第三節「知識系統新思考」，將知識與能力融合，闡述「扎根的學習力知識」、「核心的知識力知識」、「個殊的藝能力知識」及「自主的品格力知識」；第四節「人際系統新思考」，詮釋新五倫的人際關係：家人有親相依靠、同儕認同能共榮、師生盡責傳智慧、主雇專業多創價及群己包容展博愛。父母帶著孩子「系統思考」經營家庭，才能創造交互整合新人生。

第一節　生命系統新思考

「系統」原本是機械原理的一種，是物理現象的邏輯系統，用到人的系統之後，就可分成人本身的系統，以及人與他人共同搭建的組織系統。人本身的系統，例如：生理系統，人是由手、腳、頭、眼、耳、鼻、口等組成；心智系統，人有思考判斷、解決問題的能力；呼吸系統，人藉由心肺功能及血液循環，達到呼吸換氧的功能；消化系統，食物由嘴巴吃進，經由食道到胃，靠胃蠕動消化、吸收養分之後，廢物再由排泄系統排出體外。人是各種系統的串聯與組合，健康成熟的人就是各種系統器官健全，並且發揮原有功能順暢的人。人也活在各種與他人搭建的組織系統中，例

如：家庭的系統、班級的系統、學校的系統、社區的系統、鄉鎮的系統、國家的系統、職業的系統、公司的系統、處室的系統、任務的系統等，每一個隸屬的組織單位，就是一個系統，每一個人都同時活在各種相屬而多層次的組織系統之中。因此，「系統思考」也意謂著「人的思考要有縝密的系統結構」。

孩子從小到大，最需要「系統思考」的有下列四大系統：(1)「生命系統」：探討人活著的意義、價值與目的；(2)「學習系統」：分析學習的主軸、對象與內涵；(3)「知識系統」：指建構學習力、知識力、藝能力及品格力等核心能力的知識系統；(4)「人際系統」：探究人倫綱常及應有的行為規準。本節先行論述生命系統的新思考。

一、全人發展的生命

人的生命，需要完整的發展，本書第二章「全人發展說」，主張每一個人的生命，都要發展為「成熟人」、「知識人」、「社會人」、「獨特人」、「價值人」及「永續人」六種人，稱之為全人發展說，全人發展的生命才能彰顯「人之所以為人」的意義、價值與尊嚴。「成熟人」是指身體的生理與心智配合年齡之增長完全成熟；「知識人」是指人的知識存量與運用知識能力達到「知識分子」的指標水準；「社會人」是指人的社會化程度到位，能與他人共存共榮；「獨特人」是指人有自己的行為模式與獨特的品味風格，不一定都會盲從與隨波逐流；「價值人」是指具有獨立思考判斷能力的人，是介於社會人與獨特人之間的平衡器；「永續人」是指具有永續經營生命、具有適配幸福的人。六種全人發展的生命，才是完整的生命。

◢ 二、順性揚才的生命

順性揚才的生命是人類最神聖的使命，本書首章花了雙倍的篇幅，從「父母本位」的立場，論述「順自己之性，揚最大貢獻之才」、「順家人之性，揚適配幸福之才」、「順孩子之性，揚優勢智能之才」、「順教師之性，揚專業創新之才」及「順學校之性，揚教育特色之才」；本書的書名「家長教育學」，副標題標示「順性揚才一路發」，意謂父母要教育好自己的孩子，「順性揚才」就可以「一路發」，一路發是「一六八」的諧音：一是一觀，一個核心價值觀；六是六說，六個理念素養；八是八論，八個實踐作為。孩子是否能夠一路發，實賴父母實踐「順性揚才」的作為是否有到位。

綜覽本書的一觀、六說、八論，「順性揚才的生命」概有下列四要：(1)順遺傳條件之性：遺傳條件是生命發展的基點，與生俱來，順勢而為才是根本；(2)順性向興趣之性：性向興趣是多元潛在智能流動的方向，蘊藏著可能的優勢智能；(3)揚優勢潛能之才：教育的功能在誘發孩子的各種潛在智能明朗化，我們都期待自己孩子的優勢智能逐漸明朗化，用優勢智能選讀大學系所，用優勢智能選擇工作行業；(4)揚專長亮點之才：我們更期待，教育的歷程揚出孩子的專長亮點之才，有專長亮點的孩子，才有尊嚴及信心，孩子用自己的專長亮點，照亮自己的生命，也照亮有系統關係人的生命。順性揚才，生命光彩。

◢ 三、自我實現的生命

人的一生，要按照自己的理想與理念生活，叫自我實現，有自我實現感覺的生命，才有真實的意義與價值。如果人的一生，都按照他人的意思與想法在活，仍然會有事功，對國家社會及家庭有貢獻，但沒有自我實現

的感覺，就對自己的價值不大，生命雖然豐富多彩，亦難免遺憾。本書第六章「自我實現說」已有詳細的解析，讀者可以從中了解自我實現的意涵、操作變項及經營要領。父母本人要示範自我實現的生命給孩子看，給孩子模仿學習，再協助孩子「順性揚才」，追求自我實現的生命。

　　自我實現的生命也有下列四要：(1)築夢踏實：人生有夢，有夢最美，解夢尋根，築夢有梯，要築適配之夢、可實現之夢，自然能自我實現；(2)階段目標：生命的一次性志願是分階段實現累積的，人要妥適設定人生的階段任務目標，以階段性的達標（自我實現）來邁向生命終極的自我實現；(3)形優輔弱：發揮優勢專長，不被弱點牽絆，形優輔弱，邁向自我實現；(4)質感生活：追求每日生活的自我實現，可以累積量能，突破瓶頸，營造自我實現之勢。自我實現的生命，是每一個人的人生最大安慰。

四、責任公民的生命

　　生命的意義，對自己是自我實現的人，對組織是有動能貢獻的人，也就是責任公民，是以「推動責任公民新教育」一直是作者最大的心願。生命系統新思考，第四個目標（價值）是責任公民的生命。具有責任績效的公民可從下列幾個指標觀察：(1)有工作：用工作創價，養活自己及家人；(2)有後代：繁衍子孫，永續經營人類的文化與文明；(3)有產品：有本業績效的具體成果，讓大家看得到；(4)有亮點：光大自己的優勢專長，點亮自己，照亮他人（鄭崇趁，2014，頁221）。

　　責任公民的生命，也是經營來的，可從下列四要著力：(1)好的習慣：好的習慣多於不好的習慣就是健康的人，好的生活習慣、好的學習習慣、好的工作習慣及好的人際習慣，是責任有為生命的基石；(2)承擔責任：孩子從小到大要承擔秩序生活、專注學習、努力工作及關照家人的責任，而逐漸成為責任公民的生命；(3)實踐力行：在家庭分擔家務，在學校服務助

人，實踐力行日行一善；(4)有為大用：「有能力、願意做、擔責任、能創價」（智慧資本說），做一個有為大用的責任公民。

第二節　學習系統新思考

學習是孩子的第二生命，孩子花在學習上的時間很多，在學校正規的學制，基本教育就要十二年，加上大學四年，至少十六年，如果有唸碩士學位、博士學位，以及在職進修、終身學習的實踐，通常都超過二十年。另外，在輔助型學習機構，例如：安親班、補習班、才藝學習班、運動學習班、課後照顧班、攜手計畫班、課後社團班、休閒娛樂班等，人的生命都在邊學習、邊成長、邊工作、邊奉獻之中度過。學習這麼多，到底在學習什麼？我們是否有浪費太多的時間和精力，做一些雜亂無章的學習？我們寶貴的生命，是否也就跟著雜亂無章的過去了？「系統思考」我們大人的學習經驗，再以「學習系統」重新思考孩子的次級學習系統，孩子該學習的，概以下列四類最為重要。

一、珍愛生命的學習

人類生命的可貴，在於人具有理性。人可以學習知識，再轉化為能力，傳承創新人類的文化與文明，所以人類活得比其他動物的一生，精彩萬分，人類是萬物之靈。人類的生命是可貴的，人類要學的知識類別繁多，但最需要優先學習的是：如何生存下來，讓生命健康成長、發達致用，過一個有意義、有價值的一生；生命中途折損或沒有點亮生命的光彩，是人類最可惜的憾事。「珍愛生命的學習」是最優先需要的學習。

珍愛生命的學習，主要學習下列幾項知識：(1)健康生命的知識：與身體生理、心理、認知發展、衛生保健有關，增進身心健康的知識；(2)發達

生命的知識：如何激發生命的潛在能量，如何獲取豐沛的知識技術，如何拓展優勢專長的知識；(3)致用生命的知識：生命擁有豐沛知識、技術及能力之後，要能人盡其才、才盡其用，才有真正的生命意涵，因此，也要學習致用的方法要領，例如：做事要領的知識、人倫綱常的知識；(4)自在生命的知識：生命哲學的知識、自我修持的知識及生命永續經營的知識，整合的生命素養與生活實踐，稱之為自在生命的知識。

二、生活習慣的學習

人的生活習慣，就是固定的生活秩序，食、衣、住、行、育、樂的生活基本模式，也是給外人感覺的一種生活習慣，或者是人的基本生活態度。我們可以這麼說，好的生活習慣在養成好的生活行為表現，好的生活行為表現，型塑了一個人的生活態度與習慣。生活習慣知識的學習之所以重要，有兩大原因：第一在於這些習慣知識是人生態度的構成元素，人的一輩子要怎麼活，決定於個人的生命態度，生命態度來自於小時候習慣的綜效；第二在於「習慣的知識」屬於「實踐的知識」，人要真的實踐力行，這些知識才存在，才對人生有意義價值。

生活習慣的學習系統，以學習下列幾項知識最為重要：(1)專注學習的知識：孩子的主要工作就是學習，專注學習、當下學會是學習生活最好的習慣，學習有效率、日有所進也是生活最佳好習慣，父母應關注引導孩子學習「專注學習」的方法技術及實踐力行之知識；(2)平衡身心的知識：有高峰的身心效能，生活及學習才有效率與品質；動態的生活與靜態的生活必須平衡，動靜分明、規律循環才是生活好習慣，這些知識也要經過系統學習；(3)滿足需求的知識：生理需求及安全需求必須先行滿足，生活及學習才能安定發展，滿足需求的知識、技術與具體實踐方式，也要系統學習；(4)善用時空的知識：時空律則也是一種知識，如果我們學會順勢運用，結

合生活學習的節奏與旋律，我們每天、每週、每月、每年都可以譜一曲高潮迭起的生命樂章。

三、做事要領的學習

人的一生都在不同的時空中「拿物做事」，「做事」占了人的生命絕大多數的時間，可以說，人只要活著，清醒的時候，都在做事，只是事的大小與重要程度性質不相同而已。「事理要領」的學習也變成了人生大事，在學習系統中，學習到做事要領的相關知識，有時遠比事的本身知識還重要。做事要領的知識，需要系統思考地學習，這些做事要領的知識，主要有「博觀約取的要領」、「掌握關鍵的要領」、「形優輔弱的要領」及「適力經營的要領」。

「博觀約取的要領」：以讀書為例，當前知識爆炸，知識滿坑滿谷，我們要學蘇東坡的名言：「博觀而約取，厚積而薄發」，先廣泛的了解全貌大概，再選擇最精要的知識儲存；博觀約取的要領是一種統整性的技術型知識，也是系統思考歷程的實踐。「掌握關鍵的要領」：以參加考試為例，為什麼有人分數高，有人分數不高，主要的關鍵在「考題」所要的關鍵答案是否有出現，每題申論題 25 分，約寫 250 至 400 字之間，有寫到關鍵答案者要言不繁，200 字多一點就得高分，沒有寫到閱卷者要的答案，言多無用，雖然寫了 300 至 400 字之間，依舊低分不取；掌握關鍵的要領知識需要系統學習。「形優輔弱的要領」：再以前述參加考試為例，知道、有把握的就多寫一些，叫形優，把優勢彰顯，讓閱卷者知道考生有亮點；相同的，不知道、沒把握的答案，就迴避不答，如果答了，答愈多愈暴露弱點，反會被扣分，吃力不討好。「適力經營的要領」：做任何事情都要有智慧，避免偷懶不做事，也要避免用力過猛；偷懶不做，原地踏步，用力過猛，提早報廢，都不能永續經營；我們要積極投入事業，但要學會適

力經營要領的知識。

四、人倫綱常的學習

　　學習系統新思考的第四個焦點，在人倫綱常知識的學習。人活在世上一輩子，就必須與他人互動一輩子，互動最多的是家人，其次是同學或同事，再來是老師、親戚和朋友，較疏遠的還有將來的老闆，以及沒有一點關係的社會大眾。人類也是群居動物的一種，每一個人無論是生活或工作，都要依存在某一個群體才能「活下去」，在「活得下去」的前提下，創發光彩的生命意義與價值。人與不同類型族群系統的人互動，都有一定的行為模式規範，此稱為人際關係，或者人倫綱常的知識。人倫綱常的知識也是孩子必須學習的。

　　以前的人倫綱常的知識以五倫之教（父子有親、君臣有義、夫婦有別、長幼有序、朋友有信）及五常之教（仁、義、禮、智、信）、四維八德（禮、義、廉、恥及忠、孝、仁、愛、信、義、和、平）為主軸。現代的人倫綱常教育，作者推動「新五倫及其核心價值」，以作為品德教育及情意教學的新趨勢，是大家可以著力的焦點，其要義有四：(1)宣導新五倫：第一倫「家人關係」、第二倫「同儕關係」、第三倫「師生關係」、第四倫「主雇關係」、第五倫「群己關係」；(2)研發新價值：新五倫的核心價值可以持續研發，例如：家人關係在 2014 年剛開始時，僅研發「親密」及「依存」兩個核心價值，2015 年再研發兩個核心價值──「關照」及「支持」；(3)實踐新規準：每一個核心價值都可以由學校選定為中心德目，然後依年級研發二至三條行為規準，公告給學生力行實踐；(4)學習新教育：新五倫及其核心價值、行為規準都是學校新教育，家長志工、全校師生、父母孩子都要一起學習新教育，開展教育的新境界。

第三節　知識系統新思考

　　學習知識，學會操作知識，變成身上帶得走的做事能力，「知識」是每一個人從「學習」到「能力」之間的主角。上一節我們討論「學習系統新思考」，是探討孩子應該學習哪些系統化的知識，以學習為主體的分析。本節「知識系統新思考」，將主體轉移到以「知識」為本位，並輔以「能力」的產出為方向，探討孩子應該學到並且建構的「知識能力系統」內涵，提供給家長參考。

一、札根的「學習力」知識

　　學習者的「基本素養」與「核心能力」概如圖 15-1 所示，孩子進行各種知識學習之後，培育而成的「內在基本素養」，可以用四個力來表示：學習力、知識力、藝能力及品格力；也可以用八個「外在核心能力」來表示：「閱讀寫作的能力」、「數學資訊的能力」、「通識經驗的能力」、「專門學能的能力」、「時空美感的能力」、「個殊才藝的能力」、「優質習慣的能力」及「服務助人的能力」。圖 15-1 同時呈現了四個內在基本素養與八個外在核心能力的系統結構關係。

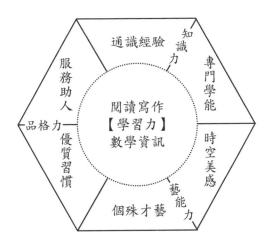

圖 15-1　學習者的基本素養與核心能力

資料來源：鄭崇趁（2014，頁 171）

　　由圖 15-1 可知，「學習力」在圓心，是「知識力」、「藝能力」及「品格力」的基礎，孩子的學習力要紮實穩定，才會有好的知識力、藝能力及品格力。因此，學習力的系統知識對孩子的一生特別重要，是所有的知識、技術、能力、情感發展之基石。學習力從人的外顯行為能力來看，就是閱讀寫作的能力及數學資訊的能力，也就是聽、說、讀、寫、算，以及運用現代數位科技在學習上的知識與能力，通稱為學習基本能力。札根的「學習力」知識是孩子該學好的第一種系統知識。

二、核心的「知識力」知識

　　知識可以是廣義的，是指天底下所有的知識，充塞於宇宙之間，學也學不完、看也看不盡，地球上宇宙間，就是一座知識寶庫，讓人類在其中盡情邀遊；知識也可以是狹義的，是指國家透過學校為我們安排的教育內容，也就是我們應該學的「知識」。知識也可以是更為狹義的，是指每一

個人透過學習力真正學習到的知識，或者已經轉變為自己身上能力的知識。最廣義的知識，代表人類的總體視野，它存在於宇宙之間，等待著所有人類共同探索、一窺究竟。但對個人來說，人與知識的關係，僅能採狹義的以及最狹義的知識內涵，因為學習得到並能夠轉化成個人能力的知識，對個人才有意義與價值。

作者認為，從孩子的知識系統進行新的系統思考，孩子僅該學習最核心的「知識力」知識，也就是圖 15-1 所示「外顯的八大核心能力」之系統知識，或者更為聚焦的「知識力」所屬之兩大核心能力：「通識經驗的能力」及「專門學能的能力」，兩大核心能力的系統知識才是每一個人應學習而後具備擁有的知識。用狹義的知識意涵來解析個人應當學習的知識系統，較符合可欲性（可以做到達成），較具有實質的價值，也才符合教育的本質。

三、個殊的「藝能力」知識

藝能力的知識孕育兩大核心能力：「時空美感的能力」及「個殊才藝的能力」。藝能力的知識有兩大傾向：(1)順應「時空律則」，例如：書法、繪圖對於空間設計的敏銳度高，能夠順應並掌握空間性質與特點；又如：音樂歌唱的演出，對於時間的節奏旋律特別精準，巧妙運用就能讓音符曲調扣人心弦；(2)具有較明顯可操作的「核心技術」，教與學的歷程能夠運用「做中學」（learning by doing）來操作學習、體驗學習。

作者主張，「藝能力」知識的學習最忌諱雜施而不遜，學者以多方喪生；樣樣學，樣樣沒有好的表現。最佳的學習策略是，結合自己的性向優勢，發展自己的專長亮點。孩子在正規常態課程的多元激發後，選擇自己有興趣（潛在優勢）的社團，充實強化個殊的「藝能力」系統知識，逐步發展為自己的專長與相對優勢。

四、自主的「品格力」知識

　　品格力的知識孕育兩大核心能力：「優質習慣的能力」及「服務助人的能力」，兩大核心能力的系統知識，建構「七情俱的情緒」→「致中和的情感」→「成風範的情操」→造就「全人格的性情」。全人格教育的系統知識結合新五倫人際關係，進行其「核心價值」及「行為規準」實踐的知識系統研發，並力行實踐，才能產生幸福的生涯，如圖15-2所示。

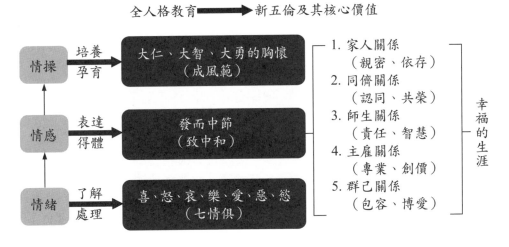

圖 15-2　全人格教育經由五大人際關係造就幸福的生涯圖解

資料來源：鄭崇趁（2014，頁220）

　　品格力知識的內涵集中在「品德教育」、「情意教學」及「人際關係教育」，都是「好習慣」×「服務心」交織後的品格行為表現。學校教育機制中雖已有統整的作法，但實際的實施模式與實踐強度，學校本身也有落差，父母親若能夠從家庭層面輔助孩子，也可要求孩子從「優質習慣」及「服務助人」的貫徹實踐，來培育孩子自主的品格力系統知識。

第四節　人際系統新思考

系統思考孩子的一生，「生命」、「學習」、「知識」及「人際」是孩子的四大核心系統，人際系統探討人與他人之間的關係，也就是自己及自己所隸屬的族群（組織系統）成員之間的關係，人際關係與人的情緒、情感、情操攸關，是以學校教育中，多以「品德教育」及「情意教學」來實施「人際關係」的教育，僅有部分大學之心理學系、諮商輔導學系、社會學系，會開設「人際關係」選修課程。然而，「人際」對人的影響太重要、也太關鍵了，我們可以這麼說：人的價值觀及意識型態，大都是從小時候到長大成人之間，人際關係的實際情形帶給孩子的學習成果。有關係的人怎樣對待孩子，孩子長大之後，就會怎樣對待他人。

作者系統思考人一生的人際關係之後，倡議「新五倫」（鄭崇趁，2014），用「家人關係」、「同儕關係」、「師生關係」、「主雇關係」及「群己關係」，來劃分人與其所隸屬族群的新關係，並主張用「核心價值」的研發及「行為規準」的實踐，來實施品德教育及情意教學。這是「人際系統新思考」的初步成果，概要介紹如次。

■ 一、家人有親相依靠

住在一起的人稱為家人，家人關係最單純，但也最親密，因為大部分的夜晚，家人通常都住在一起。家人的人數，由夫婦兩人開始，生小孩之後，多數的家人在三至五人之間，少部分三代同堂的家庭，才會有六至七人之間，所以家人之間的關係是夫妻關係、父母子女關係、兄弟姊妹關係及少部分的婆媳關係、祖父母及孫子女關係。我們以前三者來建構家人關係的核心價值有：親密、關照、支持、依存。用更為統整的話來描述，就是「家人有親相依靠」。

夫婦之間要有親密的性關係，彼此之間要有深層的共鳴與溫情的慰藉。父母子女之間要常擁抱，相互給予親情的關照與支持。兄弟姊妹之間也要相互了解、相互關照、相互支持、互相依靠。家庭是家人「生命共同體」的基地，是家人回家休息的地方，是家人回家享受親情與溫暖的地方，是家人心情告白與尋求共鳴的地方，是家人獲得支持與依靠的地方，家人有親相依靠。

二、同儕認同能共榮

同學、同事或一起共同負責同一任務的成員稱為同儕。同儕的組成通常有「共同的目的」，例如：同學是一起求學，同事是一起為老闆（公司）工作，小組成員是一起為了臨時性的任務而必須合作，必須在一起工作。同儕的人際關係，是一種工作導向的人際關係，有個人的工作責任，也有組織的共同工作責任。同儕關係的核心價值有：認同、合作、互助、共榮。認同是起點，同仁要大家彼此認同、肯定對方、信任對方，不看不起任何同事，大家才能合作，一起為組織奉獻。共榮是目標，同學、同事一起為組織同心協力，合作耕耘，生產高品質產品，提高組織競爭力與榮譽，大家共享榮耀，是同儕共事的最高目標價值。是以用最簡易的話來描述，就是：「同儕認同能共榮」。身為父母的還要提醒孩子，「價值認同」遠比能否共榮還重要，我們要先認同我們的家庭、我們的家人，也要認同我們的同學、我們的學校，有了價值認同，彼此共學、共事、合作才有意思，才有可能永續經營與深耕。

三、師生盡責傳智慧

在學習型的社會組織中，有師生關係的年代，占人生的比例愈來愈高，可以說大半輩子都在當學生，或者大半輩子都要與他人互為師生，如果職

業是「教師」者，他的一輩子更都在「師生關係」的歲月中。因此，作者將師生關係界定為新五倫的第三倫，師生關係的核心價值有：責任、創新、永續、智慧。用比較簡易的話來描述，就是：「師生盡責傳智慧」。教師及學生都要扮演好自己應盡的責任角色，努力地傳遞「創新知識」、「永續生命」的智慧。

以前的五倫，沒有師生關係，但學生對教師非常尊敬，「天、地、君、親、師」是古代人對尊敬者的倫理信仰，人要敬天、人要敬地、人要敬君王、人要敬父母、人也要敬自己的教師。五敬都是對人的倫理訴求，是單方面的行為表現，要敬到什麼程度，用什麼方式敬，都沒有明確規範，敬天、敬地、敬君王大都用拜拜、祭祀來表達，敬父母及敬師長則用「伴手禮、請吃飯」來表達。新五倫的師生關係，則用互動式的「核心價值」之建構及「行為規準」的實踐來表達，比較符合當代人的人際關係經營。

四、主雇專業多創價

員工與老闆的關係稱為主雇關係。當代的文明社會百業分工，每一個人不是人家的員工，就是人家的老闆，員工與老闆的關係普遍存在，各行各業雖訂有「專業倫理守則」，但似乎沒有談論「主雇關係的倫理信條」。倒是最近流行的「採購法」與「勞動契約書」，才有簡易地規範到「資方」（老闆）與「勞方」（工作者）之間的權利義務及績效責任關係，但那也是以「事」的績效責任來做規範，而不是以人際的倫理關係做界定。

作者倡議的新五倫，將主雇關係列為第四倫，主雇關係的核心價值有：專業、傳承、擴能、創價。意指員工的專業條件符合公司產品的需求，老闆才有可能聘請他（她）為公司的員工，員工能夠傳承公司的核心技術，持續擴能為老闆（公司）創價賺錢，公司才有可能續聘為員工，主雇關係才存在。是以用較簡明的話來描述，就是「主雇專業多創價」。父母親要

讓自己的孩子了解，人長大之後，必須擁有專業知識與能力，才會有老闆（公司）請他（她）當員工，才會有工作。

五、群己包容展博愛

　　李國鼎先生倡導「第六倫」，建議重視「群己關係」的倫理規範，並將「群己關係」列為五倫之後的第六倫。當時第六倫的內涵，就是重視「公德」，也就是對待「沒有一點關係的人」之公共品德情操，例如：搭車排隊、禮讓婦孺是公德；遵守秩序、共同維護社會人群安全也是公德；尊重他人共同使用公共休閒娛樂設施，利己利人，也是公德。作者欽佩前輩的高瞻遠矚，進一步將「群己關係」列為新五倫之一，並以核心價值的研發，來結合學校「品德教育」及「情意教學」統整實施，期待能夠有更好的效果。群己關係的核心價值有：包容、尊重、公義、博愛。我們要包容多元族群的多元價值，尊重個人之所從出的文化與意識形態，維護人類社會的公平與實質的正義，要具有博愛人類的精神，要像地藏王菩薩的誓言：「地獄不空，誓不成佛。」用較簡明的話來描述，就是：「群己包容展博愛」。

　　本章介紹「系統思考」的意涵，並據以分析孩子「生命」、「學習」、「知識」及「人際」四大系統的新思考。「生命系統新思考」，從孩子的「生命」為本位，系統思考父母親要把孩子養育、教育成怎樣的生命，所以強調「全人發展的生命」、「順性揚才的生命」、「自我實現的生命」及「責任公民的生命」。「學習系統新思考」，從孩子的「學習」為本位，系統思考父母親要關注孩子的系統學習脈絡，所以強調「珍愛生命的學習」、「生活習慣的學習」、「做事要領的學習」及「人倫綱常的學習」。「知識系統新思考」，從孩子的「知識」為本位，系統思考父母親可輔助孩子建構的知識能力系統，所以分析「扎根的學習力知識」、「核心的知

識力知識」、「個殊的藝能力知識」及「自主的品格力知識」。「人際系統新思考」，從孩子一生的「人際」為本位，系統思考父母親對孩子在新五倫關係上的期望，所以闡述「家人有親相依靠」、「同儕認同能共榮」、「師生盡責傳智慧」、「主雇專業多創價」及「群己包容展博愛」。父母帶著孩子，系統思考經營個人及家庭，創造交互整合新人生。

✿ 參考文獻 ✿

中文部分

何福田（2009）。三適連環教育。中國浙江：浙江出版社。

何福田（2010）。三適連環教育。臺北市：師大書苑。

吳清山（2009）。教育 111 的理念。載於臺北市 98 學年度第 1 學期校長會議手冊（頁 7-16）。臺北市：臺北市政府教育局。

柯永河（1994）。**習慣心理學：寫在晤談椅上四十年之後（理論篇）**。臺北市：張老師文化。

柯永河（1997）。**習慣心理學：古今中外的習慣探討與研究（歷史篇）**。臺北市：張老師文化。

教育部（2011）。**中華民國教育報告書：黃金十年，百年樹人**。臺北市：作者。

教育部（2012）。**中華民國師資培育白皮書：發揚師道、百年樹人**。臺北市：作者。

湯志民（2008）。**校園規劃新論**。臺北市：五南。

黃一峰（2001）。高級文官核心能力架構之初探。人事月刊，**33**（2），42-50。

黃增川（2014）。**國民小學校長辦學績效評鑑指標建構：智慧資本理論觀點**（未出版之博士論文）。國立臺北教育大學，臺北市。

楊德遠（2011）。**國民小學智慧資本價值轉換模式之研究**（未出版之博士論文）。國立臺北教育大學，臺北市。

衛生福利部（2015）性別統計指標報表一覽表。2015 年 7 月 27 日，取自 http://www.mohw.gov.tw/CHT/DOS/DisplayStatisticFile.aspx? d=12116&s=1

鄭崇趁（2006）。**教育的著力點**。臺北市：心理。

鄭崇趁（2011）。**教育經營學導論：理念、策略、實踐**。臺北市：心理。

鄭崇趁（2012）。教育經營學：六說、七略、八要。臺北市：心理。

鄭崇趁（2013）。校長學：成人旺校九論。臺北市：心理。

鄭崇趁（2014）。教師學：鐸聲五曲。臺北市：心理。

鄭崇趁（2015）。新五倫及其核心價值：品德教育及情意教學的發展趨勢。載於教育管理集刊第一期：教育核心價值。臺北市：國立臺北教育大學教育經營與管理學系。

鄭崇趁（2018）。教育 4.0：新五倫・智慧創客學校。新北市：心理。

羅英豪（2013）。宜蘭縣國民中小學學校智慧資本、創新經營與學校競爭力之研究（未出版之博士論文）。國立臺北教育大學，臺北市。

英文部分

Dewey, J. (1916). *Democracy and education*. New York, NY: Macmillan.

Freud, S. (1913). *The interpretation of dreams* (3rd ed.) (Trans. by A. A. Brill). New York, NY: The Macmillan.

Gardner, H. (1983). *Frames of mind: The theory of multiple intelligence*. New York, NY: Basic Books.

Maslow, A. H. (1954). *Motivation and personality*. New York, NY: Harper and Row.

Nonaka, I., & Takeuchi, H. (1995). *The knowledge creating company: How Japanese companies create the dynamics of innovation*. New York, NY: Oxford University Press.

Roos, G., Roos, J., Dragonetti, N. C., & Edvinsson, L. (1998). *Intellectual capital: Navigating in the new business landscape*. New York, NY: New York University Press.

Senge, P. M. (1990). *The fifth discipline: The art and practice of the learning organization*. New York, NY: Doubleday Currency.

Vygotsky, L. S. (1962). *Thought and language*. Cambridge, MA: MIT Press

Vygotsky, L. S. (1978). *Mind in society*. Cambridge, MA: Harvard University Press.

國家圖書館出版品預行編目（CIP）資料

家長教育學：「順性揚才」一路發 / 鄭崇趁著.
-- 初版. -- 新北市：心理, 2015.12
面；　公分. --（教育基礎系列；41219）
ISBN 978-986-191-696-5（平裝）

1. 親職教育　2. 學校與家庭

528.2　　　　　　　　　　　　　　104024582

教育基礎系列 41219

家長教育學：「順性揚才」一路發

作　　　者：鄭崇趁
責任編輯：郭佳玲
總　編　輯：林敬堯
發　行　人：洪有義
出　版　者：心理出版社股份有限公司
地　　　址：231 新北市新店區光明街 288 號 7 樓
電　　　話：(02) 29150566
傳　　　真：(02) 29152928
郵撥帳號：19293172 心理出版社股份有限公司
網　　　址：http://www.psy.com.tw
電子信箱：psychoco@ms15.hinet.net
駐美代表：Lisa Wu（lisawu99@optonline.net）
排　版　者：辰皓國際出版製作有限公司
印　刷　者：辰皓國際出版製作有限公司
初版一刷：2015 年 12 月
初版二刷：2019 年 2 月
I S B N：978-986-191-696-5
定　　　價：新台幣 300 元